財務会計論究

佐々木 隆志
石原 裕也 編著
溝上 達也

東京 森山書店 発行

はしがき

『財務会計論究』と題する本書は，ドイツ・日本・イギリス・アメリカなど各国における会計学説，会計基準，事例および理論等を扱っており，財務会計論全般（監査論を含む）を対象領域とするものである。

本書は，一橋大学名誉教授・新田忠誓先生の古稀を記念して刊行される論文集である。本書の執筆者は全員，先生のご謦咳に接する機会を得たものたちである。

新田先生の『財務諸表論究－動的貸借対照表論の応用－』(1995, 中央経済社)はドイツ貸借対照表論を中心とする学説研究の成果を現実の会計問題に適用し，平易に財務諸表論を説いた名著であるが，こうした研究スタイルを目指すものたちによって本書は執筆されている。ただ，各人の研究テーマ・方法については，各人が決めて漕ぎ出すべきである，との指導方針を堅持されてきた先生であるから，その門下生の研究分野は多岐にわたる。先生の幅広いご指導領域を本書によって幾分なりとも示せれば，と願っている。

編者の石原は，一橋大学大学院修士課程および博士課程における新田ゼミ第1期の修了者であり，溝上は，一橋大学の学部，大学院修士課程および博士課程をすべて先生にご指導いただいた最初の門下生である。また，他の執筆者のうち，神納，西舘，吉田，中村は一橋大学大学院で，木村，松下，藤井は一橋大学学部ならびに大学院で，西山，金子，西嶋，塚原，坂内は一橋大学大学院の新田・佐々木合同ゼミで直接，新田先生のご指導を仰いでいる。なお，編者の佐々木は，慶應義塾大学新田研究会第4期の卒業生であり，研究者となった最初の新田門下生である。先生に賜ったご学恩に対し，執筆者一同，深く深く感謝申し上げたい。

本書の刊行に当たっては，森山書店社長の菅田直文氏に大変お世話になって

いる。出版社社長でありながら編集者として献身的に携わっていただいたおかげで，本書の上梓に至ることができたと思う。心よりお礼申し上げる。そして出版事情の厳しい折にもかかわらず，本書の出版を快くお引き受けいただいたことにも感謝したい。

　平成27年6月

佐々木　隆志

目　次

序　文

第1章　『動的貸借対照表論』旧版における資本概念 …………1
 1. はじめに …………1
 2. 資本の性格 …………2
 3. おわりに …………9

第2章　わが国減損会計基準の意味 …………13
 1. 問題の提起 …………13
 2. 2つの減損会計基準の目的と機能 …………15
  －処理の目的と測定基準の理論的整合性－
 3. 「減損基準」の特徴と性質 …………23
  －認識基準と測定基準における異なる組合せの結果－
 4. 結び－「減損基準」の基本的思考と測定基準－ …………25

第3章　資産負債アプローチにおける
  キャッシュ・フロー計算書の役割 …………29
  ―McMonnies(1988)より学ぶ―
 1. 問題の所在 …………29
 2. McMonnies(1988)における会計報告の目的 …………31
 3. McMonnies(1988)によって提案される財務報告体系 …………34
 4. 資産負債アプローチにおけるキャッシュ・フロー計算書の役割 …………39

第4章　連結会計上の商品の取扱い ……………………………………… 45
　　　　　―Newlove所説とFinney所説を拠り所として―

1. は じ め に …………………………………………………………… 45
2. Newlove[1926] ……………………………………………………… 46
3. Finney[1922] ………………………………………………………… 50
4. お わ り に―連結会計上の商品の取扱い― …………………… 55

第5章　IAS1号における費用機能法の意義 ……………………………… 61

1. は じ め に …………………………………………………………… 61
2. 収益費用アプローチにおける損益計算・再考 ……………………… 62
3. 資産負債アプローチの損益計算書 …………………………………… 65
4. お わ り に …………………………………………………………… 71

第6章　スガンチーニの現実主義 …………………………………………… 75

1. は じ め に …………………………………………………………… 75
2. スガンチーニ学説における理論の出発点 …………………………… 76
3. 当時の有力3説の概要とそれらの理論の出発点 …………………… 78
4. スガンチーニの諸学説批判 …………………………………………… 83
5. お わ り に …………………………………………………………… 86

第7章　米国政府会計における財務諸表の構成要素の認識 …………… 91
　　　　　－GASB予備的見解『財務諸表の構成要素の認識と測定アプローチ』
　　　　　の検討－

1. 問 題 提 起 …………………………………………………………… 91
2. 米国政府会計における発生主義の概要 ……………………………… 92
3. 『予備的見解』による提案 …………………………………………… 98
4. 『予備的見解』の提案に対する考察―まとめにかえて― ………… 103

第8章　保守主義に関する実証研究の動向 …………………… *109*
　　　　　－ Conditional Conservatism と
　　　　　Unconditional Conservatism の役割 －
　　1.　は じ め に …………………………………………………………… *109*
　　2.　保守主義に関する実証研究のレビュー ………………………… *110*
　　3.　Conditional Conservatism と Unconditional Conservatism の役割 … *115*
　　4.　お わ り に …………………………………………………………… *120*

第9章　「会計上の変更及び誤謬の訂正に関する会計基準」等
　　　　　導入による減価償却概念の変化について ……………… *129*
　　　本 章 の 目 的 ……………………………………………………… *129*
　　1.　「基準等」導入前の減価償却方法等の変更の概説 …………… *130*
　　2.　「基準等」における減価償却方法等の変更 …………………… *132*
　　3.　国際会計基準及び米国会計基準における減価償却方法等の変更 … *134*
　　4.　数値による固定資産概念変化の検討 …………………………… *137*
　　　本章のまとめ ………………………………………………………… *144*

第10章　フロー利益観・ストック利益観と負債の処理 ……… *147*
　　　　　―米国会計三学説に依拠して―
　　1.　は じ め に …………………………………………………………… *147*
　　2.　米国会計三学説における利益概念 ……………………………… *148*
　　3.　負債の見方と会計処理 …………………………………………… *153*
　　4.　結びに代えて ……………………………………………………… *160*
　　　―利益観と負債の会計処理との関係―

第11章　我が国における連結のれんの会計処理について ………… *165*
　　　　　―Moonitzの実体理論によせて―
　　1. はじめに ………………………………………………………… *165*
　　2. 実体理論（entity theory）の示す連結財務諸表とその会計処理 … *166*
　　3. 『平成25年改正基準』に基づく連結財務諸表とその会計処理 …… *171*
　　4. 実体理論との比較から導き出される我が国の連結のれんに関する
　　　 会計処理の方向性 ……………………………………………… *174*

第12章　Geldmacher学説における成果計算論の変容 …………… *179*
　　1. はじめに ………………………………………………………… *179*
　　2. 前期Geldmacher学説における成果計算論 ………………… *180*
　　3. 後期Geldmacher学説における成果計算論 ………………… *183*
　　4. おわりに ………………………………………………………… *187*

第13章　職業的懐疑心の在り方について ……………………… *193*
　　　　　―Mautz and Sharaf[1961]に基づき―
　　1. はじめに ………………………………………………………… *193*
　　2. Mautz and Sharaf[1961]における職業的懐疑心 …………… *195*
　　3. 「職業的懐疑心」に関する近年の動向 ……………………… *198*
　　4. おわりに ………………………………………………………… *201*

第14章　負債と持分の区分問題 ………………………………… *205*
　　　　　－新株予約権の分類問題に焦点を当てて－
　　1. はじめに ………………………………………………………… *205*
　　2. 区分問題に関する議論における，"新株予約権"の会計処理の変遷 … *206*
　　3. "新株予約権"に関する分類問題の所在と分類案の提示 ……… *212*
　　4. おわりに ………………………………………………………… *215*

第15章　収支計算を基礎とする貸借対照表の役割 ·························· *221*
　　　　―新田学説,特に『会計学・簿記入門』に学ぶ―
　1. は じ め に ··· *221*
　2. 会計責任と会計数値を"結びつける"考え方 ······················ *222*
　3. 消費会計における収支計算書の限界 ································· *223*
　4. 企業会計の体系と会計責任 ·· *225*
　5. お わ り に ··· *229*

第1章 『動的貸借対照表論』旧版における資本概念

1. はじめに

「現代の会計学では,企業会計現象を損益計算の見地から説明することが自明の理として受け入れられている。動態論の立場がこれである。」(新田, 1995, p. 3) といわれるが,20世紀ドイツの会計学者シュマーレンバッハ (Eugen Schmalenbach, 1873-1955) は,「動態論」と呼ばれる近代会計学の基本理論を打ち立てたことで有名である。その主著『動的貸借対照表論』(Schmalenbach, 1926) は,第1次世界大戦後から第2次世界大戦前までのいわゆる戦間期に書かれた『旧版』の内容と第2次世界大戦後に書かれた『新版』の内容に大きな変化が生じていることでも有名であるが,本章では旧版における「資本 (Kapital)」の概念について取り上げて検討したい。

資本は,利益と非常に密接なつながりをもった概念である。シュマーレンバッハは独特な資本観を有するのであるが,一般に,シュマーレンバッハにおける資本概念としては,利益還元価値としてのそれが考えられている (大島, 1967, p. 150参照)。詳しくは後述するが,資本に関してはこうした見方をとることが彼本来のものである。しかし彼は,それとは異なる資本概念についても述べている。すなわち,貸借対照表上の資本 (純資産) の勘定について,あるいはその一部を構成する成果算定資本 (Erfolgsermittlungskapital)[1] についても述べているのである (Schmalenbach, 1926, pp. 102-103)。この資本は,前者の資

本とは全く異なる内容を有するものであるが，それにもかかわらずシュマーレンバッハが両者を「資本」と呼ぶのはなぜなのかという疑問が生ずるであろう。

この疑問に対する回答は，表面的には簡単なものである。「資本額の期間的な差として利益が計算できるとすれば」，そこでいう資本は「本来の意味の資本」ではなくて「貸借対照表の資本勘定」でなくてはならないという思考によるのである。しかし，「貸借対照表の資本勘定も資本であるとする考え方」と「シュマーレンバッハ本来の資本概念＝利益還元資本」とに何らかの共通点がなくては，両者を同時に資本と呼ぶことは簡単にはできないと考えられる。この章ではこうした問題意識によって上述の課題を考察していく。

両者に関して共通するものは「利益」あるいは「成果」という「会計の計算目標」によって規定されるものだという点である。ゆえに，これらを「資本」と呼ぶのは利益あるいは成果に関連した内容をもつことに帰されると考えられるが，この推測の証明もこの章での論述の一つの目的である。そして，利益（あるいは成果）によって規定される資本概念を詳細に検討することは「利益」の内容を明確にすることでもある。

2. 資本の性格

2-1 利益還元価値としての資本

シュマーレンバッハにおける「資本」は，前節でも述べたように，本来は利益の還元価値として示されるものである。なおこれは，企業が将来において計上する利益額の割引現在価値の合計であり，（利益ではなく）将来キャッシュ・フローに基づいて算定されるものとして，今日においてはごく一般的な概念といえよう。ただ，シュマーレンバッハは，貨幣自体ではなく，貨幣価値を有する財の創造・消滅差額としての利益を想定してこの利益還元価値を論じているのであって，本章においてはあくまで「財・サービス」の正味の創出量を貨幣額で測定した「利益」を一定の割引率で現在価値に割り引いたものを用いて計

算される「資本」を前提とする。

　彼は次のようにいっている。すなわち，「ある経営に存在する資本は，経営に結合された物財（Gütermasse）の総計の価値である。…（中略）…この物財の価値とは，それが結合した全体を意味する限り，その結合性においてのみ計算もしくは評価されるべきものである。…（中略）…正確にいえば，（資本は）将来の利益の総額と解散の際の残余財産の売却価額に等しい。」(Schmalenbach, 1926, p. 101) と。そしてシュマーレンバッハは，こうした資本概念を採る限り（たとえば期首と期末の間で）変動した資本の価値から利益を計算することはできないという。価値は現実において最も変動の多い性質をもつものであるからである（Schmalenbach, 1926, p. 101）。

　このとき，資本は「直接的に」将来利益の還元価値を意味しているのではないことに注意すべきであろう。資本とは，第一義的に「経営に結合された全ての物財の価値」なのであって，この「物財の価値」が将来の利益を目安にしているがゆえに，資本が利益の現在価値を意味することになるのである（Schmalenbach, 1926, p. 101）。換言すれば，資本は財貨の在高なのであって，その価値はその利用可能性（Nutzungs-möglichkeit）から生ずるのである（Schmalenbach, 1933, p. 1）。「利益」はその利用可能性の尺度として位置づけられるために，資本の価値の指標とされるのである。

　彼は，こうした意味での資本については『動的貸借対照表論』においてよりも『資本，信用および利子論－その経営経済学的説明－』(Schmalenbach, 1933) において詳しく論じているのであるが，このような資本概念を採用することの会計学的な意味は，当時の減価償却実務を正当化することにあったとの見方がある（鈴木, 1980, p. 166）。この見方によれば，シュマーレンバッハはこうした資本をさらに自由資本と拘束資本に分類し「減価償却による資本回収の迅速化を通じての利益の縮小表示」を合理化するものとして論理づけているというのである。視点を変えれば，シュマーレンバッハが「経営に結合された全ての物財の価値としての資本」を考えることの，会計理論に対する直接的な意味は，そのぐらいしかないとも考えられよう。

しかし，それではシュマーレンバッハが利益還元価値としての資本を論ずることの『動的貸借対照表論』の中での意味は全くないことになる。『動的貸借対照表論』の中では別の意味でこうした資本概念が採られていることに気づくべきであろう。この点についての議論は最後に行うが，この節の残りの部分では，そのために必要な材料を抜き出しておくことにする。

　シュマーレンバッハは，前述のように，資本とは物財の価値であり利益で評価されるものであることを述べている。彼によれば，利益とは給付と費消との差額であるとされるわけであるから，給付と費消の概念をそれぞれ見てみよう。彼は次のようにいう。すなわち「企業の給付とはつまり企業が価値について創り出したものの全てであり，収入によって測定されるものである」(Schmalenbach, 1926, p. 124) と。そして「費消とは企業の計算に対して…（中略）…破壊されたかもしくは消滅させられた財の価値をいう」(Schmalenbach, 1926, p. 126) と。結局，シュマーレンバッハによれば給付も費消も財の価値（の創造と消滅）を意味したわけである。ゆえに，シュマーレンバッハの資本についての言及に関しては，「資本とは経営に結合された全ての物財の価値である」との定義しか意味はなく，それが将来利益の現在割引価値で「測定される」といったところで，その利益自体が財の価値の創造と消滅の差額であるからそのこと自体は何も定義していないということになるであろう。

2-2　貸借対照表上の資本

　シュマーレンバッハは，貸借対照表が利益計算を行う可能性について述べている。つまり，複式簿記による会計処理を行うことによって，決算整理後残高試算表を損益勘定と貸借対照表（残高勘定）に分割したとき，貸借対照表には損益勘定で計算されるのと同じ数値が利益として出て来ることに着目し，次のように語るのである。すなわち，「われわれが給付・費消計算を行うなら貸借対照表に取り入れられていたであろう全ての金額を貸借対照表に収容すれば，貸借差額は利益となる」(Schmalenbach, 1926, p. 102) と。

　この場合，損益勘定はもちろん複式簿記も用いる必要がないとされるが，彼

が例示しているような単純な場合は別として，通常は「給付・費消計算を行っていたら貸借対照表に取り入れられていたであろう全ての金額を貸借対照表に収容すること」は，複式簿記を用いずに行うことは難しいであろう。もっとも，シュマーレンバッハにおいてはこれは理論的背景の説明として語られているのであるから，現実に計算されるかどうかはこの場合はさほど問題ではないといってよい。

このシュマーレンバッハが示している例は次のようなものである。ある期間の期首において10万マルクの商品一個のみからなる経営（企業）がある（期首貸借対照表は借方，商品10万マルク，貸方，資本10万マルクとなる）。この経営の期間中の仕入高は50万マルク，売上高は62万マルク，期末の商品在高は期首より3万マルク減って7万マルクであったとする。このときの商品勘定と期末貸借対照表は次のようになる。そして，シュマーレンバッハによれば，このときの貸借対照表における利益計算は，期末資本19万マルクと期首資本10万マルクとの差引計算により9万マルクという利益を算出するものとなるとされるのである。

商品勘定

期首在高	100,000	売上	620,000
仕入	500,000	期末在高	70,000
利益	90,000		
	690,000		690,000

期末貸借対照表

商品在高	70,000	期末資本	190,000
現金在高	120,000		
	190,000		190,000

貸借対照表利益計算：期末資本 − 期首資本
　　　　　　　　　190,000 − 100,000 = 90,000（マルク）

さらにこの例を拡張して，1万5千マルクの営業費（現金支出），15万マルクの建物と5千マルクの減価を仮定すると，期首の貸借対照表と期末貸借対照表，および貸借対照表における利益計算は次のようになる。

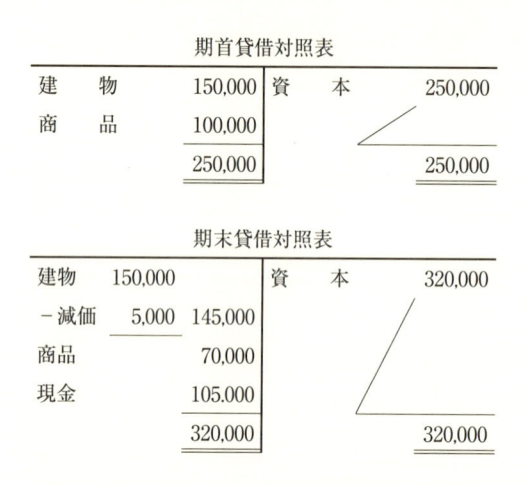

期首貸借対照表

建　物	150,000	資　本	250,000
商　品	100,000		
	250,000		250,000

期末貸借対照表

建物	150,000		資　本	320,000
－減価	5,000	145,000		
商品		70,000		
現金		105,000		
		320,000		320,000

貸借対照表利益計算：期末資本 － 期首資本
320,000 －　250,000 ＝ 70,000（マルク）

　シュマーレンバッハはこうした例によって資本および貸借対照表による利益計算構造の説明を行っている（Schmalenbach, 1926, pp. 103-104）。つまり，「資本は自動的に動くもの（Autonomes）を示すのではなく，成果計算に結果する在高（Bestände）の総額を示すもの」（Schmalenbach, 1926, p. 104）であり，こうした意味の資本とは貸借対照表における自己資本を意味しているわけである。
　ここでのシュマーレンバッハの資本概念は「成果計算に結果する在高の総額」となっているわけであるが，その本質は貸借対照表上の自己資本ではなく，「資産」，あるいは「純資産」を意味すると思われる。「成果計算に結果する在高の総額」の本質は「在高」であって，その「総額」は「在高」の表現法に過ぎないからである。ここでの「在高」は「資産」あるいは「資産および負

債」であり，自己資本はその総額を表示しているものとしての意味でのみ資本であるといえるとされるのである。

なお，シュマーレンバッハの簡単な例では，負債が貸借対照表に収容されていないため，彼が負債について「在高」と考えているのか，それとも自己資本と同様に，「在高」である資産の総額を示すもの，すなわち他人資本と考えているのかは不明である。ここでは，負債は存在しないものと考えることにする。つまり，資本として扱われるのは自己資本だけである。

利益は「期末資本から期首資本を差し引いたもの」であるから，その本質は「期末（純）資産から期首（純）資産を差し引いたもの」，つまり（純）資産の期間的増加分である。利益あるいは成果算定資本とは（純）資産の期間的増加分としての意味をもつものだといえよう。

なお，こうした計算においても，複式簿記においても，利益の計算は貸借対照表と損益勘定とで二重計算されているわけではなく，単一の方法（岩田，1956にいう「損益法」に当たるものと考えられる）で計算されているということをシュマーレンバッハは述べている（Schmalenbach, 1926, p. 104）。すなわち，給付・費消の計算の原則によって増減する在高の全てを貸借対照表が収容し，その貸借差額が利益となるということは，給付・費消を直接に損益勘定で計算したのと同じだというのである。

2-3 共同経済的給付・費消価値と貸借対照表営業価値

シュマーレンバッハにおいて資本と呼ばれるものは2-1節および2-2節で検討してきたように，2つ在った。1つは2-1で考察した利益還元価値としての資本であり，もう1つは2-2で考察した貸借対照表における資本勘定である。前者は，本質的には「経営に結びつけられた全ての物財の価値」であり，後者は「貸借対照表上の（純）資産の総額」であった。この二者は相当に異なる内容を持ちながら，共に資本と呼ばれ，しかもそれが単に概念の異なるものを同一名称で呼んだというのではなく何らかの共通した内容を持つかのようにシュマーレンバッハは扱っているようである。これは，両者がSchmalenbach

(1926) 第E章第3節「D) 資本額の差としての利益」の中で共に言及されていることがその理由である。

最初に,「経営に結びつけられた全ての物財の価値」としての資本について整理する。2-1で結論づけたように, この資本は企業の将来利益の還元価値であるが, 利益とは, シュマーレンバッハにおいては給付と費消の差であり, その給付価値, 費消価値は企業が創造しあるいは消滅させた財の価値であった。ゆえに,「価値」の内容としてどのようなものを考えるかによって資本概念は確定することになる。「有用性と稀少性とを同時に有するものは『価値』という特性をもつ」(Schmalenbach, 1926, p. 1) が, この「価値」なる概念はきわめて漠然としたものではある。しかし, ここでいう利益還元価値としての資本は, 給付・費消価値が決定されることによって導き出されるものなのだから, この給付・費消価値とは, 企業が有用性と稀少性を同時に有する財の創造, 費消をなしたとき, その財の有用性と稀少性にしたがって決定されるものであるということになるのである。

このような「給付となる財および費消となる財の『有用性と稀少性の基準』」[2]は, 理念的には共同経済的なものなるであろう。なぜなら, こうした意味での「価値」は私経済的営利機関としての経営にとっても, 共同経済の一分枝である経営にとっても「価値」であるが, 共同経済的利益の計算にとってはこの価値を計算価値として用いることに意味がある, 否, むしろぜひこの価値を計算に用いなくてはならないのに対して, 私経済的利益の計算にとっては, この価値を計算価値として用いる必然性はないからである[3]。

次に,「貸借対照表上の(純)資産」としての資本について検討する。この資本概念は, シュマーレンバッハ自身もいうように, 第一に資本の払い込みを示し, さらに資本の引出しと留保利益を意味することになる (Schmalenbach, 1926, p. 123)[4]。すなわち, 企業主の(純)資本給付と, 営業の経営給付によって貸借対照表上の財産 (Vermögen) が成立しているということを示すのである。換言すれば, シュマーレンバッハもいうように, この資本は, 企業主の資本給付と営業の経営給付によって成立する「貸借対照表上の財産の営業価値

（Geschäftswert）」を意味することになるのである（Schmalenbach, 1926, p. 123）[5]。そして，当然にこれは現実に行われている会計における貸借対照表からくるものであるから，営業の経営給付たる「利益」は私経済的利益であることになるのである。

この資本と 2 – 1 節で論じた資本との共通点は，何らかの財のある種の価値を示すということであろうか。2 – 1 節の資本は経営に結びつけられた全ての財の価値の合計を示し，2 – 2 節の資本は貸借対照表財産（Bilanzvermögen）の営業価値を示すからである。

ただ，前者と後者はいままで述べてきたように全く違うものである。特に，前者は将来の計算であるのに対して後者は回顧的な計算である。「物（Sache）の価値を決定するのは過去よりも未来である」（Schmalenbach, 1926, p. 123）とのシュマーレンバッハの言には彼の基本的な観点がうかがえる。そして，これは 2 – 1 節で論じた資本概念が 2 – 2 で論じた資本概念の上位概念であるという本章の出発点を裏づけるものでもあるのである。

3. お わ り に

以上の論議を通じて明らかになったことは，シュマーレンバッハがかなり異なる内容をもった二つの資本概念を共に用いているということであり，その二つの資本概念に共通していることは，せいぜいが，何らかの財のある種の価値を示すということであった。そして，シュマーレンバッハが本来的に資本と考えるのはもちろん，利益の還元価値としての資本の方である。

ところで，すでに述べたように，この利益還元価値としての資本とは経営に結びつけられる全ての財の価値の合計であり，その価値は将来利益を目安にしていた。なぜなら，利益とは給付・費消の差であって，給付・費消価値は経営が創造あるいは費消する財の価値であるからである。そして，その価値とは共同経済的尺度からみた有用性と稀少性に従って決まるものであった。

ここでいう利益は，あるいは共同経済的・私経済的といった観点にかかわら

ずに用いることのできる概念なのかも知れないが，全ての財の価値に対してただ一つの数字が適合し，かつ経済の会計制度がよくなるに従って計算価値はその価値に近づく（Schmalenbach, 1926, p. 5）というシュマーレンバッハの言は，その価値が共同経済的利益の計算において用いられるべきものであることを示していると考えることができよう。実際問題としてこの資本は現実に数値を算定することはできない。

一方，貸借対照表における資本勘定である資本のほうは，シュマーレンバッハにとっては本来的な資本ではない。しかし，これは利益計算に結果する在高の総額を示す資本であるから，数値の算定はできる。期末貸借対照表の（純）資産を計算すればよいのである。また，この資本は現実的になされている利益計算から派生する点で，私経済的利益の計算に基づくものであるということができるであろう。つまり，私経済的利益を計算する結果として生ずる在高を表すものとしての意味をもち，かつ，その内容は資本主の経営に対する純投資額と留保利益と成果算定資本となるのである[6]。

ゆえに，これらの資本概念の意味するところは次のようなことに集約されるであろう。すなわち，利益還元資本を計算するために[7]用いられる利益は，共同経済的利益であり，貸借対照表の（純）資産である資本を計算することはすなわち期首の資本（あるいは期末元入資本）に私経済的利益（成果算定資本）を加算したものを計算することなのである，と。

資本概念におけるシュマーレンバッハの二元構造は，このように，共同経済的利益を考えての資本概念を中心におきつつ，資本額の差としての利益を論じるために，私経済的利益につながる貸借対照表（純）資産をしめす資本勘定を資本と呼ぶところにあるといえる。そしておそらくは，彼は共同経済的利益を算定する代わりに私経済的利益を算定するという論理と同様の論理を，「本来の資本」に対する「資本勘定」に対しても適用していると思われるのである。

シュマーレンバッハは，価値を「内在的価値（innerer Wert）」[8]と「評価価値（geschätzter Wert）」[9]に分類し，会計の一要素として使用される評価価値を「計算価値（Rechnungswert）」と呼ぶ（Schmalenbach, 1926, p. 5）。この概念

を用いていうなら，貸借対照表の営業価値（資本勘定の価値）は，共同経済的利益の積極・消極要素としての給付・費消（これは利益還元資本の価値を決定する利益の要素である）の計算価値であるということになるのである。

ここで，明らかになってくるシュマーレンバッハの思考がある。それは，貸借対照表（純）資産あるいは貸借対照表営業価値という概念が，資本を意味するという論理の中に見いだせるものである。すなわち貸借対照表は「経営に結びつけられた全ての物財の価値」である本来の資本の計算価値だという思考の中から必然的に見いだされるものである。つとに知られるように，シュマーレンバッハにおいては「共同経済的利益を算定する代わりに私経済的利益を算定する」がそれは「価値」の代わりに「貨幣価値」を用いて行われるものであった。シュマーレンバッハにおける会計の要素としての「価値」は，「貨幣価値」なのである。この思考が，資本と貸借対照表の関係においても同様に存在することに気づくべきである。すなわち，経営に結びつけられた全ての物財の「価値」である「資本」は，現実的には，経営に結びつけられた全ての物財の「貨幣価値」である「貸借対照表の営業価値」として存在するということなのである。

このことは，シュマーレンバッハ理論における貸借対照表が，「経営に結びつけられた全ての物財の貨幣価値」であると考えられ得る可能性を示している[10]。つまりシュマーレンバッハの資本についての思考の中には，貸借対照表をこのように解釈するべきであるとの基本的観点が存在しているわけである。

この「資本」に関するシュマーレンバッハの認識が，会計理論が損益計算の観点から構築されるべきであるとする基本的思考，そしてその損益計算が「貨幣価値を有する財・サービス」の正味の創出高を計算するものであるという発生主義会計の基本的思考に結びついていくことになる，という現代会計学の帰結をもたらしているということが容易にわかるのではないだろうか。

注

1　後述するがこれは，利益（成果）が決定する資本，すなわち留保利益を意味するもので

ある。なお，本章において「利益」の代わりに「成果」，そして収益の代わりに「給付」という言葉が使われる場合，これらは財貨的要素を前提として認識される利益や収益を意味している点に留意されたい。
2 財の有用性および，稀少性が高ければ価値も高く，その逆なら価値は低くなるというように財の価値は決定されるが，その有用性と稀少性の尺度を何に求めるかの基準を意味する
3 給付・費消価値といったときの給付・費消の概念は財の価値の増減であるから，現実の会計において用いられてはいない概念である。ゆえに，これが現実性を考えて用いられる私経済的利益計算に妥当することは考えにくいと思われる。
4 この論述は，必ずしも自己資本を意味する「資本」勘定にのみ当てはまるものではない。負債を他人資本と考えた場合，負債にも当てはまるものである。
5 営業価値について筆者は，次のように解釈している。すなわち，貸借対照表の諸項目の金額（営業価値）を，企業が営業を続けていく上での「当該企業にとってのみ有意な」価値であると看做すものであると。この営業価値の概念はいわゆる継続企業価値（going-concern value）のようなものであろう。
6 もちろん，ここに他人資本を包含することもできる。
7 理念的に計算するのであって現実に計算することはできない。
8 大きさが不動で，評価可能性の問題はあっても，一つの財について一つだけ決まる価値。2－3節で述べた「価値」のことである。
9 評価された価値。評価する主体によって変わる。
10 このことは，シュマーレンバッハにおける貸借対照表の解釈において大きな意味をもつ。周知のように，シュマーレンバッハの貸借対照表は，単に期間的な収支計算と利益計算とのギャップを掲載する残高表に過ぎないという解釈が専らであるが，理論的には，貨幣価値ある財の収容表であるとみなす方がシュマーレンバッハ本来のものであると考えられるからである。

【参考文献】

Eugen Schmalenbach (1926), *Dynamische Bilanz*, 第4版, Leipzig.
　　土岐政蔵訳（1955）『動的貸借対照表論』森山書店．
Eugen Schmalenbach (1933), *Kapital, Kredit und Zins in betriebswirtschaftlicher Beleuchtung*, Leipzig.
岩田巌（1956）『利潤計算原理』同文館．
大島美留（1967）「動的貸借対照表論の再吟味－企業会計の目的－」『明治学院論叢』第119号．
鈴木義夫（1980）「資本・信用・利子論」宮上一男編『会計と学説』世界書院．
新田忠誓（1995）『動的貸借対照表論の原理と展開』白桃書房．

（佐々木　隆志）

第2章　わが国減損会計基準の意味

1. 問 題 の 提 起

　わが国の「固定資産の減損に係る会計基準（以下,「減損基準」と呼ぶ）」によれば，固定資産の減損とは,「資産の収益性の低下により投資額の回収が見込めなくなった状態（『固定資産の減損に係る会計基準の設定に関する意見書（以下,「減損意見書」と呼ぶ）』三－3）」をいう。そして，このような減損が発生している場合に,「一定の条件の下で回収可能性を反映させるように帳簿価額を減額する会計処理（『減損意見書』三－3）」が減損処理である。つまり，当初投資額に基づく減価償却の結果である帳簿価額を，特定時点における将来キャッシュ・フローの見積額と比較したときに，前者が後者より大きい状況が固定資産の減損であり，後者によって回収可能な水準まで前者を減額することが減損処理とみなしている[1]。この処理により，当該時点以降に発生が予想される損失を回避する，すなわち「将来に損失を繰り延べない（『減損意見書』三－1）」ことになり，これこそが「減損基準」の目的ということができる。

　以上のようなわが国「減損基準」に基づく処理を概観的にみてみると，減損損失発生の認識は,「割引前将来キャッシュ・フローの総額と帳簿価額を比較すること」によって行い（「減損基準」二－2－(1)），一方，測定については，減損損失を帳簿価額と回収可能価額との差額として計上している（「減損基準」二－3）。この場合に，回収可能価額とは,「資産又は資産グループの正味売却価

額と使用価値のいずれか高い方の金額（『減損基準』注解（注1）」である[2]。つまり，対象となる固定資産に関する，処分費用控除後の時価と，当該資産がもたらす将来キャッシュ・フローの割引現在価値とを比較して，いずれか高い方が回収可能価額であり，これを上回る帳簿価額との差額を減損損失として測定する。

　ところで，同じく固定資産の減損に関する会計処理といっても，減損損失の認識について，蓋然性基準と経済性基準という，異なる2つの概念があり，これに基づき，測定処理も2つの類型に分かれている[3]。前者に基づくものとしてアメリカの会計基準コディフィケーション（以下，ASCと呼ぶ）における減損会計の基準およびその前身である財務会計基準書144号（以下，SFAS144と呼ぶ）を，後者に基づくものとして国際会計基準36号「資産の減損（以下，IAS36と呼ぶ）」を挙げることができる。この両者は，減損損失の処理に関して，認識基準が異なっていることに対応して異なる測定基準を定めている。

　わが国「減損基準」は，その認識基準がASCと，そして測定基準がIAS36に類似している。つまり，2つの会計基準の「融合」が行われていると言えるが，係る「融合」によってできあがっているわが国基準は，ASCあるいはIAS36とは全く異なるものとなっている可能性がある。そうであるならば，わが国基準にはいかなる特徴と性質があるのかを明らかにする必要がある。また，そうした内容を有している「減損基準」が，理論的に一貫したものであるのかも明らかにする必要がある。本章の問題意識はこの点にある。つまり，わが国「減損基準」の特徴と性質を明らかにするとともに，その理論的一貫性を検証する，これが本章の課題である。

　以上のごとく，本章は，わが国「減損基準」の合理性を検討するものである。その際に，ASC（およびSFAS144）とIAS36を減損会計における2つの基本類型とみなし，かつ「減損基準」の合理性判断の基礎とする。そこで本題の検討に先立って，ASCおよびIAS36それぞれの合理性を検討する[4]。なお，これ以降，本章における「資産」という用語には，各個別資産のみならず資金生成単位あるいは資産グループも含まれるものとする。

2. 2つの減損会計基準の目的と機能
―処理の目的と測定基準の理論的整合性―

　本節ではASCおよびIAS36における処理の合理性を検討するが，それに際して，本節における共通の事例として次のものを設ける。
(設　例)
　t_0年期末において，製造業を営む甲社の保有する設備機械（取得原価：2,000，減価償却累計額：1,000，減価償却の方法：定額法，残存価額：ゼロ，当該資産は使用終了時点において無償で廃棄する。廃棄のコストは考慮しない。残存する経済的耐用年数：5年）に減損の兆候がみられた。なお，金額の単位はいずれも任意とし，また，キャッシュ・フローの予測状況A，Bおよびリスクフリー・レートの状況X，Yは，それぞれが独立して発生する。

【将来キャッシュ・フローの予測－A】
残存年数における将来キャッシュ・フローは次のように予測された。

会計年度	t_1	t_2	t_3	t_4	t_5
予測CF	300	200	200	200	200

なお，当該設備機械について，この時点での売却費用控除後の公正価値は930と見積もられた。

【将来キャッシュ・フローの予測－B】
残存年数における将来キャッシュ・フローは次のように予測された。

会計年度	t_1	t_2	t_3	t_4	t_5
予測CF	200	200	200	200	100

なお，当該設備機械について，この時点での売却費用控除後の公正価値は750と見積もられた。

【無リスクの金利の状況－X】
t_0期末における無リスクの金利は5％であった。

【無リスクの金利の状況－Y】
t_0期末における無リスクの金利は1％であった。

以上の（設例）を使用し，2種類の減損処理を分析する。

2-1　ASCにおける減損損失の認識基準と測定基準の理論的整合性

　ASCは資産の減損を，長期性資産の帳簿価額がその公正価値を超えるときに存在する状態と捉え（360-10-20項），資産の帳簿価額が回収不能かつ公正価値を超過する時にのみ減損損失を認識しなければならないとしている（360-10-35-17項）。長期性資産に減損の兆候がみられた場合には，即時に，当該資産の帳簿価額の回収可能性をテストしなければならない（360-10-35-21項）。つまり，減損損失発生の兆候が見られた場合には，会計期間の中での時期を問わず，即時に処理に取りかからなければならない。

　このようにして減損損失の発生が認識される状況，すなわち減損損失の認識基準はどうなっているのであろうか。この点について，ASCは次のように述べている。すなわち，「長期性資産の帳簿価額が，当該資産の使用と最終処分によってもたらされると予想されるキャッシュ・フローの割引前合計額を超過する場合，当該帳簿価額は回収不能である（360-10-35-17項）。」と。このように，減損損失の発生は，資産の使用と処分によるキャッシュ・フローの割引前合計額の見積値が帳簿価額を下回ったときに認識される。つまり，当該資産の使用を継続したとしても，最終的に帳簿価額が回収不能となり，損失が計上される蓋然性が高まったときに減損損失は認識される。ここでは，資産を最後まで使い続けることを前提として，当該時点の投資額である帳簿価額が回収可能であるかどうか，すなわち，将来的な投資の回収可能性が注目されている。つまり，ASCの考える「資産の減損」とは，資産の最終的利用によっても投資額を回収できないことである。認識基準は，こうした減損が発生しているかどうかのテストということができる。

　それでは，このようにしてその発生が認識される減損損失は，具体的にどのようにして測定されるのであろうか。これについて，減損損失は，長期性資産の帳簿価額がその公正価値を超過する金額によって測定される。なぜ公正価値なのか，ASCそれ自体はその理由になにも言及していないが，その前身であ

るSFAS144は次のように述べている。すなわち，「減損した資産を売却するのではなく，使い続けるという意思決定は，経済的にみて当該資産に投資するという意思決定に類似している（B34項）。」と。つまり，使用の継続が資産の購入に類似しているというのである。この点についていま少し詳しく検討する。SFAS144は，資産使用が継続されるのは，それが最善の投資判断とみなされるから行われるという（B34項）。とはいえ，現在の投資からはその投資額の回収が不能とみなされるのであるから，この場合，「減損した資産の売却による資金が，資金投資判断に組み込まれている（B34項）。」と断言している。このように，ここでは逆に，減損した資産が売却されるとしている。つまり，ASCそしてSFAS144によれば，減損した資産の使用を継続するということは，いったん当該資産を売却した上で，再び購入すること，すなわち同一資産に対する再投資を意味するのである。回収の見込みのない現在の投資をいったん売却・清算した上で，新たに同一資産に対して回収可能な金額を再投資する，とみなしている。

次に，具体的な数値例を用いて，ASCによる減損会計の特徴を考える。

（設例A－Xの場合）

このケースでは，当該機械設備の帳簿価額1,000（2,000－1,000）がその時点の公正価値930を上回っている。しかし，当該資産の使用によってもたらされるキャッシュ・フローの割引前合計額の見積値が1,100（300＋200＋200＋200＋200）となり，これは帳簿価額を上回っている。したがって，この場合，減損損失は認識されず，帳簿価額1,000がそのまま維持される。

（設例B－Xの場合）

このケースでは，帳簿価額1,000が，その時点の公正価値750を上回り，かつキャッシュ・フローの割引前合計額の見積値900（200＋200＋200＋200＋100）も上回っている。したがって，当該資産は減損しているとみなされ，減損損失が認識される。減損損失は，帳簿価額が公正価値を超過する価額なので，このケースでは250（1,000－750）と測定される。そして，この減損の処理は，同一資産への再投資の処理を意味するので，この思考を処理に反映させれ

ば次のようになろう。

（借）減価償却累計額	1,000	（貸）機械装置	2,000
現　金　預　金	750		
減　損　損　失	250		
（借）機　械　装　置	750	（貸）現　金　預　金	750

　上の処理は，減損した資産を，公正価値である750でいったん売却し，同額で買い戻したことを示している[5]。そしてASCは，公正価値と一致している，減損処理後の帳簿価額を当該資産の新たな取得原価とした上で，残存期間にわたり減価償却（もしくは単純償却）していくことを求めている（360-10-35-20項）[6]。

　以上のごとく，ASCの減損会計において，最大の関心は帳簿価額とキャッシュ・フローの割引前合計額の見積値との金額比較，すなわち帳簿価額の回収可能性に向けられている。確かに，公正価値（市場価格）の下落も減損損失発生の兆候の1つとみなされてはいるが（360-10-35-21項），当該資産が減損状態にあるかどうかを最終的に決定づけるのは，帳簿価額の回収可能性であるといえる[7]。つまり，ASCが注目しているのは，処理時点での投資額の最終的回収可能性，すなわち対象資産の使用を継続することによる最終損益である。

　さて，このように資産利用による最終損益に注目しているASC（そしてSFAS144）は，減損損失の測定基準として公正価値を採用していることはすでに繰り返し述べてきた。しかし，この測定基準の妥当性の根拠はどこにあるのであろうか。単純に考えるのであれば，将来のキャッシュ・フローによる帳簿価額の回収可能性に注目するのであるから，減損処理後の対象資産の帳簿価額を，認識基準で使用したキャッシュ・フローの割引前合計額の見積値にする，つまり当該見積値と現在の帳簿価額との差額を減損損失として計上することにも一定の妥当性が見いだせるようにも思われる。

　この点について，SFAS144は次のように指摘している。すなわち，「減損損失測定のために公正価値を使用することは，歴史的原価基準からの離脱には当たらないと考えている。むしろ，今日の会計システムにおいて，新規に取得した資産の原価ベースを決定しなければならないときに，常に実践されている原

則の首尾一貫した適用である（B34項）。」と。つまり，再投資すなわち資産の買い換えを擬制しているのであるから，公正価値は，旧資産の売却価額であると同時に新資産の購入価額でもある。この意味において，取得原価主義を貫徹することができるのである。将来キャッシュ・フローの見積値は，原価回収額の見積値ではあっても，再投資原価そのものの見積値ではない。

このように，投資の仕切り直しを想定するASC（SFAS144）減損会計において，減損処理とは，それが擬制取引であるとはいえ，資産の買い換え処理であって，単なる資産評価ではない。したがって，当該処理は，決算時期に拘ることなく，期中のいかなる時期であっても，減損の兆候がみられるときには，即時に取りかからなければならい。また，取得原価主義を堅持しているが故に，公正価値に基づく，修正された帳簿価額は，新たな取得原価とみなされ，減価償却（もしくは単純償却）により，その後の期間に配分される。さらに，減損損失の戻入れは，取得原価で計上されている資産価額の切り上げとなってしまうために，禁じられている（360-10-35-20項）。

以上のごとく，資産利用の最終損益に注目し，これがマイナスになることが予想されるときに，いったん投資を清算し，改めて投資をやり直すことがASC減損会計の1つの目的である。また併せて，処理の前後で取得原価主義という基本理念の一貫した適用も図られている。以上のごとく，ASC減損会計には2つの目的がある。これら2つの目的を達成する上で，認識基準によって最終損益のプラス・マイナスをテストし，測定基準によって取得原価主義を維持したかたちで投資の再スタートを行っている。

2-2　IAS36における減損会計の目的と認識・測定基準の理論的整合性

前節で検討したASCでは，減損損失の認識基準と測定基準とが異なるために，その理論的整合性に注目した。しかし，IAS36では，減損損失の認識と測定が同時に行われ，それが同基準そして経済性基準による減損会計の特徴ともいわれている（佐藤［2014］，118頁）。そこで本節では，IAS36が提示している減損会計の目的と，認識・測定基準との理論的整合性を検討する。

IAS36は，資産の減損を，資産の帳簿価額が回収可能価額を超過することと定義し，減損会計の基準である自らの目的を「企業が資産に回収可能価額を超える帳簿価額を付さないことを保証する」こととしている（1項）。企業は，各報告期間の末日現在で，資産が減損している可能性を示す兆候があるか否かを評価し，何らかの兆候がある場合には，減損損失の認識・測定の処理に進まなければならない（10項）。認識・測定の処理においては，資産の回収可能価額が問題となる。この場合，回収可能価額は，資産の売却費用控除後の公正価値と使用価値のいずれか高いほうの金額と定義されている（6項）。これは，わが国「減損基準」における回収可能価額と同意と考えてよかろう。資産の帳簿価額が回収可能価額を超過していることが資産の減損を意味し，したがって減損損失が認識され，同時に当該超過額が損失計上される。

　このような処理が，IAS36の目的に整合しているのかどうか，この問題については，具体的な数値例を用いて考える。

（設例A－Xの場合）

　このケースでは，当該設備機械の使用価値は961（$300/1.05 + 200/1.05^2 + 200/1.05^3 + 200/1.05^4 + 200/1.05^5$）となる。これは当該時点での公正価値930より大きい。したがって，回収可能価額は使用価値である961となる。帳簿価額1,000は回収可能価額961を超過しているので，当該資産は減損しているとみなされ，超過額39が減損損失として計上される。したがって，次の処理が行われる[8]。

　　　　　（借）減　損　損　失　　　39　（貸）機　械　装　置　2,000

ところで，ここで注目すべきは，このケースでは，減損処理を行わなかったとしても，その後の資産使用の継続によって，最終的に損失が計上されることは無く，逆に100の利益計上が予想されていることである。にもかかわらず，当該資産は減損しているとみなされる。この点から，前節で検討したASCとは異なり，IAS36が資産利用の最終損益に向けた関心は極めて低い，否，無いといってもよいことが窺われる。それでは同基準の考える「資産の減損」とは，何を意味しているのであろうか。先に示した定義は，単に帳簿価額が回収

可能価額を超過するということという現象を述べているだけで，なぜそれが減損と言えるのかを示していない。そこで，本節では，帳簿価額と比較され，認識基準でありかつ測定基準ともなる回収可能価額の性質を考える。

　回収可能価額が，資産の売却費用控除後の公正価値と使用価値のいずれか高いほうの金額とされることは既述の通りである。これら2つの測定値のうち，まず使用価値について考える。使用価値が割引前キャッシュ・フローを一定の利子率（割引率）で割り引くことによって求められることは周知の通りである。IAS36によれば，割引率は，貨幣の時間価値と当該資産に固有のリスクに関する現在の市場評価を反映する利率でなければならず（55項），より具体的には，「企業が当該資産から獲得すると期待するキャッシュ・フローと金額，時期およびリスクの各条件において同様なキャッシュ・フローを生み出す投資を投資者が選択するとした場合に，当該投資者が要求する利回り（56項）」であると説明されている。このように，投資の運用利回りが割引率として採用される。したがって，使用価値は，当該時点の金利水準において，予想されるキャッシュ・フローを獲得するために必要な金額，すなわち投資の現在価値として測定されることになる。先の（設例A－X）でいえば，t_1期～t_2期の間に予想されているキャッシュ・フローを獲得するためには，t_0期末時点の金利水準であれば，961の投資で足りる。それに対して，甲社は1,000の投資をしているので，当該投資には39の減損損失が発生している，ということである。つまり，ここでIAS36の関心は，当該測定時点における投資の現在価値測定に向けられている。

　それでは，回収可能価額のもう1つの構成要素である売却費用控除後の公正価値はどうであろうか。IAS36は，かつて現行基準である2004年改訂版の公表に際して，「結論の根拠」を提示していた。その中で，正味売却価格および使用価値のどちらか高い方に基づく回収可能価額を採用する理由として，「合理的な経営者の可能性の高い行動を反映すべき（BCZ23項）」と考えていた。しかし，同時に，「資産の回収可能価額に関する市場の期待（正味売却価格の根拠）を，当該資産を保有する個々の企業が実行する合理的な見積り（使用価値

の根拠）に優先すべきでないし，その逆とすべきでもない（BCZ23項）」とも述べている。以上の記述からわかることは，減損した資産の評価額の妥当性判断において，使用の継続か売却かという，合理的な経営者の現実の行動を想定していたというよりも，当該資産の評価額としての妥当性の検討に関心が向けられていたと考えられる。つまり，現行の回収可能価額は，資産評価額の妥当性判断に由来するものである。したがって，回収可能価額の構成要素である売却費用控除後の公正価値も，減損した資産の評価額の範疇を超えるものではない。通常であれば使用価値を上回ることがない公正価値が，比較をしてみたら高かったというのであれば，評価額としては公正価値の方が妥当である旨を定めたものといえよう[9]。つまり，ここでもまたIAS36の関心は，投資の現在価値測定に向けられている。

　ここまでの検討から，IAS36の意識が投資の現在価値に向けられていることがわかる。したがって，ここでいう「資産の減損」とは，現在の投資が，現時点で実行可能な投資の最低水準を充たしていないことを意味している。（設例A－X）でいえば，対象資産の使用によってもたらされるキャッシュ・フローが，無リスクの金利5％の水準，すなわち現時点で確実に実行可能な運用水準すら充たしていないことを意味する。つまり，ASCのように最終的に投資が回収可能であるかどうかを問題としているのではなく，現時点における投資の相対的評価を行っているのである。

　ここで「相対的」ということは，（設例A－Y）の状況，すなわちキャッシュ・フローの状況は変わらずに無リスクの金利だけ1％に低下した状況を考えてみればわかる。この場合，当該資産の使用価値が1,070（$300/1.01 + 200/1.01^2 + 200/1.01^3 + 200/1.01^4 + 200/1.01^5$）となり，これは帳簿価額1,000を上回っている。したがって，当該資産は減損していないことになる。つまり，キャッシュ・フローの見積値に何ら変化がなくても，当該時点の投資環境が変われば，対象としている投資の成果に対する相対的評価が高まり，減損しているとはみなされないのである。

　このように，IAS36による減損処理は，投資の現在価値評価すなわち資産の

再評価を伴う。したがって，当該処理は，「各報告期間の末日現在（9項）」すなわち決算において実行されることになる。また，投資の再評価であるが故に，減損損失は，現在の投資環境のもとでの過剰投資額を意味する。さらに，その後の投資環境の変化により，その収益性に関する相対的評価が改善する場合には，いったん計上した減損損失も戻入れを行わなければならない（110,114,117項）。

　以上のごとく，IAS36の唯一の目的は投資の現状評価であり，そのためには，投資の現在価値を測定する必要がある。そのための測定尺度として，回収可能価額が採用されている。そこには目的とそれを達成するための方法との間に論理一貫性を認めることができる。しかし，回収可能価額によって修正された帳簿価額は投資成果の現在価値であり，それが当該資産の原価であるというためには，さらなる説明が必要になろう。

3.「減損基準」の特徴と性質
―認識基準と測定基準における異なる組合せの結果―

　わが国「減損基準」は，減損損失の認識基準として資産から得られる割引前将来キャッシュ・フローの総額が帳簿価額を下回ることとし（「減損基準」二2⑵），これはASCの認識基準と整合している。一方，測定基準については，帳簿価額を回収可能価額まで減額し，当該減少額を減損損失とするとし，これはIAS36の測定基準と整合している。

　既述のごとく，「減損基準」は，減損処理の目的を「事業用資産の過大な帳簿価額を減額し，将来に損失を繰り延べない（『減損意見書』三－1)」こととしている。つまり同基準は，過大な帳簿価額の減価償却によって発生する費用が，当該事業用資産の獲得するキャッシュ・フローを上回ることを回避することを目的としている。ここでの関心は資産利用の最終損益に向けられており，これはASCの思考と一致している。したがって，「減損基準」が，上記の認識基準を設定することにより，投資の最終的な回収可能性をテストしようとしていることには合理性がある。

また,「減損基準」は,減損処理が「資産価値の変動によって利益を測定することや,決算日における資産価値を貸借対照表に表示することを目的とするものではなく,取得原価基準の下で行われる帳簿価額の臨時的な減額である(『減損意見書』三－1)」とも述べている。つまり,減損処理が対象資産の資産価値測定を目的としたものではなく,処理後の貸借対照表価額は未償却原価であり,したがって,減価償却と同様に,減損処理も原価配分手続としてみなされるべきことを主張している[10]。この考えの現れとして,基準では,減損処理後,その対象となった資産について,減損損失を控除した帳簿価額に基づき減価償却を行うべきことが要求されている(「減損基準」三－1)。ここでは伝統的な原価－実現主義あるいは取得原価主義を維持しようという意図がみられ,この点でもASCに通じるものがある。

　ところが「減損基準」は,測定基準については,回収可能価額を測定尺度とするIAS36に倣っている。この理由として,辻山[2004]は次のように説明している。すなわち,「減損処理とは本来,投資期間全体を通じた投資額の回収可能性を評価し,投資額に対する回収可能性が見込めなくなった時点で,将来に損失を繰り越さないために帳簿価額を減額する会計処理であるという考え方に照らせば,切り下げる必要のある簿価は投資原価のうち回収可能性の損なわれた部分であって,あえて時価(公正価値)まで切り下げる必要はない(辻山[2004],12頁)」と。つまり,将来キャッシュ・フローに基づく使用価値によって対象資産を評価すれば,将来発生が予測される損失額だけの損失が計上されることになり[11],それで「減損基準」の目的は達成されるということであろう[12]。

　他方で「減損基準」は,自ら取得原価基準の堅持を謳っている。しかし,周知のごとく使用価値は,将来のキャッシュ・イン・フローの割引現在価値であり[13],前節で検討したように,投資の現在価値の測定値,つまりストックの測定値でもある。これを使用した場合であっても,償却性資産である固定資産の原価が減損処理の前後で変質していないと言い切れるのであろうか。確かに,減損処理後の帳簿価額は,減価償却によって,その後の期間に配分される(「減損基準」三1)が,配分の対象となる帳簿価額それ自体の原価性に疑問がある

のでは，配分することの意義もまた疑われる。

4. 結　び
―「減損基準」の基本的思考と測定基準―

　本章では，ASCの減損会計基準およびIAS36を評価の基礎として，わが国「減損基準」の論理整合性を検討した。この考察から，「減損基準」の目的と測定基準との間には，ある種の離齬がみられるということがわかる。その原因は複数あると思われるが，そのひとつとしてASCが擬制している再投資，いわゆるフレッシュ・スタート法に対する疑問の存在を挙げることができよう[14]。

　しかし，先に検討したように，わが国「減損基準」は，資産利用によって最終的に発生が予想される損失を前もって計上しようとするものであり，同時に取得原価主義の枠組みを維持しようとするものである。この基本的思考は，ASCのそれと極めて近似している。そこに，基本思考の全く異なるIAS36の測定基準を取り入れることには違和感を覚える。本章では，これら3つの基準の関係を認識基準，そして特に測定基準に対象を絞って検討した。それでは，わが国減損会計における他の部分ではどのような関連性がみられるのであろうか。締めくくりに当たって，この点を考察する。

　「減損基準」本体には定めがないが，「固定資産の減損に係る会計基準の適用指針」は，期中における減損処理の実行を認めている（134項）。ASCも減損処理の期中行使を認めていたが，その根拠が再投資という実際取引の擬制に求められることは既述の通りである。これに対して，減損処理を資産評価と捉えているIAS36は決算時の実行を求めていた。この点だけをもって，わが国減損会計も再投資を想定しているということは極論に過ぎると思われるが，単なる資産評価とは異なる，帳簿価額の何らかの置き換えという発想がその思考の根底にあることは指摘できるのではないだろうか。

注

1　「投資額の回収」といった場合，本来は，当初投資額と投資の全期間を通した回収額とを

比較しなければならない。この点について,「減損意見書」も「期末の帳簿価額を将来の回収可能性に照らして見直すだけでは,収益性の低下による減損損失を正しく認識することはできない。」と断じているが,それに応じた処理が提示されているわけではない。周知のごとく,固定資産の減価償却は,資産の収益性とは関係なく,過去の投資額を期間配分することによって資産価額を減額する処理であり,これに対して減損処理は,将来のキャッシュ・フローに基づいて資産価額を減額する処理である。したがって,減損処理を境として,資産価額の算定基礎が過去の支出から将来の収入へと変更されているということができ,上述した基準が抱える矛盾は,こうした点にも原因があるのかもしれない。以上のように考えると,わが国「減損基準」における「固定資産の減損」とは,厳密にいえば,「投資の回収が見込めなくなった状態」ではなく,「過去の会計処理の結果算出された帳簿価額の回収が見込めなくなった状態」とした方が妥当かもしれない。

2 この場合,正味売却価額とは「資産又は資産グループの時価から処分費用見込額を控除して算定される金額(『減損基準』注解(注2))」であり,さらに時価とは「公正な評価額(『減損基準』注解(注3))」を意味する。一方,使用価値とは「資産又は資産グループの継続的使用と使用後の処分によって生ずると見込まれる将来キャッシュ・フローの現在価値(『減損基準』注解(注4))」である。

3 この他にも,認識基準としては永久性基準があるとされている。しかし,この基準は現実的には実行不可能とされているため,本稿では検討の対象から除外する(佐藤[2014],118頁)。

4 この2つの基準の内容分析については,石原[2013]も参照されたい。

5 実際には,次のように減損損失が資産の取得原価から減額されるのみであろうが,本文では,再投資というASCの思考を忠実に表現する処理を示した。

(借)減 損 損 失　　250　(貸)機 械 装 置　　250

6 一般に公正価値といった場合,それはいわゆる出口価格を意味するといわれている(河﨑[2014],143〜144頁参照)。しかし,ここでは公正価値が出口価格すなわち売却価格であると同時に,購入価格としても使用されている。この点に関して,ASCは「公正価値」について2つの定義を示し,それらを使い分けている(ASC, Master Glossary)。2つの定義とは,①取引の意思がある第三者間の通常取引,すなわち強制的清算時売却以外の取引において,資産が購入もしくは売却されるであろう金額,②測定日において,市場参加者間の秩序ある取引における資産売却によって受け取るであろう価格,である。①は公正価値を取引成立価格とみなし,②は出口価格としている。ASCは,減損会計に対して,これらのうち②が適用されるとしているが,本文の処理から,①の意義で使用されているとみなす方が妥当と考えられる。

7 単なる可能性としては,金額的大小関係が,公正価値>帳簿価額>キャッシュ・フローの割引前合計額の見積値,となることも考えられるが,こういった状況が現出するとは思われず,考慮の外に置いて問題ないと考えられる。

8 IAS36は，具体的な会計処理の方法を何ら提示していないので，本文では減損損失を取得原価から減額する方法を示した。この他にも，先行研究においては，減損損失を「減損損失累計額」に計上する方法を呈示しているものもある（例えば，川島［2009］，166～172頁など）。後述するが，IAS36が減損損失の戻入れを定めていることから考えれば，累計額に計上する方が妥当かもしれない。
9 この点について，IAS36自身も「市場の想定が正しいものとなる可能性が高いのか，または企業の想定の方がより正しいものとなる可能性が高いのかは不確実である（BCZ23項）」とも述べている。
10 減損処理と減価償却との関係について詳しくは，佐藤［2014］，139～141頁も参照されたい。
11 正確には，当期において計上される損失は，将来発生が予測される損失額よりも金利調整分だけ大きくなる。
12 同様の主張は，秋葉［2004］，71～72頁にもみられる。
13 周知のごとく，償却性資産の取得原価は，過去のキャッシュ・アウト・フローつまり過去の支出額に基づいて計上されている。取得原価，費用配分等について詳しくは新田他［2014］，第Ⅰ部Ⅱ-2-(1)-3) を参照されたい。
14 こうした主張については，例えば，秋葉［2004］，69～70頁を参照されたい。

【参考文献】

FASB, *Accounting for the Impairment or Disposal of Long-Lived Assets*, FASB Statement of Financial Accounting Standards No. 144, August 2001.

FASB, *Impairment or Disposal of Long-Lived Assets*, FASB Accounting Standards Codification, September 2009.

IASB, *Impairment of Assets*, IASB International Accounting Standard 36, April 2009.

IASB, *Fair Value Measurement*, IASB International Financial Reporting Standard 13, May 2011.

秋葉賢一［2004］「減損損失の認識と測定」辻山栄子【編著】『逐条解説　減損会計基準』（第2版），中央経済社，2004年，31～82頁。

河﨑照行［2014］「資産会計総論」佐藤信彦，河﨑照行，齋藤真哉，柴 健次，高須教夫，松本敏史【編著】『スタンダードテキスト　財務会計論Ⅰ　基本論点編』（第8版），中央経済社，2014年，125～147頁。

川島健司［2009］「減損会計」菊谷正人【編著】『IFRS・IAS（国際財務報告基準・国際会計基準）徹底解説』，税務経理協会，2009年，164～174頁。

佐藤信彦［2014］「固定資産の減損」佐藤信彦，河﨑照行，齋藤真哉，柴 健次，高須教夫，松本敏史【編著】『スタンダードテキスト　財務会計論Ⅱ　応用論点編』（第8版），中央経済社，2014年，115～145頁。

辻山栄子［2004］「減損会計の基本的な考え方」辻山栄子【編著】『逐条解説　減損会計基準』（第2版），中央経済社，2004年，1〜15頁。

新田忠誓他［2013］新田忠誓，佐々木隆志，石原裕也，溝上達也，神納樹史，西山一弘，西舘　司，吉田智也，中村亮介，松下真也，金子善行，西嶋優子『会計学・簿記入門』（第12版），2014年，白桃書房。

石原裕也［2013］「減損損失の認識基準と減損会計の目的－蓋然性基準と経済性基準－」『會計』第184巻第3号，72〜85頁。

（石原　裕也）

第3章　資産負債アプローチにおける
キャッシュ・フロー計算書の役割
―McMonnies (1988) より学ぶ―

1. 問 題 の 所 在

　かつて，中村（1995）において，損益計算書と貸借対照表は，それぞれ利益を計算することと累積の利益を示すことにより利益処分の基礎となる役割を果たすのに対し，キャッシュ・フロー計算書にはこのような不可欠な任務がないことが指摘された[1]。キャッシュ・フロー計算書に求められる役割について，染谷（1999）では，次のように記述されている。「もともと人々が資金計算書を必要とした動機は，損益計算書や貸借対照表によって明らかにされない，何らかの財務情報を求めようとしたところにある。けれども損益計算書や貸借対照表によって明らかにされない財務情報の種類は余りにも多すぎたようである。そうした情報を提供する責任を資金計算書という，ただひとつの計算書に課すところに無理があると思われる。その重点をある部分に置けば，他の部分はどうしてもおろそかになる。といって，要求されるいろいろな情報をひとつの計算書に盛れば，そうした計算書はきわめて雑然たるものになってしまう。資金計算書の目的の多様性も，また永遠に解決できない問題となっている」（染谷（1999）66頁）。キャッシュ・フロー計算書の役割を明確にすることは，わが国における長年のキャッシュ・フロー会計研究において明らかにすることができなかった課題であると考えられる。

　わが国においてキャッシュ・フロー計算書が制度化されてから十余年が経過

し，その間にキャッシュ・フロー計算書を取り巻く環境は大きく変化している。貸借対照表においては，資産・負債を時価で測定する動きが広がっている。業績報告においては，収益と費用の差額としての純利益を業績と捉える思考から，純資産の期中変動額としての包括利益を業績と捉える思考への移行が進んでいると言われる。会計報告にもたらされる一連の変革は，収益費用アプローチから資産負債アプローチへの会計観の転換として説明される。会計観の転換が進展する中，キャッシュ・フロー計算書の役割を何に求めるかについて検討することが，キャッシュ・フロー会計における現代的な課題であるといえよう[2]。

本章では，上記の課題に取り組むにあたり，英国における概念フレームワーク論を題材とする。英国では1970年代より，会計基準運営委員会（Accounting Standards Steering Committee – ASSC）及び会計基準委員会（Accounting Standards Committee – ASC）によって，権威ある会計基準として標準会計実務書（Statement of Standard Accounting Practice – SSAP）が公表された。SSAPの設定は，個別のテーマごとに行われたため，基準間の首尾一貫性に欠けているという批判が展開された。これを受けて，1970年代後半より，財務諸表の目的と構造に関する議論が盛んに行われた。ASSCは，財務諸表の範囲と目的を検討するための討議文書としてASSC (1975) を公表した。ASSC (1975) では，投資家，従業員，取引業者，アナリスト，政府などの利用者に有用な情報を提供することが会計報告の目的であるとされた。その後，ASC (1981)，Dearing (1988) などにより，概念フレームワーク設定の必要性が主張されている。これらの動きを受けて，概念フレームワークの内容に関する議論が進展し，スコットランド勅許会計士協会（Institute of Chartered Accounting of Scotland）は，概念フレームワークに関する研究委員会の討議文書としてMcMonnies (1988) を公表した。その後，イングランド・ウェールズ勅許会計士協会（Institute of Chartered Accounting of England and Wales）によりSolomons (1989a) が，会計基準審議会（Accounting Standards Board – ASB）によりASB (1999) が公表された。

折しも1970年代から1990年代にかけての英国では，時価会計とキャッシュ・フロー会計の親和性が高いことが指摘され，両会計を統合した会計システムの構築を試みる学説が公表された[3]。時を同じくして展開された概念フレームワーク論においても時価評価の必要性とキャッシュ・フロー情報の有用性が意識されており，資産負債アプローチによる会計報告におけるキャッシュ・フロー計算書の役割を探るわれわれの課題に対して有益な示唆を与えるものと思われる。上述の概念フレームワークを巡る議論の中で，McMonnies (1988)を取り上げて検討を行う。McMonnies (1988)では，時価評価による資産と負債の差額としての純資産の増減を業績と捉える体系が構築されている。また，キャッシュ・フロー情報の有用性についても強調されており，われわれの問題意識にとって格好の素材であると考えられる。

2. McMonnies (1988) における会計報告の目的

本章の目的は，McMonnies (1988) の検討を通じて，資産負債アプローチを前提とした会計報告におけるキャッシュ・フロー計算書の役割に関して考察することである。この課題に取り組むにあたり，McMonnies (1988) で主張されている会計報告の全体像について明らかにする必要があるが，財務報告体系はその目的に依存する。そこで，本節ではMcMonnies (1988) が会計報告の目的を何に定めているのかについて明らかにする。

McMonnies (1988) は，会計報告の主要な目的として利用者に対して有用な情報を提供することを挙げており，会計報告の利用者を外部利用者と内部利用者に分けて説明している。

会計報告の外部利用者として，投資家，債権者，従業員，取引業者を挙げており，外部利用者が求める基本的な情報ニーズとして，以下の5つを列挙している[4]。

　①会社の目的及び業績を評価すること
　②現在の富の合計及び前期との変動額の理由について知ること

③将来における事業展開及びそのために必要な財務資源等について判断すること
④過去・現在・将来の経済的環境に関する適切な情報を持つこと
⑤所有関係と管理及び取締役・役員の経験・経歴を知ること

さらに，基本的な情報ニーズの他に，外部利用者にとって有用な情報として，以下の3つを挙げている[5]。

①直近の会計期間における業績と事前に公表された計画との比較
②業績と事前の計画との間の重要な相違に関する経営者による説明
③現在と将来の会計期間に対する経営者による財務計画及びそれを作成する際に用いられた主な前提に関する説明

McMonnies (1988) では，外部利用者のこれらのニーズに応えるために，企業の過去及び現在に関する情報開示だけでなく，将来に関する情報開示の必要性が主張されている[6]。

会計報告の内部利用者としては，経営者が挙げられている。経営者は，企業の目的を効率的に達成するために現在と将来に関する情報を必要としており，彼らの必要とする情報は外部利用者の情報ニーズと大きな相違がないとされている[7]。

McMonnies (1988) による会計報告は，利用者に対して過去だけでなく将来についての情報も提供するべきであるとしている点に特徴がある。これに関して，将来の予測を会計情報に付与することは正確性を犠牲にすることが危惧されるが，それ以上に利用者に対する有用性を向上させる利点があることが指摘されている[8]。

McMonnies (1988) は，会計報告の情報有用性を重視しており，その観点から既存の財務諸表を批判している。貸借対照表に関しては，資産と負債の数値が首尾一貫していない点が問題であると指摘する。原価評価と再評価が入り混じるため，資産の合計額は意味のない数値となっており，資産と負債との差額が企業の財政状態を示す上で価値がないと述べている[9]。また，損益計算書については，企業の財務的富 (financial wealth) の変動を示していないので，現

実的な損益についての表示を提供していない点が問題であるとされる[10]。

そこで，企業の財務的富を公正に表示するために，資産と負債を正味実現可能価額（net realisable value）によって測定するべきであると主張している。正味実現可能価額による評価の利点として，以下の7つを挙げている[11]。

①正味実現可能価額は市場で容易に観察できるので客観的である。
②正味実現可能価額は，投資家などの利用者にとって容易に理解可能である。
③正味実現可能価額を用いることにより，減価償却費の計算のような恣意的な判断を回避することができる。
④正味実現可能価額による会計数値は，企業全体の価値の指標となり，市場資本化額（market capitalisation）を同時に開示することにより，企業評価にとって有用なものとなる。
⑤正味実現可能価額による情報は，流動性の評価や潜在的適応能力の尺度として目的適合的である。さらに，企業の純資産の市場価値は，現在の事業から他の事業に移行する能力の尺度となる。
⑥正味実現可能価額を利用することにより，財務諸表の比較可能性が向上する。
⑦正味実現可能価額を利用することにより，資産購入時点の相違による財政状態の歪曲を回避することができ，企業の期間比較可能性が向上する。

また，McMonnies（1988）は，正味実現可能価額を適用する際に考慮するべき事柄として，以下の5つを指摘している[12]。

①強制的な売却を強いられている環境でなければ，正常な処分に基づいて評価されるべきである。
②正味実現可能価額の利用は，資産と負債に等しく適用されるべきである。
③処分費用（disposal costs）に対して引当てが行われるべきである。
④可能な限り，資産グループではなく，個々の資産及び負債ごとに評価さ

れるべきである。
　⑤正味実現可能価額の利用に疑義がある場合には，鑑定人，建築家，競売人，損害査定人等の専門評価人が会計人に代わって適切に評価するべきである。

　本節では，McMonnies (1988) による会計報告の目的について確認した。McMonnies (1988) では，会計報告における情報有用性が重視され，その観点から既存の財務諸表の問題点が指摘されている。さらに，これを改善する方策として，正味実現可能価額による評価が主張され，企業の財務的富を公正にあらわすために，これを資産と負債に等しく適用することが求められている。これにより，資産から負債を差し引いた純資産の金額が企業全体の価値をあらわすことになり，これが企業評価に役立つことが主張されている。また，既存の損益計算書は，企業の財務的富の増減をあらわさないので，現実的な損益を示していないことが問題点として指摘される。McMonnies (1988) では，正味実現可能価額による純資産が企業の財務的富をあらわしており，その増減が現実的な企業の業績であると捉えられている。

3. McMonnies (1988) によって提案される財務報告体系

　McMonnies (1988) では，前節で確認した会計報告の目的に従い，利用者の要求に応えるための財務報告体系が提案されている。利用者が必要とする情報を，以下に示す3つに分類し，それぞれについて説明を加えている。

　利用者によって必要とされる第1の情報として，企業の戦略と計画を挙げている。企業目的の達成度について評価するために，企業目的に関する報告書を外部利用者に提供することが推奨されている。また，経営者は数年先までの戦略的な計画及び財務的な計画の策定，将来キャッシュ・フローの予測を行うべきであるとされる。企業の目的を達成するために，個々の部門が何に投資を行い，何から投資を引き上げ，何を市場に出し，どのような営業を行うかについての計画を作成するべきであると指摘されている。一方で，これらの計画は繊

細であるため,外部利用者への情報提供は難しいことが付言されている[13]。

利用者によって必要とされる第2の情報として,企業の現在の財務的状態(present financial status)を挙げている。利用者に現在の財務状態についての情報を提供するために,資産負債計算書(Assets and Liabilities Statement),操業計算書(Operations Statement),財務的富変動計算書(Statement of Changes in Financial Wealth),利益処分計算書(Distributions Statement)を作成することが提案されている。これらの4つの計算書を順に見ていくことにする。

資産負債計算書(図表1)では,決算日における資産と負債を正味実現可能価額で評価し,その差額として純資産の金額が計算されている。ここで計算される純資産は,正味識別可能資産(net identifiable assets)として示されており,これと企業の時価総額である市場資本化額とが対称表示されている。市場資本化額は,外部的に検証可能な将来キャッシュ・フローの予測値をあらわすものであり,当該差額を明確にすることが資産負債計算書の目的の1つとされている。資産負債計算書によって,投資家はこれらの差額を理解するための理

図表1
資産負債計算書

所有地の市場価値		12,500
設備の市場価値		22,170
子会社株式の市場価値		12,984
その他の投資の市場価値		5,468
車両の市場価値		3,315
棚卸資産の市場価値		51,092
債権		44,621
現金		10,471
		162,621
長期借入金の市場価値	(19,231)	
債務	(28,008)	
繰延税金	(29,304)	
		(76,543)
正味識別可能資産		86,078
市場資本化額		123,750

出所:McMonnies(1988)para.7.18(邦訳:菊谷(2002)p.39)

由を知ることができ、投資意思決定にとって有用であると主張されている[14]。McMonnies (1988) において正味実現可能価額による評価を求める理由として企業の財務的富を示すことが挙げられていることから、正味識別可能資産の金額が企業における財務的富をあらわしていると考えられる[15]。財務的富は、後述する操業計算書及び財務的富変動計算書において、企業の業績としてその増減が計算されており、McMonnies (1988) の体系において中心をなす概念となっている。

操業計算書（図表2）は、財務的富の増減額のうち、固定資産や有価証券等の市場価値変動によるもの以外の金額が示されている。計算書は、継続活動からの損益として売上による損益が計算され、それに受取配当金、非継続活動からの損益、異常事象からの損益、前期損益修正が加減される。最後に、法人税を控除することにより、操業により増加した財務的富が計算されている。

操業により増加した財務的富は、財務的富変動計算書（図表3）に振り替えられる。財務的富変動計算書では、操業により増加した財務的富に市場価値変

図表2
操業計画書

継続活動からの損益			
売上高			307,694
控除　市場価値による期首棚卸資産		(63,535)	
当期仕入高		(227,677)	
市場価値による期末棚卸資産		51,092	
		(240,120)	
営業費用		(31,418)	
			(271,538)
			36,156
受取配当金			920
非継続活動からの損益			(720)
異常事象からの損益			1,000
前期損益修正			(1,716)
			35,634
控除　法人税			(12,760)
操業により増加した財務的富			22,874

出所：McMonnies (1988) para.7.22（邦訳：菊谷 (2002) p.40-41）

図表3
財務的富変動計算書

操業により増加した財務的富		22,874
上場有価証券の価値増加		1,111
社債の減少		4,991
		28,976
設備の価値減少	(1,089)	
子会社株式の価値減少	(3,000)	
車両の価値減少	(1,466)	
棚卸資産の価値減少	(3,456)	
		(9,011)
当期の処分可能な財務的富の変動額		19,965
処分額		(6,444)
		13,521
増資額		10,000
当期の財務的富の変動額		23,521
市場資本化額の変動額		48,750

出所：McMonnies(1988)para.7.24（邦訳：菊谷(2002)p.42）

動による財務的富の増減を加減することによって，最終的な財務的富の増減額が計算される。資産負債計算書と同様に，当期の財務的富の変動額と対比させて，市場資本化額の変動額が示される。これにより，当期の財務的富の変動が市場の評価にどれだけ反映されているかが明らかになる。

利益処分計算書（図表4）は財務的富の処分に関する状況を示す計算書である。財務的富変動計算書において計算される処分可能な財務的富の変動額と前期繰越利益を合計したものが処分可能利益として示され，それがどのように処分されたかが明らかにされている。McMonnies（1988）では，評価替えによる利得も処分可能利益とされている。

McMonnies（1988）では，現在の財務的状態を示す計算書として上記の4つの計算書が挙げられている。この体系では，正味実現可能価額によって評価された純資産によって示される財務的富が中心的な概念となっており，その増減が企業の業績をあらわしている。資産と負債を時価評価し，純資産の増減額を業績と捉えるMcMonnies（1988）による体系は，資産負債アプローチの特徴を

図表4
利益処分計算書

当期の処分可能な財務的富の変動額	19,965
インフレーション修正額	—
	19,965
前期繰越利益	21,449
処分可能利益	41,414
中間配当額　　　　　　　　(2,578)	
期末配当額　　　　　　　　(3,866)	
	(6,444)
次期繰越利益	34,970

出所：McMonnies(1988)para.7.27（邦訳：菊谷(2002)p.43）

有しているということができる[16]。企業の財務的富に関して，操業計算書において当期の操業による増減額を計算し，財務的富変動計算書において，それに価値変動分を加減して最終的な増減額を計算する体系は，損益計算書と包括利益計算書によって純資産の増減を計算する現代の体系の原型となっていると考えられる[17]。

　McMonnies (1988) では，キャッシュ・フロー計算書 (Cash Flow Statement) についても経営者及び投資家にとって不可欠の計算書であると捉えられる[18]。キャッシュ・フロー計算書は，キャッシュ・インフローとキャッシュ・アウトフローを主要なカテゴリーに分けて示す計算書であると定義される[19]。例示されているキャッシュ・フロー計算書（図表5）では，営業・投資・財務の3つの活動に分けて表示されている。営業活動の区分では，営業活動からのキャッシュが純額で示されている[20]。投資活動と財務活動によるキャッシュ・フローは総額で示されている。投資活動における支出として固定資産と株式への投資が，財務活動における収入として社債と株式の発行が示されている。

　McMonnies (1988) は，利用者によって必要とされる第3の情報として，将来の財務的情報を挙げている。ここでは，財務計画と将来キャッシュ・フローについて明らかにすることが提案されている。財務計画に関しては，企業は将来3年間にわたる財務計画を持つことと，将来の操業ならびに資産と負債の変

図表5
キャッシュ・フロー計算書

前期繰越	(6,016)
営業活動からのキャッシュ	18,320
投資活動	
固定資産	(16,500)
株式	(3,333)
財務活動	
社債	8,000
株式	10,000
次期繰越	10,471

出所：McMonnies(1988)para.7.38

化を含む情報を明らかにすることが推奨されている。また，キャッシュ・フロー計算書に関して，3年間の予測値を明らかにするべきであるとしている。

4. 資産負債アプローチにおけるキャッシュ・フロー計算書の役割

　McMonnies (1988) は，戦略と計画，現在及び将来の財務的状態についての情報を提供することが利用者による情報ニーズに応えることになると指摘しており，その中で，現在の財務的状態についての情報として，資産負債計算書，操業計算書，財務的富変動計算書，利益処分計算書の作成を提案している。一方で，キャッシュ・フロー情報の有用性も認識されており，とりわけ将来における財務的状態についての情報としての側面が強調されている。将来に向けた情報として，財務計画と将来キャッシュ・フローについて明らかにすることが提案されており，キャッシュ・フロー計算書に関しては，過年度の実績による計算書とともに将来3年間の予測の計算書を示すことが推奨されている。
　McMonnies (1988) では，将来の財務的状態をあらわすものとしてのキャッシュ・フロー情報の有用性が主張される一方で，過去の情報としてのキャッシュ・フロー実績を示す計算書についても，投資家と経営者にとって不可欠な情報であると位置づけられている。しかし，過去のキャッシュ・フロー実績を

示す計算書の役割について直接述べられておらず，ここで提案されている財務報告体系から推測するしかない。そこで，以下のように考えた。

McMonnies (1988) によって提案される正味実現可能価額は強制的な売却による市場価値ではなく，通常の過程において売却する際の市場価値をあらわす。正味実現可能価額による評価は，資産と負債の潜在的なキャッシュ・フローを示すので，企業の流動性や潜在的適応能力の評価にとって目的適合的である。潜在的適応能力とは企業が現在の事業から他の事業に移行する能力であり，企業の純資産の市場価値は，その尺度になるとされている。McMonnies (1988) による体系では，正味実現可能価額によって評価された純資産が財務的富をあらわし，その増減が企業の業績となる。したがって，この体系において企業の業績とされる財務的富の増減は潜在的なキャッシュ・フローの増減であり，キャッシュ・フロー計算書で計算される実際のキャッシュの増減は硬度の高い業績としての側面がある。その意味で，キャッシュ・フロー業績を示すキャッシュ・フロー計算書は，業績報告の一翼を担うということができる。

McMonnies (1988) の検討により，資産負債アプローチにおけるキャッシュ・フロー計算書の役割として，次の2点が指摘される。過去のキャッシュ・フローを基礎とする取得原価に代わり将来のキャッシュ・フローを基礎とする時価の導入が進んでいることは，会計報告の重点が将来の情報にシフトしていることを意味している。将来キャッシュ・フローの予測は，会計報告の利用者にとって有用であり，それに役立つ情報としてキャッシュ・フロー情報を提供する必要がある[21]。これがキャッシュ・フロー計算書に求められる第1の役割である。また，資産と負債を時価によって評価し，純資産の期中増減額を業績とする体系においては，企業業績に確実とはいえない評価差額が含まれることになる。そこで，過去のキャッシュ・フロー情報は硬度の高い業績をあらわすものとしての意義がある。これがキャッシュ・フロー計算書に求められる第2の役割である。

本章では，資産負債アプローチによる財務報告体系においてキャッシュ・フロー計算書に求められる役割について考察を行った。キャッシュ・フロー計算

書を必要不可欠な計算書として位置づけたMcMonnies (1988) による提案は，当時としては画期的なものであったと考えられるが，キャッシュ・フロー計算書の内容についての詳しい検討はなされなかった。ここで指摘した2つの役割を果たすために，キャッシュ・フロー計算書の資金概念は何が用いられるべきか，また計算書の様式はどのようにするべきかなどについてさらなる検討が必要である。これらについては，今後の課題としたい。

注

1 中村（1995）p22
2 溝上（2013）を参照されたい。なお，新田（2009）では計算構造の観点からこの問題が検討されている。本章では，会計情報の有用性という異なる観点からこの課題に取り組むことにする。
3 Lee（1984），Lawson（1997）などを参照されたい。
4 McMonnies（1988）para.3.11
5 McMonnies（1988）para.3.12
6 McMonnies（1988）para.3.17
7 McMonnies（1988）para.3.14
8 McMonnies（1988）para.3.18
9 McMonnies（1988）para.4.4
10 McMonnies（1988）para.4.1
11 McMonnies（1988）para.6.20
12 McMonnies（1988）para.6.27
13 McMonnies（1988）para.7.9
14 McMonnies（1988）para.7.17
15 ただし、McMonnies（1988）において、正味識別可能資産と財務的富との関係については明示されていない。
16 何をもって資産負債アプローチに依拠していると判断するかについては様々な見解があるものと考えられる。本稿では以下のように考える。今日の資産負債アプローチの考え方は，FASB（1976）によって示された利益観としての資産負債観が発展したものと考えられる。資産負債観のもとでは，純資産の期間における増分が利益と捉えられる。この考えによる場合，純資産が単なる差額ではなく何らかの意味を持っている必要がある。そこで，企業の価値をあらわすものとして純資産を捉え，この増減を業績とする考えが背後に存在するか否かを資産負債アプローチに依っているかどうかの基準とする。
17 菊谷（2002）p.49参照。なお、英国では包括利益計算書ではなく、総認識利得損失計算

書という名称が用いられる。
18 McMonnies (1988) para.7.35
19 McMonnies (1988) para.7.36
20 営業活動からのキャッシュはキャッシュ・フロー計算書において核となる概念であり、これがどのように計算されるかはキャッシュ・フロー計算書を理解する上で重要な意味を持つ。McMonnies (1988) では、直接法と間接法のいずれが用いられるかについて明示されていない。営業活動からのキャッシュの重要性については、新田 (1988) を参照されたい。
21 McMonnies (1988) によって提案されるように、企業がキャッシュ・フローの予測値を明らかにすることが情報提供としては望ましいと考えられるが、それができない場合でも、過去のキャッシュ・フロー情報が将来予測にとって有用であると考えられる。

【参考文献】

ASB (1999) *Statement of Principles for Financial Reporting.*
ASC (1981) *Setting Accounting Standards.*
ASSC (1975) *The Corporate Report.*
Dearing. R. (1988) *The making of Accounting Standards,* Institute of Chartered Accountants in England and Wales.
FASB (1976) *FASB Discussion Memorandum, An analysis of issues related to Conceptual Framework for Financial Accounting and Reporting : Elements of Financial Statements and Their Measurement,* 1976. (津守常弘監訳 (1997)『FASB財務会計の概念フレームワーク』中央経済社.)
Lawson, G. H (1970) "Cash-flow Accounting," *The Accountant,* 28 October and 4 November, pp.386-389 and pp.620-622.
―――― (1997) *Aspects of the Economic Implications of Accounting,* Garland.
Lee. T. A. (1978) "The Cash Flow Accounting Alternative for Corporate Financial Reporting", Cees van Dam. (ed.), Trends in Managerial and Financial Accounting, Martinus Nijhoff, pp.63-84.
―――― (1984) *Cash Flow Accounting,* Van Nostrand Reinhold. (鎌田信夫・武田安弘・大雄令純共訳 [1989]『現金収支会計-売却時価会計との統合-』創世社.)
―――― (1985) "Cash Flow Accounting, Profit and Performance Measurement: A Response to a Challenge", *Accounting and Business Research,* Vol.15 Issue.58, pp.93-98.
―――― (1989) "The Solomons Report: the Search for Reporting Truth Continues," *The Accountant's Magazine,* March 1989, p.44.
McMonnies, P. N. (1988) *Making Corporate Reports Valuable,* Discussion Document by the Research Committee of the Institute of Chartered Accountants of Scotland, London:

第3章 資産負債アプローチにおけるキャッシュ・フロー計算書の役割　43

Kogan Page.
Macve, R. (1989a) "Solomons' Guidelines: Where Do They Lead?," *The Accountancy*, March 1989, pp.20-21.
―――(1989b) "Questioning the Wisdom of Solomons," *The Accountancy*, April 1989, pp.26-27.
Solomons, D. (1989a) Guidelines for Financial Reporting Standards, London: ICAEW.
―――(1989b) "The Solomons Guidelines: A Reply to the Critics," *The Accountancy*, August 1989, pp.21-23.
菊谷正人 (1995a)「会計の概念的フレームワークに関する一考察－『ソロモンズ・レポート』を中心にして－」『国士舘大学政経論叢』第92号, pp.115-153.
―――(1995b)「英国における会計の概念的フレームワーク－スコットランド勅許会計士協会の『マクモニーズ・レポート』を中心にして－」『国士舘大学政経論叢』第97号, pp.29-50.
―――(2002)『国際的会計概念フレームワークの構築－英国会計の概念フレームワークを中心として－』同文舘出版.
佐藤信彦 (1995)「財務報告の概念的枠組に関する一考察－ソロモンズの『財務報告基準ガイドライン』を中心にして－」『経営論集』第42巻第2-4号, pp.157-170.
染谷恭次郎 (1999)『キャッシュ・フロー会計論』中央経済社.
中村忠 (1995)「資金会計への挑戦」『企業会計』第47巻第4号, pp.7-22.
新田忠誓 (1988)「資金計算書における"営業活動からの資金"と計算目的としての資金」『産業経理』第48巻第1号, pp.37-38.
―――(2001)「キャッシュ・フロー計算書における間接法の合理性」『會計』第159巻第1号, pp.103-116.
―――(2009)「資産負債アプローチの下でのキャッシュ・フロー計算書」『會計』第176巻第2号, pp.151-163.
前田貞芳 (1990)「英国における会計報告枠組の展開 －『会計報告書』と『D.Solomonsのガイドライン』の対比を通じて－」『武蔵大学論集』第37巻第2-5号, pp.303-343.
―――(1991)「英国における新しい会社会計報告枠組の探求－ICAS, Making Corporate Reports Valuableの吟味－」『武蔵大学論集』第38巻第5・6号, pp.1-34.
溝上達也 (2005a)「業績報告とキャッシュ・フロー－ローソン学説より学ぶ－」新田忠誓監修, 佐々木隆志・石原裕也・溝上達也編『会計数値の形成と財務情報』白桃書房, pp.33-45.
―――(2005b)「キャッシュ・フロー会計論の方向性－資産・負債観を前提として－」『會計』第168巻第1号, pp.29-42.
―――(2006)「キャッシュ・フロー計算書における業績報告機能―英国会計制度を題材として―」『産業経営研究』28号, pp.39-50.

―――(2007)「英国におけるキャッシュ・フロー計算書の位置づけ－利益観の転換をめぐる議論から－」『會計』第172巻第2号, pp.94-106.

―――(2009)「キャッシュ・フロー計算書における新たな課題－Lee学説を拠り所として－」『財務会計研究』第3号, pp.61-78.

―――(2013)「キャッシュ・フロー会計の論点整理」『松山大学論集』第25巻第4号, pp.31-48.

(溝上　達也)

第4章　連結会計上の商品の取扱い
―Newlove所説とFinney所説を拠り所として―

1. は じ め に

　わが国において連結財務諸表の制度化が図られるようになったきっかけとして，親会社による子会社に対する「押し込み販売」が横行し，一種の利益操作が大規模に行われていたこと，さらにはその結果として連鎖的な子会社の倒産が生ずるなどしたことが挙げられる（番場 [1975] p.12)。連結財務諸表を作成することで，親会社の決算書と子会社の決算書を合算して損益を通算する際，企業集団内の取引により生じた利益は企業集団外部に販売されるまでは未実現のものとして扱われ，当該利益は直接商品から消去されるため利益操作が避けられる。

　未実現利益の消去手続は，これまで連結損益計算書を作成する上で重要な問題とされてきた（例えばFASB [1991]，小形 [2004]，春日部 [2011])。周知のとおり，現行の会計制度を支配している国際会計基準は，フレームワークにもあるように，資産負債アプローチを採り（IASB [2010] 例えばpara4.2)，貸借対照表が重視されている。現在においても，これまでの収益費用アプローチの考え方と同様の手続で良いのだろうか。そこで書名『連結貸借対照表』から現行の会計思考に近いものがあると伺われるNewlove [1926] と同時期に公表されたFinney [1922] を比較しながら，未実現利益の消去手続を検討していく。

2. Newlove [1926]

　Newlove は「連結貸借対照表は，親会社の投資先を示すことを目的に，連結構成会社間項目の消去後，親子会社の資産と負債を正確に示す計算書である」と述べている（Newlove [1926] p.6）。そしてある構成会社が他の構成会社に商品を売った場合に，少数株主持分は当該利益を実現したと認識する法律上の権利を持っているが，支配持分の観点からは当該利益を未実現であると捉えている（Newlove [1926] p.289）。このように利益の実現については持分の観点から指摘されている。

　彼は内部利益の消去方法として，次の三つを挙げている（Newlove [1926] p.292)[1]。

①ダウンストリームもアップストリームもともに全額消去
②ダウンストリームは全額消去，アップストリームは部分消去
③ダウンストリームもアップストリームも部分消去

　それぞれの支持理由を次のように述べている（Newlove [1926] p.292）。①は法人税法には支配持分も少数株主持分もともに資本を構成していることを理由に，また多くの会計人には，内部取引は企業集団内の財の移転にすぎず利益を生み出しているものでもないので，単なる保管場所の違いによって金額を変えるべきではないとの理由から，それぞれ支持されている。第2の方法については支配持分から少数株主持分に支払われた利益が原価を構成しているという考えを受け入れるが，少数株主持分に対する売上に含まれる利益は支配持分にとって実現利益を構成するというのは保守主義の原則に反するというものである。第3の方法は，連結貸借対照表の目的すなわち支配持分の背後にあるものを正確に表すというものに沿うものである。すなわち支配持分の観点からすれば，少数株主持分は外部者である。支配持分に支払われた利益分は支配持分にとって原価を構成することとなり，少数株主持分にとっては実現したものとなる。そして少数株主持分への売上に含まれる利益は少数株主持分にとっては原

価を構成しており，支配持分にとっては実現利益を構成するというものである。このうちNewlove［1926］は，支配持分と少数株主持分の違いを捉えることが，連結貸借対照表を作成する上で重要な前提となるとして，第3の部分消去方式を支持している（Newlove［1926］p.292）。また，このように彼は少数株主と支配株主が異なる株主であることを前提としている。

表示形式については「未実現利益引当金（Reserve for Unrealized Intercompany Profits）」を採用することで，連結貸借対照表において関連する資産から控除すべきであると述べている（Newlove［1926］p.289）。この「未実現利益引当金」を採用する理由については特に述べていない。「未実現利益引当金」の採用は1930年までは多くの支持を集めていたことから（Newlove［1948］pp.49-51），当時としては一般的な処理方法であったことが考えられる。またこの処理方法は損益計算書に関係させないことも指摘されている（例えば小形［2004］p.159）。Newlove［1926］自身は「すべての連結構成会社間取引を消去し，未実現利益引当金を設けることにより，連結損益計算書を作成する」（Newlove［1926］p.297）と述べている。具体的な作成方法はNewlove［1926］の設例を基に検討していくこととする（Newlove［1926］pp.297〜298）。

[設例] 右の貸借対照表はX社とY社の1925年1月1日のものである。X社はエンジンを製造している会社であり，Y社の発行済み株式の80％を取得した。同日，Y社はX社からエンジンを現金$6,000支払って購入した。なお，そのエンジンはX社の棚卸資産において$5,000で計上されていた。X社は，期中に現金でY社から商品を$5,000で取得した。なお，その商品は，Y社において$3,000で計上されていた。後にこの商品の半分が$4,000で売却された。期末棚卸資産が，X社には$12,000，Y社には$20,000あった。

貸借対照表

	X社	Y社		X社	Y社
諸資産	$90,000	$35,000	社　　債		$20,000
棚卸資産	10,000	15,000	資 本 金	$100,000	50,000
建　　物	60,000	25,000	剰 余 金	60,000	5,000
	$160,000	$75,000		$160,000	$75,000

Newlove［1926］が示した連結精算表が次ページのものである（Newlove［1926］pp.300〜301）。このうち，商品に関わるものは(b)(c)(f)である。まず(b)は期首にX社がY社に売却した取引に関する処理である。貸方$500はエンジンの原価である。X社の売却額は$6,000であるが，このうち$1,000はX社が

X社と子会社Y社の連結精算表
1925年12月31日

	X社試算表 借方	Y社試算表 借方	修正と消去 借方	修正と消去 貸方	損益 借方	連結貸借対照表 借方
諸　　資　　産	$54,750	$46,000				$100,750
（期首）棚卸資産	10,000	15,000		$5,000(b)	$20,000	
建　　　　物	54,000	27,900				81,900
の　れ　ん			$6,000(h)			6,000
Y　社　株	50,000			50,000(h)		
Y　社　社　債	15,000			15,000(i)		
仕　　　　入	30,000	20,000		5,000(c)	45,000	
労　　務　　費	10,000	8,000			18,000	
製　　造　　費	5,000	4,000			9,000	
減　価　償　却　費	6,000	3,100		80(g)	9,020	
社　債　利　息		1,000		750(d)	250	
支　払　配　当　金		5,000		4,000(e)	1,000	
	$234,750	$130,000				
期　末　棚　卸　資　産			32,000(a)			32,000
損益勘定への借方合計	$61,000	$56,100				
			$38,000	$79,830	$102,270	$220,650
	貸方	貸方	借方	貸方	貸方	貸方
繰　　越　　額			$38,000	$79,830		
社　　　　債		20,000	15,000(i)			$5,000
資　本　金：						
内　　部	$100,000	40,000	40,000(h)			100,000
外　　部		10,000				10,000
剰　余　金：						
内　　部	60,000	4,000	4,000(h)			60,000
外　　部		1,000				1,000
売　　　　上	70,000	55,000	5,800(b)		$114,200	
			5,000(c)			
未　収　利　息	750		750(d)			
受　取　配　当　金	4,000		4,000(e)			
	$234,750	$130,000				
期　末　棚　卸　資　産	$12,000	$20,000	800(f)	32,000(a)	31,200	
未実現利益引当金				800(b)		1,520
			80(g)	800(f)		
			$113,430	$113,430	$145,400	
損益勘定の借方合計					$102,270	
配当控除後の実際利益					$43,130	
損益勘定貸方合計	$86,750	$75,000				
損益勘定の借方合計	61,000	56,100				
配当控除後の利益	$25,750	$18,900				
少数株主持分（20%）		3,780			3,780	$3,780
支　配　持　分		$15,120			$39,350	39,350
						$220,650

Y社に売却した際に付加した利益であり，X社のY社持分が80％であることから，残りの20％分の$200は外部株主に売却して，実現したものと処理している。そこで$800が未実現の利益として引当て計上されている。そして期首棚卸資産$5,000と未実現利益引当金$800の合計$5,800が売上から控除されている。(c)は，X社がY社から購入した商品に関するものである。ここでは取引額$5,000の全額が消去されている。

(f)は，X社がY社から購入した商品のうち，まだ販売せずに残っている商品$2,500（＝$5,000÷2）に含まれている利益$1,000（＝($5,000－$3,000)÷2）を処理したものである。この利益については支配持分相当額が実現したものとはみなされないため，既述のように支配持分相当額$800（$1,000×80％）が，期末棚卸資産から控除されるとともに，未実現利益引当金に振り替えられている。

Newlove［1926］が作成した財務諸表が次ページのものである。貸借対照表において棚卸資産$32,000から未実現利益引当金$800控除され，連結上の原価$31,200が表示されている。そして$31,200が連結損益計算書上の期末棚卸資産の金額となっている。

連結貸借対照表

資産

諸　　資　　産		$100,750
棚　卸　資　産	$32,000	
－未実現利益引当金	800	31,200
建　　　　　物	$81,900	
－未実現利益引当金	720	81,180
の　れ　ん		6,000
		$219,130

負債と資本

社　　　　　債		$5,000
支　配　持　分：		
資　本　金	$100,000	
剰　余　金	60,000	
当　期　純　利　益	39,350	199,350
少数株主持分：		
資　本　金	$10,000	
剰　余　金	1,000	
当　期　純　利　益	3,780	14,780
		$219,130

連結損益計算書

売　　　上			$114,200
売　上　原　価			
期首棚卸資産	$20,000		
仕　　　入	45,000		
労　働　費	18,000		
製　造　費	9,000		
減価償却費	9,020	$101,020	
期末棚卸資産		31,000	69,820
売上総利益			44,380
社債利息			250
当期純利益			44,130
支払配当金			1,000
剰余金への加算額			$43,130
支　配　持　分		$39,350	
少数株主持分		3,780	$43,130

3. Finney [1922]

　Finney [1922] の連結貸借対照表は，親会社の支配下にある資産総額，支払われるべき負債総額そして親会社の資本を示すものである (Finney [1922] p.12)。そして商品の利益を次のように述べている。「ある構成会社が，他の構成会社に利益を付加して商品を売るとき，販売会社の少数株主は当該利益を実現したものとみなす権利を持っているのは，少数株主の持分がない会社に商品が売られたからである。企業集団を支配し，実質的には組織の一部門として子会社を見ている親会社は，商品が企業集団外に販売されるまで実現したものとして利益をみなすべきではない」(Finney [1922] p.103)。このように利益が実現したかどうかについては，少数株主と支配株主に分けて述べている。すなわち少数株主については自分の持分がない会社に売却する際に，親会社については企業集団外に売却する際に，それぞれ利益が実現したものと捉えている。具体的な処理として，Finney [1922] はまず内部利益の処理のために引当金を設定し，その際二つの方法を挙げている (pp.103～104)。一つは引当金を棚卸資産から控除するものであり，もう一つは負債の部に引当金を計上するものである。このうち構成会社から他の構成会社に振替えられることによって生じる利益を控除した原価で棚卸資産は表示されるべきであるから，前者の方法が正しいと述べている。

　Finney [1922] は引当金の設定額を未実現利益全額とすることは，税法の考え方であると述べている (Finney [1922] p.104)。すなわち税法は少数株主持分の存在に関係なく企業集団を一つの単位と見るからである。しかし，連結貸借対照表の目的から，この考え方を採っていない。すなわち，連結貸借対照表の目的は親会社株主の持分と少数株主の持分を示すことにあり，また営利目的から少数株主は外部者であり，彼らの利益のうちの持分相当額は商品が他の会社への売却によって実現したものとして計上される (Finney [1922] p.104)。この考え方はNewlove [1926] と同じである。具体的な処理については，

第4章 連結会計上の商品の取扱い　51

Finney［1922］の設例を拠り所として取り上げる（pp.113～150）。

[設例]　1921年12月31日に，A社はB社の90％を購入した。またA社は1921年1月1日にC社株の80％を購入している。

C社は，何も製造していないが原材料のみを扱っており，企業集団外の会社とA社とB社に販売している。B社とA社は製造している。B社は，A社と企業集団外の会社に販売している。A社は，企業集団外の会社のみに販売している。棚卸資産に含まれている利益はそれぞれ次のとおりである。

○連結構成会社間で取引によって生じた期首棚卸資産に含まれる利益

	B社によって付加された利益	C社によって付加された利益
A社の棚卸資産：		
原材料	2,000	1,000
仕掛品	1,500	800
B社の棚卸資産：		
原材料		500
仕掛品		800
製品		250

○連結構成会社間で取引によって生じた期末棚卸資産に含まれる利益

	B社によって付加された利益	C社によって付加された利益
A社の棚卸資産：		
原材料	2,500	1,200
仕掛品	800	200
製品	1,800	1,500
B社の棚卸資産：		
原材料		500
仕掛品		1,000
製品		1,300

Finneyが作成した連結精算表が次のものである（Finney［1922］pp.138～141）。

まず，精算表において(a)は，材料＄86,000，仕掛品＄80,000，製品＄95,000の合計＄261,000を棚卸資産に振替え，まとめたものである。この処理のあとで，未実現利益消去の手続を行っている。

期首棚卸資産に含まれている未実現利益を消去しているのが，(b)である。「剰余金―A社期首棚卸資産」から「期首棚卸資産―原材料―」＄1,800（＝＄2,000×90％）と「期首棚卸資産―仕掛品」＄1,350（＝＄1,500×90％）が控除

連結精算表
1921年12月31日

借方	A社	B社	C社	修正 借方	修正 貸方	消去	売上原価	P/L	B/S
現金	$16,450	$7,500	$22,500						$46,450
売掛金	30,000	35,000	50,000						115,000
期首棚卸資産									
原材料	40,000	15,000	15,000		$1,800 (b)		$68,200		
仕掛品	25,000	30,000			1,350 (b)		53,650		
製品			30,000				30,000		
B社当座預金	10,000					$10,000 (A)			
C社当座預金		5,000				5,000 (B)			
工場と設備	125,000		70,000						195,000
B社への投資（80％）									
期首剰余金からの配当金を控除した期首の簿価の消去									
資本金						67,500 (C)			
剰余金						18,450 (D)			
のれん									4,500
C社への投資（90％）	57,600								
期首剰余金からの配当金を控除した期首の簿価の消去									
資本金									
剰余金									
のれん						40,000 (E)			
						13,600 (F)			
C社社債		40,000							4,000 G
原材料仕入	145,000	95,000	76,000			170,000 (G)	146,000		40,000
直接労務費	85,000	65,000	1,000				150,000		
製造費	70,000	40,000	15,000			3,000 (H)	107,000		
売上戻りと売上値引	3,000	2,000	3,000					$6,000	
販売費	23,000	22,000						60,000	
一般管理費	22,000	11,000						36,000	
社債利息									
A社	6,000							6,000	
C社			2,500			2,000 (I)		500	
支払配当金									
A社	6,000								$6,000 C
B社		4,500			$4,500 (c)				
C社			3,000		3,000 (d)				
損益勘定への借方合計	$754,500	$402,000	$258,000						
期末棚卸資産	$419,000	$310,000	$112,500	261,000 (a)					261,000
				$261,000	$10,650	$329,550			
売上原価借方合計							554,850		
−売上原価貸方合計							251,850		
売上原価—P/Lへ							$303,000	303,000	
P/Lへの借方合計								$411,500	
									$671,950

連結精算表
1921年12月31日

借方	A社	B社	C社	修正 借方	修正 貸方	消去	売上原価	P／L	B／S
資本金				$261,000					
A社	$200,000								$200,000
B社		$75,000							
少数株主持分10%									7,500M
消去90%						$67,500 (C)			
C社			$50,000						
少数株主持分20%									10,000M
消去80%						40,000 (E)			
剰余金	35,000								
A社									
期首棚卸資産に含まれる内部利益の修正									
期首剰余金の修正									
B社				3,150 (b)					
少数株主持分20%									31,850S
消去80%		25,000		4,500 (c)					
C社						18,450 (D)			2,050M
少数株主持分20%									
消去80%			20,000	3,000 (d)					3,400M
						13,600 (F)			
社債	100,000		50,000						150,000
減価償却累計額	11,500		3,000						14,500
買掛金	55,000	20,000	10,000						85,000
支払手形	50,000	45,000							95,000
A社当座借越		10,000							
B社当座借越			5,000			10,000 (A)			
売上	300,000	22,500	120,000			5,000 (B)			
B社への設備賃借料	3,000					170,000 (G)		$475,000	
C社からの社債利息		2,000				3,000 (H)			
	$754,500	$402,000	$258,000			2,000 (I)			

されているが，親会社の持分相当額のみが処理されている。

一方，期末棚卸資産から未実現利益を控除したのが(e)である。これは「期末棚卸資産―原材料―」$3,610（＝A社$25,000×90%＋$1,200×80%＋B社$500×80%），「期末棚卸資産―仕掛品―」$1,680,「期末棚卸資産―製品―」$3,860を「内部利益引当金（Reserve for Inter-Company Profit）」$9,150に集約している。

内部利益引当金は下記の連結貸借対照表において棚卸資産から控除される形式で表示されている（Finney［1922］p.136）。すなわち原材料$86,000，仕掛品$80,000，製品$95,000を合計した棚卸資産$261,000から内部利益引当金

連結精算表
1921年12月31日

借方	A社	B社	C社	修正 借方	修正 貸方	消去	売上原価	P／L	B／S
期末棚卸資産									
原材料	$50,000	$25,000	$11,000	$3,610 (e)	$86,000 (a)		82,390		
仕掛品	55,000	25,000		1,680 (e)	80,000 (a)		78,320		
製品	45,000	50,000		3,860 (e)	95,000 (a)		91,140		
期末棚卸資産の内部利益引当金					9,150 (e)				$9,150R
損益勘定の貸方合計									
（期末棚卸資産含む）									
	453,000	327,000	131,000						
	419,000	310,000	112,500						
個別会社の純利益	$34,000	$17,000	$18,500						
少数株主持分		$1,700	$3,700						
				$280,800	$280,800	$329,550			
売上原価貸方合計							$251,850		
損益の貸方合計								475,000	
損益の借方合計								411,500	
当期純利益								63,500	
B社少数株主持分						$1,700			1,700M
C社少数株主持分						3,700		5,400	3,700M
純利益の持株会社持分									58,100S
									$671,950

　$9,150が控除され，$251,850が表示されている。このように間接控除している点ではNewlove［1926］と同じであるが，Finney［1922］では一括控除方式が採られているものの，Newlove［1926］が果たしてFinney［1922］と同じかどうかは明らかではない。この$251,850は連結損益計算書の売上原価に算入されていると思われるが，Newlove［1926］とは異なり，売上原価の一括表示となっているため，それは明らかではない。また，原材料，仕掛品，製品を棚卸資産にまとめ，売上原価の一括表示しており，Finney［1922］は商品を取り扱う際に集約することを意識しているように思われる。

第4章 連結会計上の商品の取扱い　55

連結損益計算書			連結貸借対照表			
1921年12月31日			1921年12月31日			

<table>
<tr><td colspan="2">連結損益計算書</td><td colspan="5">連結貸借対照表</td></tr>
<tr><td colspan="2">1921年12月31日</td><td colspan="5">1921年12月31日</td></tr>
<tr><td>売上高</td><td>$475,000</td><td colspan="5">資産</td></tr>
<tr><td>− 売上戻りと売上値引</td><td>6,000</td><td colspan="2">固　定　資　産：</td><td></td><td></td><td></td></tr>
<tr><td>　純売上高</td><td>469,000</td><td colspan="2">　建 物 及 び 機 械</td><td>$195,000</td><td></td><td></td></tr>
<tr><td>− 売上原価</td><td>303,000</td><td colspan="2">　減 価 償 却 累 計 額</td><td>14,500</td><td>$180,500</td><td></td></tr>
<tr><td>　売上総利益</td><td>166,000</td><td colspan="2"></td><td></td><td></td><td></td></tr>
<tr><td>− 販売費</td><td>60,000</td><td colspan="2">　の　　れ　　ん</td><td></td><td>8,500</td><td>$189,000</td></tr>
<tr><td>　売上純利益</td><td>106,000</td><td colspan="2">流　動　資　産：</td><td></td><td></td><td></td></tr>
<tr><td>− 一般管理費</td><td>36,000</td><td colspan="2">　棚　卸　資　産：</td><td></td><td></td><td></td></tr>
<tr><td>　営業利益</td><td>70,000</td><td>　　原　材　料</td><td>$86,000</td><td></td><td></td><td></td></tr>
<tr><td>− 支払社債利息</td><td>6,500</td><td>　　仕　掛　品</td><td>80,000</td><td></td><td></td><td></td></tr>
<tr><td>　当期純利益</td><td>$63,500</td><td>　　製　　　品</td><td>95,000</td><td>261,000</td><td></td><td></td></tr>
<tr><td colspan="2">当期純利益の配分額：</td><td colspan="2">　内部利益引当金の控除</td><td>9,150</td><td>251,850</td><td></td></tr>
<tr><td>　B社の少数株主持分</td><td>$1,700</td><td colspan="2">　売　　掛　　金</td><td></td><td>115,000</td><td></td></tr>
<tr><td>　C社の少数株主持分</td><td>3,700</td><td colspan="2">　現　　　　　金</td><td></td><td>46,450</td><td>413,300</td></tr>
<tr><td>　親会社持分</td><td>58,100</td><td colspan="5" style="text-align:right">602,300</td></tr>
<tr><td></td><td>$63,500</td><td colspan="5">負債</td></tr>
<tr><td></td><td></td><td colspan="2">固　定　負　債：</td><td></td><td></td><td></td></tr>
<tr><td></td><td></td><td colspan="2">　社　　　　　債</td><td>$150,000</td><td></td><td></td></tr>
<tr><td></td><td></td><td colspan="2">− 自　己　社　債</td><td>40,000</td><td>$110,000</td><td></td></tr>
<tr><td></td><td></td><td colspan="2">流　動　負　債：</td><td></td><td></td><td></td></tr>
<tr><td></td><td></td><td colspan="2">　買　　掛　　金</td><td></td><td>85,000</td><td></td></tr>
<tr><td></td><td></td><td colspan="2">　支　払　手　形</td><td></td><td>95,000</td><td>180,000</td></tr>
<tr><td></td><td></td><td colspan="2">少　数　株　主　持　分：</td><td></td><td></td><td></td></tr>
<tr><td></td><td></td><td colspan="2">　B 社（１０％）</td><td></td><td>11,250</td><td></td></tr>
<tr><td></td><td></td><td colspan="2">　C 社（２０％）</td><td></td><td>17,100</td><td>28,350</td></tr>
<tr><td></td><td></td><td colspan="2">資　　　本：</td><td></td><td></td><td></td></tr>
<tr><td></td><td></td><td colspan="2">　資　　本　　金</td><td></td><td>200,000</td><td>283,950</td></tr>
<tr><td></td><td></td><td colspan="2">　剰　　余　　金</td><td></td><td>83,950</td><td>602,300</td></tr>
</table>

4．おわりに
—連結会計上の商品の取扱い—

　Newlove［1926］もFinney［1922］も商品の売却による利益の実現は，支配株主については企業集団外に売却したとき，少数株主については少数株主が持分を持っていない会社に売却したときとしていた。すなわち支配株主も少数株主も持分を持っているかどうかを基準としている。そして企業集団内の内部利益の処理は，支配株主の持分相当額を消去することとしていた。その際，未実現利益引当金または内部利益引当金といった引当金勘定を用いて間接控除方式を採っていた。既述のように引当金勘定を用いることで，個別上の金額と連

結上の商品の金額を表示することができる。個別上の金額を表示することで，実際の売却額は棚卸資産から連結上の未実現利益を控除した差額ではなく，未実現利益を加えた金額すなわち個別上の金額であると思われる。したがってこの金額を表示することも，将来の実際の売却額を開示することになるとも考えられる[2]。また引当金には販売会社の利益が反映されることとなり，仮に過大な利益が親会社から子会社に付された場合にも連結貸借対照表に計上されることとなる。その結果押し込み販売などがなくなることも予想される[3]。連結上の金額を示すことは，連結上の商品の原価を示すとともに，連結損益計算書との連携を保つことになると思われる。

　ところで，間接控除方式についてはFinney［1922］は一括控除方式を採用していた。またFinney［1922］は連結貸借対照表においては原材料，仕掛品，製品を棚卸資産に集約させ，連結損益計算書においては売上原価を一括表示していた。これは企業集団を構成している会社同士で商品売買取引を行っている場合，それぞれの会社で保有している商品等を連結の観点で原材料，仕掛品，製品に，また期首と期末に区分するのは困難であるからだと考えられる。またFinney［1922］の連結貸借対照表の貸方は負債だけではなく資本も計上しているものの，Finney［1922］の連結貸借対照表の貸方の表示は「Liabilities」となっていた。これは既述のFinney［1922］の親会社の支配下にあるものを示そうとする連結貸借対照表の目的にも関係し，親会社が調達し，親会社の支配下にある資金を集約して考えることを反映したものであり，この考え方が商品の取扱いに適用されているものと思われる。一方，既述のようにNewlove［1926］は連結貸借対照表が親会社の投資先を明らかにすることを目的としている。Newlove［1926］の連結損益計算書の売上原価は一括表示ではなく，売上原価の計算過程が示されていた。これは企業集団を構成している会社が保有している商品を企業集団構成会社の観点ではなく，企業集団の観点で考える必要が出てくると思われる[4]。すなわち，投資先に何があるのかを示すことの必要性を満たすために，Newlove［1926］は連結集団の機能に照らして勘定科目を設定することも考えているのではないだろうか。また既述のようにNewlove

第 4 章　連結会計上の商品の取扱い　　57

［1926］において親会社から購入したものを子会社では機械として計上し，連結貸借対照表においても機械と計上している。これは個別貸借対照表で計上されたものを，そのまま連結貸借対照表に計上しているとも考えられるが，むしろ企業集団において機械として機能し，連結集団での機能に照らして科目を決めているのではないだろうか。新田先生によれば，そもそも会計上の数値は仮定に基づいたものであり（新田［1999］pp.326〜327），判断（会計処理）は企業（会計主体）の立場から行わなければならない（新田［2008］p.36）[5]。これは連結会計においてもそうであり，連結集団の観点から商品の取扱いを行うべきではないだろうか。

注

1　Newlove［1926］の後に公表されたNewlove［1948］は，1900年代から1945年までに公表された連結会計を扱った数多くの文献をサーベイし，内部未実現利益の消去手続についても様々な会計処理方法が提唱されていることを指摘している。内部未実現利益の消去手続について，Newlove［1948］はまず消去方法を次の3つの方式に分類している。
　①棚卸資産に含まれる内部未実現利益を控除する「全部消去方式」
　②棚卸資産に含まれる内部未実現利益を部分的に控除する「部分消去方式」
　③優劣をつけずにどちらの方法も認める
　　さらにNewlove［1948］は表示方法を次の3つに分類している。
　①内部未実現利益を資産から直接減額する「直接控除方式」
　②内部未実現利益に対して「内部利益引当金（reserve for inter-company profits）」勘定を設定する「間接控除方式」
　③両方式の選択適用
2　商品に付す評価額も問題となるだろうが，連結上あまり問題となっていない。問題とならないのは，例えばわが国の『連結財務諸表に関する会計基準』でいわゆる「個別財務諸表基準性の原則」が掲げられているように（10項），連結財務諸表の作成にあたっては個別財務諸表が出発点となっているからだと考えられる。しかしながら，この点について新田先生は次のような問題を指摘されておられる。例えば，親会社（製造業）が，原料の供給のために，ある商社を100％子会社としたとする。この商社の商品の正味実現可能価額が市況の悪化により低下したとして，この商品を原料とする親会社の製品の売れ行きが好調で価格が情報している場合，当該商品に正味実現可能価額を付すべきかどうかという問題である（新田［1999］pp.326〜327）。
3　間接控除方式の採用は1930年以降の大恐慌をきっかけとして損益計算書が重視されると

ともに減った（小形［2004］, pp.151-152）。Moonitz［1951］は「連結貸借対照表上で棚卸資産の分類をどのように行ったらよいのかという点も問題になる。厳密な連結の見地に立つならば企業集団内部でさらに加工が施される資産は，連結構成会社でこれらの資産がどのような勘定科目で示されていたかに関係なく，これをすべて材料ないし仕掛品と考えられ，また資産の法律上の所有者についてその地位が親会社であるか子会社であるかをいっさい無視して，外部に売却されるはずになっている資産はすべて製品として計上すべきである」と述べている（Moonitz［1951］p.73, 片野［1962］p.144）。なお，わが国では，以前棚卸資産にまとめられていたものが，例えば『連結財務諸表規則』（内閣府令第73号，平成21年12月11日公表以降）では，連結貸借対照表の流動資産においては，商品及び製品（半製品を含む），原材料及び貯蔵品に分類されている（23条）。

5　新田先生は，「企業実体の公準」について，「この公準は『会計上の判断をなす場合には，"企業の立場"にたって行われるべきである。』という計算原則としての実質的な意味を持つ原則であると解釈されることもある」と述べておられる（新田［2008］, p.36）。

【参考文献】

小形健介［2004］「『全部消去・直接控除方式』を導く論理」『長崎県立大学論集』37巻4号145〜166頁。

小野武美［1996］「連結会計と企業集団内利益」『経営行動』第11巻1号, 65〜70頁。

春日部光紀［2011］「Atchison, Topeka and Santa Fe鉄道会社の複会計システム」『経済学研究』61巻1-2号, 41〜59頁。

新田忠誓［1998］「総平均法の意味と会計上の数値」『會計』154巻4号, 1〜11頁。

新田忠誓［1999］『財務諸表論究』中央経済社。

新田忠誓［2003］「国際会計基準におけるたな卸資産会計論—収益費用アプローチとの比較」『松山大学論集』15巻2号, 1〜19頁。

新田忠誓, 村田英治, 佐々木隆志, 溝上達也, 神納樹史［2008］『会計学・簿記入門』［第9版］白桃書房。

番場嘉一郎［1975］『連結財務諸表原則詳解』大蔵財務協会。

FASB [1995], Exporsure Draft, Consolidated Financial Statements : Policy and Procedures, FASB.

Finney, H. A. [1922], *Consolidated Statements*, Prentice-Hall, Inc. (New York).

Moonitz, M. [1951], The Entity Theory of Consolidated Statements, The Foundation Press (Boston).（邦訳，片野一郎監閲，白鳥庄之助訳［1962］『ムーニッツ連結財務諸表論』同文館）。

Newlove, G. H. [1926], *Consolidated Balance Sheet*, The Ronald Press Company (New York).

Newlove, G. H. [1948], *Consolidated Statements*, D.C.Heath and Copany (New York).

（付記）本章は，科学研究費補助金（若手研究B　課題番号25780281）の助成を受けて進められた研究成果の一部である。

（神納　樹史）

第5章　IAS1号における費用機能法の意義

1. はじめに

　「企業の目的は利益の獲得にあることは否定できない事実であり，この活動を示す損益計算書は資産負債アプローチの下でも重要な財務表として位置づけられる（新田，2005, p.2)」と述べられるように，収益費用アプローチから資産負債アプローチへと会計の基本的思考の転換が行われたとはいえ，損益計算書が重要であることに変わりは無い。しかし，会計の基本的思考が転換したことにより，貸借対照表との関係における相対的な損益計算書の重要性の低下は，損益計算書になんらかの影響を及ぼすと考えられる。

　それでは，どのような影響が，損益計算の考え方および損益計算書の様式に及んだのか，あるいは及ばなかったとすればそれはなぜか，を確認することは必要な作業であろう。本章では，特に損益計算書の様式に注目して影響を確認し，その理論的背景について考察を加える。

　ところで，IFRS（国際財務報告基準）も『概念フレームワーク』において資産負債アプローチを採用している。この資産負債アプローチが，企業会計において明確に現れたのは，1976年にFASB（アメリカ財務会計基準審議会）が公表した討議資料『財務会計及び財務報告のための概念フレームワークに関する論点の分析』の中で，会計学上のアプローチとして「資産負債観（asset and liability view)」と「収益費用観（revenue and expense view)」の二つがあると

したことからである。日本においてもこれらは会計を論じる際にしばしば比較されてきたが，現在議論されている資産負債アプローチと収益費用アプローチの内容は，FASBの示した資産負債観および収益費用観とは異なる用いられ方をしているように思われる。したがって，本章では，収益費用アプローチを「広義の収入・支出を把握した上で所定の基準によって収益および費用を確定し，その後に資産・負債・純資産を収支に基づいて確定する」（佐々木，2007，p.45）会計観であるとし，資産負債プローチは，「まず資産・負債に独立の定義を与えた後，純資産・収益・費用を導く会計観である」（佐々木，2007，p.45）ととらえることとする。

2. 収益費用アプローチにおける損益計算・再考

　まず，収益費用アプローチの損益計算書についてその特徴を示すことが，資産負債アプローチの採用によって損益計算書にどのような影響があるのかを確認するためには必要な作業である。日本の企業会計を指導してきた『企業会計原則』のように，日本に限らず，従来，制度会計において採用されてきた収益費用アプローチの計算構造は，収入支出計算がはじめにあり，これに対して損益計算の原則が作用し，支出から費用が抽出され，収入から収益が抽出されることによって損益計算書において利益が計算される。さらに，その結果として未解決項目の収容表である貸借対照表が作成される（新田，2005，p.7）。この時，まず収益が認識され，それに伴って費用および貸借対照表項目が決定されることに特徴がある。
　この特徴は，割賦販売の会計処理に顕著にみることができる。なぜならば，そこでは収益の認識基準により、棚卸資産の貸借対照表上における意味合い，評価が相違するからである。周知の通り，割賦販売は販売形態の特質上，通常の販売基準の他，回収期限到来基準・回収基準という2つの基準が考えられる。
　まず，割賦販売における収益認識の3基準を概観する。

第5章 IAS1号における費用機能法の意義　63

[設例]

今，3社に対してそれぞれ100,000円の商品（合計で300,000円：原価率80%）を10回払いの割賦で販売し，2回目までの回収期限が到来した段階で決算があったと仮定とする。1回目の回収期限では3社から全額の入金を受け，2回目の回収期限では2社から入金（20,000円が当座預金に）を受けたが，1社分（10,000円）の入金は次期に繰り延べられた。また，期首および期末に在庫は存在しなかったと仮定する。

この場合，それぞれの収益認識基準に基づく会計処理は以下のようになる。

[販売基準]

一般的な販売基準と同様，商品の発送時に売上を認識

（売　掛　金）　　300,000　　（売　　　　上）　　300,000

決算の際に，売上原価240,000（300,000×0.8）の全額認識

したがって，売上総利益は，300,000-240,000＝60,000と計算される。

その上で，この取引にかかわって決算時に棚卸資産が認識されることはない。

[回収期限到来基準]

・1回目の回収期限が到来した際に，当該金額（300,000÷10）について売上を認識

（売　掛　金）　　30,000　　（売　　　　上）　　30,000

回収期限到来基準では，商品は既に発送されており資産は減少しているにもかかわらず，対応する売上の認識を待って売上原価が認識されるため，上の仕訳では商品全ての減少についての記録がなされない。したがって，簿記ではこれを備忘記録によって残高を管理する。その仕訳は次の通りとなる。

・商品を発送した際，次の備忘記録を行う。

（割　賦　売　掛　金）　　300,000　　（割　賦　仮　売　上）　　300,000

・そして，回収期限が到来した部分について，反対仕訳をすることによって期限未到来の債権（300,000－30,000＝270,000）を把握する。

（割　賦　売　掛　金）　　30,000　　（割　賦　売　掛　金）　　30,000

決算の際には，商品は既に存在しないにもかかわらず，割賦金の期限未到来分240,000に対応する192,000は棚卸資産として認識されることになる。

［回収基準］

2回目の支払いの場合，入金が行われた時点で当該金額の売上を認識する。

（当　座　預　金）　　20,000　　　（売　　　　　上）　　20,000

この際，回収期限が到来している残り10,000について回収されていないため記録は行われない。

回収基準も，やはり未回収債権の総額を管理する目的で回収期限到来基準と同様，販売時には備忘記録を行い，入金時に反対仕訳を行う。

［商品発送時］

（割　賦　売　掛　金）　　300,000　　　（割　賦　仮　売　上）　　300,000

［第2回入金時］

（割　賦　仮　売　上）　　20,000　　　（割　賦　売　掛　金）　　20,000

この結果，回収期限到来基準と同様に，決算において商品が企業内は既に存在しないにもかかわらず，割賦売掛金の未回収分250,000に対応する200,000は棚卸資産として認識されることになる。

ここまで見たように，割賦販売では，収益の認識額がそれぞれの認識基準によって変わるため，決算において作成される損益計算書上で計算される売上総利益の金額も3つの基準でそれぞれ次のように相違する。

［販売基準］

売上高300,000 − 売上原価240,000 = 売上総利益60,000

［回収期限到来基準］

売上高60,000 − 売上原価48,000 = 売上総利益12,000

［回収基準］

売上高50,000 − 売上原価40,000 = 売上総利益10,000

さらに，貸借対照表価額について基準の場合は「貸借対照表上の棚卸資産の金額＝商品有高帳の期末有高」となり，企業内に存在している商品の金額となる。これに対して，回収期限到来基準と回収基準では，貸借対照表上の棚卸資

産の金額と企業に存在する商品の金額とは一致せず，対応する収益の認識を待っている金額が費用（売上原価）として認識されないため，決算において企業内に存在する棚卸資産に加えて貸借対照表に計上されることとなる。すなわち，収益である売上高に引っ張られて売上原価が決定され，そうでない支出について貸借対照表が収容する。この収益費用アプローチの損益計算の特徴は，資産負債アプローチにおける収益と費用との関係においてはみられない（新田，2008，p.216）とされる。そうであるならば，どのような形式の棚卸資産会計が想定されるのであろうか。次節において確認する。

3. 資産負債アプローチの損益計算書

3-1 IFRSの損益計算書

IASBにおいて損益計算書に該当する包括利益計算書の様式を示しているのは国際会計基準審議会（IASB）が2007年9月に公表した国際会計基準1号「財務諸表の表示」（IAS1号）である。このIAS1号は，2003年に公表されていた基準を改訂したものであり，改訂の目的は，新しい財務諸表体系，すなわち，財政状態計算書，包括利益計算書，キャッシュ・フロー計算書および持分変動計算書を示すことである。この改訂によって，損益計算書は表示形式について変化が見られ，包括利益計算書の表示が二つの方法で併記されている。ひとつが「費用性質法」と呼ばれ，いまひとつは「費用機能法」あるいは「売上原価法」と呼ばれる。

1. 費用性質法

費用性質法は，純損益に含まれる資産負債の変動を発生した性質にしたがって集計し（例えば，減価償却費，材料仕入れ高，運送費，従業員給付，広告費等），企業内の多様な機能への再配分は行わない。したがって，この方法は，会計手続上，複雑な配分計算を行わないメリットがある。費用性質法を使用した表示は次の表1のようになる（IAS1号，par.102）。なお，表内の括弧はマイナス項目を示している。

表1　IAS1号の費用性質法による損益計算書

収益	××
その他の収益	××
製品及び仕掛品棚卸増減高	×
原材料及び消耗品消費高	×
従業員給付費用	×
減価償却費及び償却費	×
その他の費用	×
費用合計	(×)
税引前利益	×

2. 費用機能法

費用機能法は，費用をその機能にしたがって，分類し配分する必要がある（IAS1号，par.103）。費用機能法では，少なくとも，企業は売上原価をその他の費用項目とは別に表示することになる。この表示は，利用者に対し費用性質による分類よりも目的適合性の高い情報を与えるが，原価を機能別に配分する際に裁量的になる可能性があり，多くの判断を要することが指摘されている（IAS1号，par.103）。費用機能法を使用した表示は表2通りである。

表2　IAS1号の費用機能法による損益計算書

収益	××
売上原価	(×)
売上総利益	×
その他の収益	×
販売費	(×)
一般管理費	(×)
その他の費用	(×)
税引前利益	×

3. IAS1号の損益計算の考え方

包括利益計算書における費用性質法と費用機能法の選択は，歴史的要因及び業界の要因並びに企業の性質に左右されるが，どちらの方法によっても，同一金額の費用（および利益）を示すことができ，それぞれ長所を有しているため，経営者が目的適合的でより信頼できる表示を選択することが要求されてい

る（IAS1号, par.105）。

　しかし，費用機能法で表示が行われる場合には次の追加的開示が求められる。すなわち，費用機能法で表示する企業は，減価償却費，償却費，従業員給付費用などの費用性質法で表示される一部の費用内容に関して追加情報でその金額を開示しなければならない（IAS1号, par.104）。この追加情報の要求は，IASBが，費用性質法によって包括利益計算書を表示することが望ましいと考えていること，つまり，利益計算の方法として費用性質法に見られるように，資産負債の増減に基づいて収益・費用を認識することを原則としていることが窺える。

　IFRSのように資産負債アプローチを採用した会計においては，本来，収益は資産の増加あるいは負債の減少として捉えられ，費用は資産の減少あるいは負債の増加として捉えられる。したがって，収益と費用とは根本的に異なる過程で把握されると考える方が自然である。その意味で，2節で述べたような割賦販売における費用金額の認識のように，売上の認識方法によって売上原価の金額が変わることは，理論的には認められない。つまり，収益にひっぱられて把握されるような個別的対応が存在する理論的余地はない。実際に，現時点でIFRSにおいて割賦販売における回収期限到来基準，回収基準等の収益認識は考慮されていない。

　これに対して，費用機能法では，売上高と売上原価を対応させて（収益に費用額が引っ張られる形式によって）売上総利益を計上するように収益費用アプローチによる棚卸資産会計と同様の外観を呈している。つまり，資産負債アプローチを採用しているにも関わらず，包括利益計算書の形式は，従来通り，売上高と売上原価の対応関係を示そうとしているのである。この費用機能法による包括利益計算書は，理論上，資産負債アプローチの会計とは整合的でないが，IFRSにおいて費用機能法の包括利益計算書の形式が示されている背景には，「この表示は，利用者に対し費用性質による分類よりも目的適合性の高い情報を提供する可能性がある（IAS1号, par.103）」と考えられているのである。

　それでは，目的適合性の高い情報を提供することを目的とした会計理論にお

いては，この損益計算書の様式はどのように扱われているのであろうか。以下で簡単に確認する。

3-2　資産負債アプローチを採用した会計理論における損益計算書の表示
1.　Chambers（1966）における損益計算書の様式

　Chambers（1966）は売却時価会計を主張したことで知られている[1]。さらに，利益は期末の純資産と期首の純資産との比較計算によって行われ，損益計算書は貸借対照表上の資産の有高計算に従属し，「純資産の変動を記述する（Chambers, 1966, p.113）」説明表としての役割が与えられ，貸借対照表と損益計算書には明確な主従関係が存在していることから，資産負債アプローチを採用していることがわかる。また，Chambersは，会計情報の目的適合性を最初に強調した論者として評価されている（AAA, 1977, p.15）ことから，本節における目的にあった文献である。

　Chambers（1966）において示されるのは損益計算書に該当する損益勘定である。それは，表3に示している[2]。この損益勘定においては，売上高と売上原価が示され，同時に材料や製品，仕掛品の価格変動による修正が表示されており，さらに売上原価の把握方法として，収益費用アプローチと同様の方法，つまり期首棚卸資産有高＋期中仕入（完成）高－期末棚卸資産有高によって把握されている[3]。

　このように損益勘定を表示する理由について後にChambersは，「財務会計の目的のためには，期中に原価ベースで勘定を記録し，期末に適切な価格に修正することは有用である（Chambers, 1980, p.51）」と述べる。つまり，Chambers（1966）は，企業内の生産活動による価値増殖を把握するために棚卸資産については資産負債の増減とは異なる様式で表示を行っていると考えられる。既述の通り，資産負債アプローチによって理論的に導かれる損益計算書では，売上高と売上原価の個別的対応は想定されていない。しかし，目的適合的な情報を提供するためには，この企業内での価値増殖を把握する対応計算が必要である。そのため，収益費用アプローチに特徴的な様式を一部導入し，そ

の後，資産負債の増減を把握する価格変動修正を加えた折衷による損益勘定を提示したと考えられるのである。

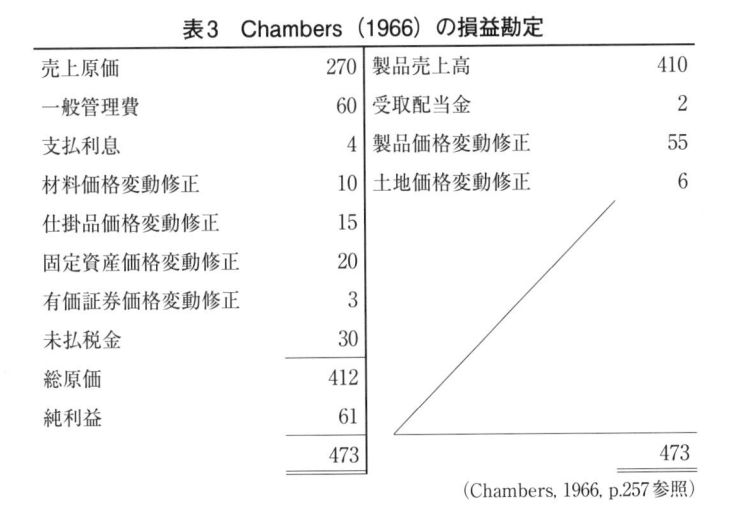

表3 Chambers（1966）の損益勘定

売上原価	270	製品売上高	410
一般管理費	60	受取配当金	2
支払利息	4	製品価格変動修正	55
材料価格変動修正	10	土地価格変動修正	6
仕掛品価格変動修正	15		
固定資産価格変動修正	20		
有価証券価格変動修正	3		
未払税金	30		
総原価	412		
純利益	61		
	473		473

(Chambers, 1966, p.257参照)

2. Staubus（1961）における損益計算書の表示

次に，Chambers（1966）と同様に資産負債アプローチを採用した会計論としてStaubus（1961）における損益計算書の様式も確認する。Staubus（1961）もまた，AAAによって会計情報の目的適合性を強調した論者として評価されている（AAA, 1977, p.15）。さらに，「残余持分（residual equity）の観点から財務会計上の諸問題を統一的に規定し，しかも，残余持分の在高の増減計算を現実の会計機構を通じて展開する本来の意義が注目されなければならない（津曲，1962，46頁）」と評価されており，利益計算の主眼が純資産額の変動に置かれた上で理論構築されている典型的な資産負債アプローチの会計理論であるといえる。

Staubus（1961）では，会計の目的は「経済的意思決定に有用な情報を提供すること（Staubus, 1961, p.11）」にあり，会計計算書もその目的に従って表示されている。ここで，注目すべきはStaubus（1961）において示された表4の

表4 Staubus（1961）の収益費用計算書

	製品A	製品B	その他の製品	その他の収益項目・未配分費用項目	合計 1960年	合計 1959年
収益						
製品の正味実現可能価額	400				400	
製品売上高		300	100		400	690
受取利息・その他の収益				20	20	15
収益合計	400	300	100	20	820	705
費用―所得税・利子を除く―						
生産量または販売量にほぼ比例的な変動費	200	100	19	5	324	278
部分的変動費または変化が一定でない変動費	90	80	50	20	240	220
現行設備を前提とした操業度内での固定費	50	20	20	30	120	115
操業費合計	340	200	89	55	684	613
所得税・利息控除前の差額					136	92
未配分費用・残余持分への貢献利益	60	100	11			
所得税						
連邦所得税				60		40
州所得税				1		1
外国所得税				2		2
所得税合計				63		43
使用資本費用						
雑利息				9		10
社債利息				19		10
優先株配当金				30		32
資本費用合計				58		52
（－）特定区分に配分済資本費用				45		43
利息費用				13		9
所得税・支払利子合計					76	52
未配分費用（操業費・租税および利息）				131		
経常的利益					60	40

収益・費用計算書が，残余持分の将来変動の予測に資する様式によって表示すると述べられている（Staubus, 1961, p.129）点でIAS1号の説明に共通していることである。Staubus（1961）では，Chambers（1966）において見られる資産・負債の増減把握すら収益・費用計算書上では行っていない。その理由については，Staubus（1961）の次の言説に求めることができると考えられる。すなわち，「収益・費用計算書における収益の製品別分類は分類上の一つの可能性と

いった程度のものである…費用は，可能な限り収益の表示に合わせて（be assigned to）表示されなければならない（Staubus, 1961, p.129)」のである。収益費用計算書の主たる目標が，将来の残余持分変動に経常的な影響を与えると予測される企業活動の収益性を示す経常的利益（recurring income）を生み出す原因を報告することであり，それは，費用機能法に近い様式が望ましいと考えられる。Staubus（1961）では，そのために，理論上導かれる費用性質法ではなく，費用機能法による表示を示したと考えられよう。

4. お わ り に

　資産負債アプローチを採用し，会計を構築するIAS1における包括利益計算書（損益計算書）では，理論的に費用性質法が導かれると考えられるにもかかわらず，敢えて従来の会計で行われていた方式である費用機能法で表示をする形式を認めている。資産負債アプローチを徹底すれば理論的には費用機能法による損益計算書の形式は導き出されない。慣習上，従来の損益計算書の形式を踏襲したとも考えられるが，それ以外に費用機能法による損益計算書の持つ意義を考察することが本章の課題の一つであった。

　資産負債アプローチにおいて，計算構造上，2時点間の貸借対照表が与えられれば利益計算は可能であり，損益計算書は，利益計算の原因説明表，つまり資産負債の増減明細表としての位置づけのみを与えられることになる。しかし，このような計算過程によって提供される情報では，従来，収益費用アプローチにおいて図られてきた収益と費用の対応による情報が提供されないこととなる。

　本章では，その根拠を資産負債アプローチによる二つの文献に求めた。その結果，特に，製造業のような企業において，生産活動の効率性・収益性をみるためには費用機能法の様式による情報は会計情報の目的適合性の観点から必要なものであることが窺えた。

　IAS1号において，現実に損益計算書（包括利益計算書）の表示を見たとき，

特に収益と費用の対応によって得られる企業内での生産活動把握についての情報は資産負債アプローチの計算構造では得ることができず,したがって,収益費用アプローチによる様式を提示せざるを得なかったと考えることができよう。

注

1 例えば,上野(2005)では,「これまで,売却時価会計を論理的に一貫して提唱してきた代表的論者としてチェンバースとスターリングを挙げることができる(上野,2005,p.73)」と評価されている。同様の指摘は,石川(1992),泉(1993)菊谷(1991)などでも行われている。
2 なお,Chambers(1966)においては,数値は損益勘定に記入されていないが,ここでは,Chambers1(1980)を参照し数値を入れている。
3 この点については,西山(2010)で具体的会計処理を検討している。

【参考文献】

AAA (1977), *Accounting Theory and Theory Acceptance*.(染谷恭次郎訳『会計理論及び理論承認』1980年)

Chambers (1966) Accounting, *Evaluation and Economic Behavior*, Scholars Book Co,(塩原一郎訳『現代会計学原理(上・下)－思考と行動における会計の役割－』創成社,1984年).

Chambers (1980) *Price Variation and Inflation Accounting*, McGraw-Hill Book Co.

FASB (1976) Discussion Memorandum, *An analysis of issues related to Conceptual Framework for Financial Accounting and Reporting : Elements of Financial Statements and Their Measurement*, 1976.(津守常弘監訳『FASB財務会計の概念フレームワーク』中央経済社,1997年)

IASB (2007) IAS No.1, Presentation of Financial Statements, IAS1 (revised), *Presentation of Financial Statements*.

Staubus (1961) *A Theory of Accounting to Investors*, Scholars Book Co.(高尾裕二訳『投資者のための会計理論』白桃書房,1986年)

Staubus (2000), *The Decision-Usefulness Theory of Accounting*, Routledge.

石原裕也(2005)「資産負債アプローチにおける収益と費用の対応」佐々木隆志・石原裕也・溝上達也編著『会計数値の形成と財務情報』白桃書房。

上野清貴(2005)『公正価値会計と評価・測定－FCF会計,EVA会計,リアル・オプション会計の特質と機能の究明－』中央経済社。

菊谷正人（1991）『企業実体維持会計論』同文舘。
佐々木隆志（2007）「会計思考の変遷」『會計』第172巻 第2号。
佐々木隆志（2013）「二つの損益計算思考の接合に関する一考察」『會計』第184巻第1号。
津曲直躬（1962）「ストウバス『投資者に対する会計の理論』1961」『経済学論集（東京大学）』第28巻 第2号。
西山一弘（2002）「ストーバス学説における現在価値志向とその今日的含意」『企業会計』第54巻第10号。
西山一弘（2010）「出口の時価による損益計算書」『會計』第177巻第5号。
新田忠誓（2005）「似非なる売上原価法」『會計』第168巻 第5号。
新田忠誓（2008）「株主資本等変動計算書と資産負債アプローチおよび簿記」新田忠誓・坂上学編著『財務情報の利用可能性と簿記・会計の理論』森山書店。
新田忠誓（2011）「計算構造論・再考－資産負債アプローチ，収益費用アプローチそれぞれが目指すもの」『會計』180（4）。

(西山　一弘)

第6章　スガンチーニの現実主義

1. は じ め に

　20世紀初頭のスイスで活躍した簿記学者スガンチーニ（C. Sganzini）は，自身の勘定理論[1]（複式簿記の説明理論）を「現実主義的理論（realistische Theorie）」と名付け，世に問うた[2]。本章は，彼の現実主義の意味を検討するものである。筆者は，すでに別稿において彼の学説を検討しているが[3]，現実主義については未検討である。タイトルにもなっている彼の現実主義を理解せずに，スガンチーニ学説を本当の意味で理解したことにはならないであろう。

　現実主義の意味を最も適切に捉えた我が国の文献としては，畠中（1932）を挙げることができる。「もし我々が一定の理論的体系を前提として之から現実を説明する…方法をとるならば，更に此の前提となる理論的体系の現実的基礎付けが必要となるから，斯る論証の要するものを勘定理論形成の前提とすることは方法論上誤りである。従って我々が正しき方法論の上に立脚せんと欲するならば，（スガンチーニの一筆者）現実的…方法をとらなければならない」[4]。「現実的方法とは何等の理論的体系を前提とせずして，先づ第一に具体的現実関係を我々の研究の出立点となし，之より勘定理論を抽出する方法」[5]であると。つまり，現実主義とは，理論の立て方に関する姿勢を意味し，理論の前提ないし出発点[6]に対しその現実妥当性（現実に照らして納得できること）を強く要請する考え方だということである。

この畠中（1932）の説明で基本的に問題はないと考えられるが，人によっては，ぼやけた理解しか得られないかもしれない。というのは「現実主義の現実とは何か」「現実との関係を考えない理論など，そもそもあり得るのか」といった疑問が残るからである。

　そこで，本章では，スガンチーニの現実主義をより具体的に理解するための概念整理を試みたい。そのためのポイントは2つである。1つは，理論には現実との関係によって2つのタイプがあるということである。第1のタイプは，確固たる所与の現実にもとづいて，複式簿記の体系を説明するものである。第2のタイプは，視点の置き方次第で現実は異なって見えると考え，そのような視点の提供をも理論の課題に含めるものである。いずれも複式簿記を首尾一貫して説明することを理論の課題とする点では共通しているが，第1のタイプは現実を所与とするのに対し，第2のタイプは現実を多面的なものと考えるのである。スガンチーニの現実主義は，第1のタイプの理論を念頭に置いていると考えられるが，このことを踏まえた上でなければ，上掲の畠中（1932）の説明は十分に理解できないように思うのである。

　もう1つのポイントは，現実妥当性の判断の仕方を，個別の事例を踏まえつつ明らかにすることである。スガンチーニは，1908年の主著第6章「簿記諸学説の批判的概観」において，当時の有力説（後述の3学説）について，それらの理論の出発点に対し，現実主義の立場から批判を行っている。その個別の批判を分析すれば，現実妥当性の判断の仕方が具体的に理解できるものと考えられる。

　1つ目の概念整理のポイントについては，これ以上の説明は不要であろう。そこで，以下では，2つ目のポイントについて検討を進めていくこととしよう。

2. スガンチーニ学説における理論の出発点

　他学説批判の検討に入る前に，スガンチーニ学説における理論の出発点を確認しておきたい。己を知らずして，他を知ることはできまい。

彼の理論の出発点は2つある。1つは，企業が行う2種類の外部取引である。企業は，これを客観的に捉えると，貨幣との交換によって外部より生産手段（商品）を調達し，作り出した生産品（商品）を貨幣との交換によって外部へと提供している。これをスガンチーニは，マルクス（K.Marx）の有名な図式を援用して，「貨幣―商品｜商品―貨幣」と表現している[7]。

もう1つの出発点は，企業主（ないし代理としての経営者）にとっての目的である。これにも2つある。第1に，上記図式に示されている貨幣の出（費用）と入（収益）から，自身に帰属する利益および純財産を「計算」することである。上記図式は，客観的に見れば，商品と貨幣の交換として理解されるが，その一方で，企業主の主観つまり私的な関心からすれば，お金の受け払いとして理解されることになる。

第2の目的は，現金および債権債務を個別に「管理」することである。これら2つの目的に従って，諸勘定は，計算勘定（Rechnungskonto）と管理勘定（Kontrollkonto）の2つのタイプに分けられる[8]。

ただし，この利益計算方式（および純財産計算方式）は，購入した生産手段がすべて生産品に加工され，販売されることを前提としている。現実においては，在庫を抱えたまま，生産の途中で利益を計算するのが普通である。そこで彼は，在庫の販売（原価による販売）を仮想することによって，決算を説明するのである[9]。

この決算の説明は，スガンチーニの好まない擬制に頼ったものだが，「この弱点は，計算期間を人為的に区切るところにその原因があるので，取り除くことができないものである」[10]という。これについて，現実主義を標榜するかぎり，いかなる擬制も許されないのではないかとの指摘があろう。しかし，理論の出発点ではなく，そこから推論される論理のプロセスの後方が擬制的になるだけだと考えれば，さほど重要な問題ではないともいえる[11]。

以上の内容を，簡単な取引例を用いて示せば，表1のようになろう[12]。

表1　スガンチーニ学説の例示

管理目的／計算目的

| 貨幣在高 |||| || 利益計算 || 純財産計算 |
現金	債権	債務	擬制在高		費用支出	収益収入	
500				① 営業開始¥500			500
△100				② 現金仕入1個@¥100	100		
		200		③ 掛仕入2個@¥100	200		
	240			④ 掛売上2個@¥120		240	
190	△190			⑤ 売掛金の回収¥190			
△170		△170		⑥ 買掛金の支払¥170			
△10				⑦ 給料の支払¥10	10		
			100	⑧ 決算：在庫1個@¥100		100	
410	50	30	100		310	340	
						30	30
							530

期末貨幣在高の合計¥530＝期末純財産¥530

3. 当時の有力3説の概要とそれらの理論の出発点

　スガンチーニは，他学説への批判を展開するに先立ち，勘定理論の有力説を人的勘定学説，営業勘定学説および物的勘定学説の3つに整理している[13]。本節では，そこでのスガンチーニの記述にもとづいて，3つの有力説の概要と，それらの理論の出発点とを明らかにする。

　なお，誤解のないように予め述べておくと，以下に記す諸学説の概要は，スガンチーニの記述から筆者が読み取ったものであり，筆者自身が諸学説の原書を読み解き，抽出したものではない。また，スガンチーニの記述内容を理解するにあたっては，畠中（1932）および黒澤（1951）も参考にしている[14]。

3-1　人的勘定学説[15]の概要と理論の出発点

　この学説の特徴は2つある。1つは，借方（Soll）・貸方（Haben）の字義に注目し[16]，すべての記録を何らかの権利義務に関連づけて説明する点である。「借方と貸方は，その言葉どおりの意味で理解され，債権（貸方）と債務（借方）

もう1つの特徴は(a)取引先，(b)企業の所有主，(c)所有主から財産を委託された管理人の各々の立場から，各々の権利義務ないし債権債務の記録を行うためのものとして，複式簿記の諸勘定を説明する点である[18]。すべての勘定（の記録）を同じ人間の立場から理解するのではなく，勘定によって立場を変えて権利義務を理解するのである。諸勘定は，この考え方に従って，以下の3つのタイプに分けられることとなる。

　(a)の取引先の勘定としては，買掛金や売掛金が挙げられる。買掛金の場合には仕入先の立場，売掛金の場合には得意先の立場から，それぞれ勘定の記録が説明される。例えば，買掛金勘定への貸記は，信用売買により仕入先の債権が増加したと説明され，反対に借記は，代金の受け取りにより債権が減少したと説明されるのである。また，売掛金勘定への借記は，信用売買により得意先の債務が増加したと説明され，反対に貸記は，代金の支払いにより債務が減少したと説明されるのである。

　(b)の所有主の勘定としては，資本金が挙げられる。資本金の場合には，所有主の立場から記録が説明される。例えば，資本金勘定への貸記は，管理人に対して財産の管理・運用を委託したことで，所有主の請求権が増加したと説明されるのである。

　(c)の管理人の勘定としては，現金や商品が挙げられる。現金の場合には，現金の管理を委託されている管理人，また商品の場合には，商品の管理を委託されている管理人の立場から，それぞれの勘定の記録が説明される。例えば，現金勘定への借記は，預かった金額だけ現金管理人の義務ないし受託責任が増加したと説明される。商品勘定の場合も同様である。反対に貸記は，預かった財産を他者に引き渡したことで，管理義務ないし受託責任から解放された（減少した）と説明される。

　以上の理解にもとづいて作成したのが表2である。取引例は表1と同じである。なお，取引先に対する債権債務については，個人企業の場合と株式会社の場合とで，所有主と企業のいずれに帰属するかが変わってくる。表2は，個人

企業の場合を念頭に置いている。ただし，スガンチーニによれば，「所有主に開かれた勘定（資本金勘定）は，純財産の状態を明らかにするという目的のみを有するため，それは単純に純財産および純増加について貸記され，反対に純減少については借記される」[19]。ゆえに，表2内の丸括弧（　）の部分は省略され，実際には記録されない。

この表2からもわかるように，人的勘定学説は，取引先・管理人・所有主それぞれの立場から，企業活動において生じるそれぞれの権利義務（債権債務）の変動を捕捉することに複式簿記の目的を見出し，そこから説明理論を展開している。この学説における理論の出発点はここに見出すことができよう。

表2　人的勘定学説の例示

	取引先				管理人				所有主	
	得意先		仕入先		現金管理人		商品管理人		所有主	
	義務	権利	義務	権利	義務	権利	義務	権利	義務	権利
①営業開始					500					500
②現金仕入 1個＠¥100					△100		100			(△100) (100)
③掛仕入 2個＠¥100			200				200		(200)	(200)
④掛売上 2個＠¥120	240						△200			△200 240
⑤売掛金の回収 ¥190	△190				190					(△190) (190)
⑥買掛金の支払 ¥170			△170		△170				(△170)	(△170)
⑦給料の支払¥10					△10					△10
	50	—	—	30	410	—	100	—	—	530

（　）は貸借相殺され，実際には記録されない。

3-2　営業勘定学説[20]の概要と理論の出発点

この学説の特徴は2つある。1つは，企業（営業Geschäft）の立場と所有主の立場とを分けて考えた上で，複式簿記の記録を企業の立場から説明する点である。所有主は，債権者と同様に，外部者の一人として理解されることとなる。「簿記の計算は営業の側から行われる。所有主は，第三者の一人として，債権

債務関係によって営業と結びついており，対立しているのである」[21]。

　もう1つの特徴は，複式簿記を債権債務ではなく，正負財産の増減記録として説明する点である。「個々の勘定は，人的に理解されるのではなく，個別財産の増減記録を行うものとして物的に理解される」[22]。この点は，次に述べる物的勘定学説とも共通している。

　そのさい資本金は，企業の立場から，負の財産として，買掛金や借入金などのいわゆる負債と同じグループに含めて理解される。この理解に従えば，企業における正の財産（資産）と負の財産（負債・資本）は常に等しいという関係が成立する。「営業が純財産の債務者として所有主に対立しているという理由から，（営業財産の一筆者）正の要素と負の要素は，その価値によれば，常に完全に相殺し合わなければならない」[23]。

　以上の理解にもとづいて作成したのが次の表3である。この表3から，営業勘定学説が，企業財産の増減を所有主ではなく企業の立場から記録するものとして，複式簿記を考えていることが理解できよう。そして，ここに営業勘定学説における理論の出発点を見出すことができる。

表3　営業勘定学説の例示

	企業財産				
	プラスの財産			マイナスの財産	
	現金	売掛金	商品	買掛金	資本金
①営業開始	500				500
②現金仕入1個＠¥100	△100		100		
③掛仕入2個＠¥100			200	200	
④掛売上2個＠¥120		240	△200		△200 240
⑤売掛金の回収¥190	190	△190			
⑥買掛金の支払¥170	△170			△170	
⑦給料の支払¥10	△10				△10
	410	50	100	30	530

企業の個別財産の合計¥0（＝プラスの財産¥560－マイナスの財産¥560）

3-3　物的勘定学説[24]の概要と理論の出発点

　この学説の特徴も2つある。1つは，すべての勘定を人ではなく，モノすな

わち財産に関する勘定として捉える点である。「複式簿記の対象は，財産すなわち個別経済（企業—筆者）における全ての財貨である」[25]。

もう1つは，資本金勘定を，正負財産の総体（差額）である純財産の勘定として捉える点である。これは，企業における財産を所有主の立場から理解するのと同じことである。前述の営業勘定学説との違いはここにある。

したがって，この学説によれば，複式簿記は，企業における所有主の財産について，一方ではその個々の在高とその増減を，他方では全体としての財産の在高とその増減を，同時に記録・追跡するためのものとして説明される[26]。

諸勘定は，この複式簿記の目的に従って，個別財産の勘定（在高勘定）と純財産の勘定（成果勘定）の2つに大別される[27]。この2つは対置的な関係にあり，前者では，借方には増加が記録され，貸方には減少が記録される。反対に，後者の純財産の勘定では，貸方に増加が記録され，借方に減少が記録される[28]。

表4は，以上の理解にもとづいて筆者が作成したものである。この表4からもわかるように，物的勘定学説の論理は，個別財産と純財産の同時並行的記録を複式簿記の目的として措定するところから出発している。

表4　物的勘定学説の例示

個別財産					純財産
プラスの財産			マイナスの財産		資本金
現　金	売掛金	商　品	買掛金		
500				①営業開始 ¥500	500
△100		100		②現金仕入1個@¥100	
		200	200	③掛仕入2個@¥100	
		△200		④掛売上2個@¥120	△200
	240				240
190	△190			⑤売掛金の回収 ¥190	
△170			△170	⑥買掛金の支払 ¥170	
△10				⑦給料の支払 ¥10	△10
410	50	100	30		530

所有主の個別財産 ¥530（＝プラスの財産 ¥560 −マイナスの財産 ¥30）＝所有主の純財産 ¥530

4. スガンチーニの諸学説批判

本節では，前節で明らかにした3学説それぞれの理論の出発点に対し，スガンチーニが現実主義の立場からどのような批判を行っているのかを見ていく。

4-1 人的勘定学説への批判

「個別経済の組織体が3つの人的関係に区分・整理されるということは，実のところ頭の中で概念的に作り出しているにすぎず，決して現実と一致しているのではない。その理論は，次のような場合にのみ，現実に合致しているものと認められる。それは3つの人的関係への区分整理が現実に存在する場合，すなわち，その区分整理が組織体の内部において決定的な要素（Moment）であり，難なく組織体と一致している場合である。これに加えて，具体的な実践的欲求（体系の成立をもたらし，再三その体系の利用を要請する実践的欲求）が，必然的に，その人的関係の計算へと導く場合である」[29]。

これは人的勘定学説の出発点，すなわち取引先・管理人・所有主の3者間関係を前提とし，それぞれの立場から権利義務（債権債務）を記録するという目的が，現実に合っていないとする批判である。

ここで，最初の問題意識に立ち返り，現実妥当性の判断がどのように行われているのかを見てみると，企業観と実践的欲求の2点に照らして行われていることがわかる。すなわち，3者間関係への区分整理が，企業の実像に照らして自然なものか。加えて，3者の立場からの権利義務の記録が，複式簿記の成立をもたらすほどの実践的欲求にもとづくものか。スガンチーニは，理論の出発点が現実妥当性を有するか否かを，この2点で判断しているといえよう。では，他学説についても同じようにして判断されているか，引き続き見ていこう。

4-2 営業勘定学説への批判

　少し長いが，どの文章も重要なので，そのまま引用しよう。「営業所有主からの営業の分離も，単なる虚構であり，人為的に作り出されたものにすぎない。確かに，少なくとも資本主義的企業は，国民経済上は，法律上の担当者（所有主—筆者）から分離して考えることができる1つの独立した有機体である。…〈中略〉…。しかし，組織体そのものの内部においては，決して所有主と彼の営業との現実的二元論は形成され得ない。営利経済（企業—筆者）を客観的に捉えるならば，計算体系はその営利経済の事象を図式的に反映したものとなる。また，営利経済を企業家（所有主—筆者）の主観的観点から捉えるならば，計算体系は，ある一定の個人的目的を達成するための1つの方法として現れる。その2つの観点は，互いに排除し合うものではなく，補完し合うものである。両方にとって，営利経済は1つの有機的・不可分的な統一体なのである」[30]。

　さらに「営業とその所有主が対置されるならば，（個々の財産という物体の—筆者）単なる抽象的な集合概念が，営業の本質とみなされてしまう！…〈中略〉…。営業とは，…企業家のあらゆる内部的・外部的関係の総体を意味するのであって，企業家に関係する物体の総体を意味するのではない。このような抽象的実体にすぎない営業に対して，計算任務が要求されるということは，その構成が如何に虚構的・強制的なものであるかを正しく明確に示している。計算は企業家の主観的欲求から行われるのであり，いかなる場合においても計算遂行者は彼自身である」[31]。

　これは，企業（営業）の立場とその所有主（ないしその代理としての経営者）の立場とを分けた上で，企業の立場から簿記の記録・計算が行われるとする営業勘定学説の理論の出発点が，現実に合致していないとする批判である。

　ここでもやはり，現実妥当性の判断が，企業観と実践的欲求の2点に照らして行われている（これに加えて，両者は排他的ではなく，相互補完的な関係にあることにも言及されている）。

　まず，企業観についていえば，企業から所有主を分離し，企業を独立のもの

として理解することは，スガンチーニによれば，企業を単なる物体の集合として理解することと同じである。現実に照らして考えると，企業は所有主の企業内外との関係として理解されるべきであるのに，営業勘定学説ではそのように考えられていない。ゆえに，企業とその所有主の立場を分ける考え方は，現実妥当性を有しないということである。

次に，実践的欲求についていえば，企業と所有主の立場を分ける考え方は，企業を単なる物体としてみなすことにつながるが，そのような物体としての企業を記録・計算行為の主体としてみなすことはできない。ゆえに，現実妥当性を有しないということである。

4-3　物的勘定学説への批判

「物的学説はあらゆる勘定を物的に解したがゆえに，在高勘定と成果勘定の外見上の対立に遭遇し，そこから個別財産と，単一額の全体財産・成果とに関する同時並行的計算の必然性を導いた。確かに，実践上の欲求は，後者の成果計算および財産計算を要求するが，しかし，前者の具体的な個別財産に関する計算は，直ちに必要であるとはならない。前者の必然性は現実から導き出され得るし，導き出されなければならないが，しかし後者は決してそうではない」[32]。

これは，物的勘定学説の出発点，すなわち個別具体的な財産（いわゆる資産・負債）と純財産（いわゆる純資産）の同時並行的記録・計算こそ複式簿記の本質であるとする考え方に対する批判である。その批判の焦点は，個別具体的な財産に関する記録・計算に当てられている。スガンチーニによれば，純財産および成果に関する計算には実践的欲求の存在が認められるが，個別財産に関する計算には認められないという。では，それは一体どのような意味においてであろうか。もう少し彼の記述を読み進めてみよう。

「個別財産が名目価値（現金や債権債務のように額面金額で価値が固定されている財産―筆者）であるかぎりは，価値のコントロール（財産在高の継続的な記録・管理―筆者）に対する欲求は存在するが，具体的な生産手段（商品や固定資産など―筆者）の場合には，その価値のコントロールに対する動機も可能性も

存在しない。…〈中略〉…。価値の在高計算は専ら名目価値に対してのみ必要であり，かつ可能である」[33]。

つまり，現金や債権債務のように，その価値が名目価値によって固定されている財産の場合には，簿記による継続的記録は必要であり，可能でもある。しかし，それ以外の具体的なモノ（例えば商品や建物）の場合には，そのような名目価値としての性格を備えていないため，簿記による継続的記録は不要であり，かつ不可能だということである[34]。

具体的なモノの価値を決定するには，スガンチーニによれば，実地棚卸という簿外行為が必要である。期中において現実の価値は，流入価値つまり原価とは無関係に変化する。物的勘定学説は，「個別財産の合計＝純財産」が常に成立するという前提を置いているが，それは棚卸という簿外行為の助けを借りなければ不可能である。しかも，その棚卸は，モノを名目価値に転換すること，つまり販売を擬制することに他ならないのだという[35]。

要するに，個別財産の在高に関する継続的記録・計算という目的は，実践上の必要性（および可能性も）を有するとは言えず，したがって物的勘定学説の出発点は現実に照らして納得のいくものとは言えないということである。

この現実妥当性の判断は，実践的欲求の見地からのそれである。前述の2学説に対しては，企業観の見地からの判断も行われていたが，ここではそれが見られない。しかし，言及・批判がなされていないからといって，企業観の見地からの現実妥当性の判断が行われていないことの説明にはならない。企業観に関しては，批判すべき点がなかったため，スガンチーニはあえて触れなかったのではないだろうか。このように考えるならば，現実妥当性の判断はここでも，企業観と実践的欲求の2点に照らして行われていると考えることができよう。

5. お わ り に

以上の個別事例の検討により，スガンチーニがどのようにして現実妥当性の

判断を行っているのかが明らかになったと思われる。すなわち，理論の出発点が〔A〕企業観ないし企業の実像，および〔B〕複式簿記の成立を必然のものとする実践的欲求の2点に照らして納得できるかどうかにより，スガンチーニはその判断を行っていると考えられる。

冒頭でも述べたように，スガンチーニは，多面的な現実を捉える（解釈する）ための視点を提供することというより，むしろ確固たる所与の現実を基礎にしてそこから説明体系を組み立てることに，理論の課題を置いていると考えられる。そして，その所与の現実として，彼は上記〔A〕および〔B〕の2点に照らして納得できるものを考えている。スガンチーニの現実主義は，このように整理できよう。

注

1 安平（1994）によれば，「勘定理論とは，勘定の本質および勘定間の組織的関連を明らかにすることによって，複式簿記の機構を原理的に解明しようとする理論のことである。勘定の理論ではなく，勘定の集合としての複式簿記の全体像に関する理論である」とされる。安平昭二（1994）『会計システム論研究序説―簿記論的展開への試み―』神戸商科大学経済研究所，18頁。

2 Sganzini, C.(1906), "Die realistische Theorie der doppelten Buchhaltung," *Zeitschrift für Buchhaltung*, Jahrg.16, Nr. 8-11, S.185-189, S.209-213, S.235-238, S.259-262.
 Sganzini, C.(1908), *Zur Grundlegung der realistischen Theorie der doppelten Buchhaltung*, St.Gallen. ／岡本愛次・尾上忠雄 共訳（1951）『複式簿記の実在論的理論』有斐閣。

3 西舘司（2012）「スガンチーニ学説にみる2つの貸借対照表観の関係」『経営学研究』（愛知学院大学）第21巻第2号，1月，45-56頁参照。

4 畠中福一（1932）『勘定学説研究』森山書店，70頁。

5 畠中（1932），69-70頁。

6 ここでいう理論の出発点は，青島（1997）で述べられている「視点」に相当すると考えている。青島（1997）によると，社会科学の理論は，第1層「視点」，第2層「道筋」，そして第3層「材料・道具」の3つの層から成るとされる。青島矢一（1997）「「社会科学を学ぶことがどうして将来役立つのか」について考えたこと」『一橋論叢』第117巻第4号，4月，11-14頁参照。

7 Sganzini（1908），S.26-31.／邦訳，36-43頁参照。

8 Sganzini（1908），S.20-26.／邦訳，28-36頁参照。

9 Sganzini（1908），S.40-42.／邦訳，54-56頁参照。

10 Sganzini（1908），S.41.／邦訳,55頁参照。
11 なお，後述の他説と比較すると，スガンチーニ学説では，決算が特別な扱いを受けていることがわかる。これはスガンチーニの頭の中で，期中記録をノンフィクション，決算を（期中記録とは別個の）フィクションとして切り分けて認識しているからであると推察される。
12 期中取引の記録を，スガンチーニと同様の論法で説いている我が国の文献としては，新田（2012）を挙げることができる。新田（2012）では，諸勘定を現金の管理を目的とする現金勘定と，収支の原因記録を目的とするその他の勘定とに分け，その2つが対置されることにより複式簿記の構造が成り立っているとする見解が示されている。新田忠誓（2012）『会計学・簿記入門〈第11版〉』白桃書房，3-4頁および16-17頁参照。
13 Sganzini, C.（1908），S.53.／邦訳,70頁参照。
14 畠中（1932），176-333頁参照。黒澤清（1951）『簿記原理〈改訂版〉』森山書店，53-75，81-91および109-155頁参照。
15 主唱者としてはチェルボーニ（Cerboni）が有名である。
16 Sollは「〜すべき」という義務を表す助動詞である。またHabenは「〜した」「〜している」という完了を表す助動詞でもあり，「持っている」という所有を表す動詞でもある。
17 Sganzini（1908），S.53.／邦訳（1951），71頁参照。
18 Sganzini（1908），S.53-54.／邦訳（1951），71-72頁参照。
19 Sganzini（1908），S.54.／邦訳（1951），71-72頁参照。
20 主唱者としてはベルリナー（Berliner）が有名である。
21 Sganzini（1908），S.55.／邦訳（1951），73頁参照。
22 Sganzini（1908），S.55.／邦訳（1951），73頁参照。
23 Sganzini（1908），S.55.／邦訳（1951），73頁参照。
24 主唱者としてはシェアー（Schär）が有名である。
25 Sganzini（1908），S.55.／邦訳（1951），73頁参照。
26 Sganzini（1908），S.55-56.／邦訳（1951），74頁参照。
27 Sganzini（1908），S.56.／邦訳（1951），74頁参照。
28 Sganzini（1908），S.56.／邦訳（1951），74頁参照。
29 Sganzini（1908），S.57-58.／邦訳（1951），76頁参照。
30 Sganzini（1908），S.58.／邦訳（1951），77-78頁参照。
31 Sganzini（1908），S.59.／邦訳（1951），78頁参照。
32 Sganzini（1908），S.60.／邦訳（1951），79頁参照。
33 Sganzini（1908），S.60.／邦訳（1951），80頁参照。
34 個別財産について，スガンチーニは，複式簿記の体系の枠外で行う物量計算で十分であるとの認識を示している。Sganzini,C.（1910），"Die Grundirrtümer der materialistischen Zweikontentheorie," *Zeitschrift für Buchhaltung*, Jahrg.16, Nr.11-12, S.251.

35 Sganzini（1908），S.60-61.／邦訳（1951），80-81頁参照。

【参考文献】

Sganzini, C.(1906), "Die realistische Theorie der doppelten Buchhaltung," *Zeitschrift für Buchhaltung*, Jahrg.16, Nr.8-11, S.185-189, S.209-213, S.235-238, S.259-262.

Sganzini, C.(1908), *Zur Grundlegung der realistischen Theorie der doppelten Buchhaltung*, St.Gallen.／岡本愛次・尾上忠雄 共訳（1951）『複式簿記の実在論的理論』有斐閣。

Sganzini, C.(1910), "Die Grundirrtümer der materialistischen Zweikontentheorie," *Zeitschrift für Buchhaltung*, Jahrg.16, Nr.11-12, S.246-251, S.282-290.

青島矢一（1997）「「社会科学を学ぶことがどうして将来役立つのか」について考えたこと」『一橋論叢』第117巻第4号，4月。

黒澤清（1951）『簿記原理〈改訂版〉』森山書店。

西舘司（2012）「スガンチーニ学説にみる2つの貸借対照表観の関係」『経営学研究』（愛知学院大学）第21巻第2号，1月，45-56頁。

新田忠誓（2012）『会計学・簿記入門〈第11版〉』白桃書房。

畠中福一（1932）『勘定学説研究』森山書店。

安平昭二（1994）『会計システム論研究序説―簿記論的展開への試み―』神戸商科大学経済研究所。

（西舘　司）

第7章　米国政府会計における財務諸表の構成要素の認識
　—GASB予備的見解『財務諸表の構成要素の認識と
　　測定アプローチ』の検討—

1. 問 題 提 起

　本章は，米国政府会計基準審議会（以下，GASBとする）が2011年6月に公表した予備的見解『財務諸表の構成要素の認識と測定アプローチ』（GASB [2011] *Preliminary Views, Recognition of Elements of Financial Statements and Measurement Approach*, 以下『予備的見解』とする）を通して，米国政府会計における財務諸表の構成要素に関する認識論についての現在の動向を分析し，その方向性を検討することを目的とする。

　GASBは，2007年に，概念書第4号として『財務諸表の構成要素』（GASB [2007] *Concepts Statement No.4, Elements of Financial Statements*, 以下『概念書第4号』とする）を公表し，「財政状態計算書（statement of financial position）」と「資源フロー計算書（resource flows statements）」の各構成要素，すなわち資産・負債・資源流入・資源流出などの諸定義を示した[1]。しかし，それらの構成要素として，具体的にどのような項目を，どの時点で認識し，どのような金額で測定するのかについては触れていなかった。この認識と測定に関する諸論点を明らかにし，最終的に「概念書」を公表しようとするのが，「認識と測定アプローチ」のプロジェクトである[2]。

　このプロジェクトは，2005年12月にGASBのカレント・アジェンダに加えられたのち，長期間にわたって討議が続けられており，2011年6月に上記の

『予備的見解』,2013年6月に『公開草案：財務諸表の構成要素の測定』(GASB [2013] *Exposure Draft: Proposed Statement of the Governmental Accounting Standards Board on concepts related to Measurement of Elements of Financial Statements*) が公表され，2014年3月に概念書第6号として『財務諸表の構成要素の測定』(GASB [2014] *Concepts Statement No.6, Measurement of Elements of Financial Statements*) が公表されている[3]。

　本章で取り上げる『予備的見解』は，米国政府会計の概念フレームワークを構築する上で，必須の部分となる財務諸表の構成要素の認識と測定に関する概念書を策定する正規の手続の一環として公表されたものである。

　そもそもGASBは，政府会計に対して，企業会計とは異なった発生概念 (accrual concepts) の適用方法を具体的に定めている (Freeman et al. [2009] p.49)。そして，本章で分析の対象とする『予備的見解』は，その適用方法を変えようとしている。そのため，まず，現行の発生主義がどのようなものなのかを明らかにした後，それがどのように変更されるのかについて検討する。

2. 米国政府会計における発生主義の概要

　米国政府会計における発生主義は，「測定の焦点 (measurement focus)」と「会計の基礎 (basis of accounting)」という2つの概念から説明される。「測定の焦点」とは，何を測定すべきかを決めること，つまり財務諸表に計上される取引・事象もしくは構成要素の種類をいう (GASB [1985] chap.3 par.1)。換言すれば，いかなる項目を対象として，財務諸表の構成要素として計上するのかを決める概念といえる。一方，「会計の基礎」は，収入ないし収益・支出ないし費用および関連する資産・負債を，諸勘定において認識し，財務諸表に計上するのはいつの時点なのかをいう (GASB [2010] sec.1600.101)。これは，原価や時価といった測定の性質（測定属性）に関わらず，現金主義なのか発生主義なのかという，測定の行われるタイミングを決めている。

　GASBによれば，行政基金に関する「測定の焦点」として，①経済資源フ

ロー (flow of economic resources), ②総財務資源フロー (flow of total financial resources), ③カレント財務資源フロー (flow of current financial resources) の3つが考えられている (GASB [1985] chap.3 par.2)。それらの要点をまとめると表1のようになる。

表1　GASBによる「測定の焦点」の分類

	経済資源フロー	総財務資源フロー	カレント財務資源フロー
定　義	経済資源がいつ現金で受払いされるかに関わらず,それらの資源の源泉・使途および残高を測定する	財務資源がいつ現金で受払いされるかに関わらず,それらの資源の源泉・使途および残高を測定する	カレント財務資源の源泉・使途および残高を測定する
対象となる構成要素	すべての財務資源,土地や建物などの資本的(恒久)資産,棚卸資産,前払費用	現金の受取りや支払いをもたらす経済的事象もしくは取引が生じたときに,取得または消費される資産	現金または財政期間末後の一定の期間内に現金化される財務資源
資源フローの呼び方	収益 (revenue), 費用 (expense)	収入 (revenue) および収入外資金調達 (other financing sources), 支出 (expenditure) および支出外資金利用 (other financing uses)[4]	収入および収入外資金調達, 支出および支出外資金利用

　一方,「会計の基礎」は, 取引や事象による現金の受払いの時期ではなく, 取引や事象が生じた期間にそれらの経済的影響を記録するための「見越し (accrual)」,「繰延べ (deferral)」,「配分 (allocation)」という発生主義の要素 (elements) をどの程度含んでいるのかによって,「発生主義 (accrual basis)」, 「修正発生主義 (modified accrual basis)」,「現金主義 (cash basis)」の3つが考えられている (GASB [1985] chap.3 par.4)。それらの発生主義の構成要素は, それぞれ具体的に次のような会計プロセスとして説明される。
　まず,「見越し」とは, 将来に受け取るもしくは支払うと予想される金額で資産・負債・収益・収入・費用・支出を認識する会計プロセスである。そして,「収益・収入の繰延べと結果として生じる負債の償却 (amortization)」は,

現金を受け取った際，収益・収入を繰延べることにより負債を認識し，それを稼得したとする運営期間に分配する（distribute）会計プロセスである。「費用・支出の繰延べと結果として生じる資産の償却」は，前払項目や棚卸資産のように，現金を支払った際，費用・支出を繰延べることにより資産を認識し，その資産を費消した運営期間に費用・支出を分配する会計プロセスである。さらに，繰延べと配分の一形態としての「資本化と固定資産の減価償却」がある。これは，財を購入した時に貸借対照表勘定において資本的資産を認識し，その資産によって便益を受けた運営期間に資産の原価を分配する会計プロセスである。資本化は，繰延べの一種であり，減価償却は償却（配分）の一種である（GASB [1985] chap.3 par.4）。

上記の3つの「測定の焦点」との関連では，それぞれ発生主義の構成要素の利用の程度が表2のように異なる（GASB [1985] chap.3 par.5）。

表2 「測定の焦点」と発生主義の構成要素

	経済資源フロー	総財務資源フロー	カレント財務資源フロー
見越し	利用する	利用する	一部利用する
収益／収入の繰延べ	利用する	利用する	利用する
費用／支出の繰延べ	利用する	利用しない	利用しない
資本化	利用する	利用しない	利用しない

経済資源フローの測定の焦点は，すべての発生主義の構成要素を利用しており，これを特に「完全発生主義」と呼ぶこともある。総財務資源フローの測定の焦点は，見越しと収入の繰延べを利用するが，総財務資源の範囲には財務資源のみが含まれるため，おのずと費用の繰延べや資本化は利用されないこととなる。また，カレント財務資源フローの測定の焦点に関しては，期末後一定の期間内（1年間もしくは60日間のいずれかを選択適用）に現金の受払いが生じると予想される場合にのみ，収入と支出の見越しを認識する「修正発生主義」と，まったく見越しを行わない「現金主義」の2つの形態がある。

これらの2つの発生主義概念の組み合わせで，多様な発生主義の適用が説明

されることになる。たとえば，今日の企業会計における発生主義を，この2つの概念によって説明すると，「経済資源」の測定の焦点を利用し，「発生主義」を会計の基礎として採用しているといえよう。

米国政府会計においては，これまで，政府の行政活動を記録・報告するために[5]，行政基金類型[6]における「基金財務諸表（fund financial statements）」と「政府全体の財務諸表（governmental-wide financial statements）」という2組の財務諸表を作成してきた。特定の活動を遂行し，あるいは一定の目的を果たすために設定された基金（fund）ごとの財政状態と活動成果を表わそうとする基金財務諸表は，行政基金類型に関して「カレント財務資源フロー」の測定焦点と「修正発生主義」を会計の基礎として利用して作成される（GASB［2010］sec.1600.105）。また，政府全体の観点から，その財政状態と活動成果を表わそうとする政府全体の財務諸表，すなわち政府全体の純資産計算書と活動計算書は，「経済資源フロー」の測定の焦点と「発生主義」を会計の基礎として利用して作成される（GASB［2010］sec.1600.103）。

各基金類型および政府全体に関して作成される財務諸表と，それらにおける発生主義の適用方法を一覧にまとめると，表3のようになる。

表3　基金の分類ごとの基本財務諸表と政府全体の基本財務諸表

基金の分類	基本財務諸表	測定の焦点と会計の基礎
行政基金類型 （一般，特別収入，資本計画，債務返済，恒久）	貸借対照表 収支および基金剰余変動計算書 ［GASB No.34, par.78］	カレント財務資源フロー 修正発生主義 ［GASB No.34, par.79］
持分基金類型 （事業，内部サービス提供）	純資産計算書／貸借対照表 損益および基金純資産変動計算書 キャッシュ・フロー計算書 ［GASB No.34, par.91］	経済資源フロー 発生主義 ［GASB No.34, par.92］
受託基金類型[7] （年金信託，投資信託，私的目的信託，代理人）	受託純資産計算書 受託純資産変動計算書 ［GASB No.34, par.106］	経済資源フロー 発生主義 ［GASB No.34, par.107］
政府全体の財務諸表	政府全体の純資産計算書 政府全体の活動計算書 ［GASB No.34, par.12］	経済資源フロー 発生主義 ［GASB No.34, par.16］

行政基金類型は，政府の一般行政財務資源（general government financial resources）の源泉・使途および残高を説明するために利用される（GASB [2010], sec.1300.102）。それらの基金には，費消する目的に従って財務資産が割当てられるとともに，資産への請求権であり，それらによって支払われることになる関連する債務を負担させることで，利用目的に従って純財務資産（net financial assets）を分離しており，その基金自体が1つの会計実体となっている。そして，基金の運営計算書である「収支および基金剰余変動計算書」において，それらの基金の資産・負債の当期における変動として，収入または支出が計上される。

　行政基金類型の基金財務諸表を作成するための「修正発生主義」において，「収入」は，それらが「測定可能（measurable）」であり，当該会計期間の支出に資金提供するために「利用可能（available）」となった会計期間に認識される（GASB [2010] sec.1600.106）。ここで「利用可能」とは，①当期中に回収されるか，もしくは当期の債務を支払うことに利用可能なほどすぐに[8]（一般に60日間内に）回収され，かつ②回収された資金が当期の支出のために法的に利用可能であることをいう。そのため，もし税金が賦課されるなどの事象により，基金の資産が発生していても，その税金の回収額が期間の支出のために利用可能となるまでは，その資源フローは「繰延収入（deferred revenues）」として計上され，利用可能となってはじめて「収入」が認識されることになる。

　一方，「支出」は，それらが「測定可能」であり，関連する基金の負債が生じた時に認識される。また，支払期日の到来した長期債務に関して，その元本と利息を支払う際にも，支出が認識される（GASB [2010] sec.1600.116）。つまり，利用された財貨・用役の原価を反映する費用とは異なり，「支出」は，当期の行政運営や資本的支出といった財貨・用役を取得するため，もしくは長期債務の元利返済のために，費消され減少した純財務資産を反映している。

　「発生主義」と「修正発生主義」における資源流入（収益・収入）の認識の違いを，政府の主たる収入源である租税のうち，財産税（property taxes）を例にとり説明する[9]。なお，前述のように，政府会計における発生主義は，政府全

体の財務諸表や持分基金類型の基金財務諸表における「会計の基礎」として利用されている。そこでは，収益は，回収される時点に関わらず，稼得（earned）もしくは賦課され，客観的に測定可能となった時に認識される（GASB［2010］sec.1600.103およびsec.1600.130）。

まず，×1期に財産税200,000が賦課されたものとする。この財産税は，2期間でその全額が徐々に回収される。×1期中には，140,000が回収され，×2期の最初の60日間に10,000が回収され，×2期の期末までに残りの50,000が回収されると仮定する。それぞれの考え方に基づいて具体的な会計処理をまとめると表4のようになる。

表4 発生主義と修正発生主義における資源流入（収益・収入）の認識

	持分基金（発生主義）	行政基金（修正発生主義）
①：×1期課税時	（借）未収租税（×1期） 200,000 （貸）財産税収入 200,000	（借）未収租税（×1期） 200,000 （貸）繰延収入 200,000
②：×1期回収時	（借）現　金 140,000 （貸）未収租税（×1期） 140,000	（借）現　金 140,000 （貸）未収租税（×1期） 140,000 （借）繰延収入 140,000 （貸）財産税収入 140,000
③：×1年期末	（借）仕訳なし （貸）	（借）繰延収入 10,000 （貸）財産税収入 10,000
④：×2期首から60日	（借）現　金 10,000 （貸）未収租税（×1期） 10,000	（借）現　金 10,000 （貸）未収租税（×1期） 10,000
⑤：×2期回収時	（借）現　金 50,000 （貸）未収租税（×1期） 50,000	（借）現　金 50,000 （貸）未収租税（×1期） 50,000 （借）繰延収入 50,000 （貸）財産税収入 50,000

まず，持分基金（発生主義）では，課税時に収益と未収租税（財産税に関する未収金）を認識し，その後，回収の都度，未収租税が現金に転換していく。このように，発生主義における収益の認識は，財産税の賦課といった非交換取引（non-exchange transactions）から収益が発生するということを除けば[10]，企業会計のそれとほぼ同じである。

これに対し，行政基金（修正発生主義）では，課税時に，未収租税を資産として認識することは，発生主義の場合と変わらない。しかし，その際に，発生主義では「財産税収入」（収益）という資源フローが発生するのに対し，修正発生主義では，収入の繰延べを行い，「繰延収入」を「基金負債（fund liability）」として認識する（Freeman et al. [2009] p.189）[11]。繰延べられた収入は，回収時に，「財産税収入」（収入）という資源フローとして認識される。さらに，×1期末において，×2期の期首から60日のうちに回収されると予想される金額についても，収入の見越しを行い[12]，当期に発生した債務の決済に利用可能な当期の収入として認識している。このような収入の繰延べと見越しが行われることに，修正発生主義の特徴がある。

　また，「発生主義」と「修正発生主義」における資源流出である費用と支出では，認識される項目の範囲が異なる。大きく違うのは，前払項目や棚卸資産，資本的資産を取得するために現金を支払うかもしくは債務を負うときに，発生主義では財そのものを認識するのに対し，修正発生主義では資源流出（支出）を認識する点である。また，修正発生主義では，原則として支出の繰延べを行わないことから，資産原価の配分も行われず，減価償却が認識されない。ただし，棚卸資産については，購入時ではなく利用時に支出を認識することも認められており，その未利用額が貸借対照表に計上されることもある（GASB [2010] sec.1600.127）。

　このような修正発生主義は，行政基金類型の財務諸表の作成においてのみ利用されており，米国政府会計の特徴の1つとなっている[13]。

3.『予備的見解』による提案

　米国政府会計における発生主義がいかなるものかを理解した上で，『予備的見解』の具体的な提案内容を見ていく。『予備的見解』は，全4章からなり，1章でプロジェクトの「目的と背景」が述べられた後，2章で「財務諸表の構成要素の認識」について，3章で「測定アプローチ」について，それぞれ提案が

なされる。4章は，提案に至った審議会での「討論と代替的見解」が示される。本章の対象である認識論については，主に2章（と4章）で扱われている。

2章における提案は，大きく分けて2つある。1つは，従来，行政基金類型の基金財務諸表を作成するための測定の焦点として利用されてきた「カレント財務資源」に代えて「短期財務資源（near-term financial resources）」を測定の焦点とすることである。もう1つは，『概念書第4号』によって新たな構成要素となった「繰延資源流出（deferred outflow of resources）」と「繰延資源流入（deferred inflow of resources）」の認識についての提案である。

3-1　カレント財務資源の測定の焦点から短期財務資源の測定の焦点への変更

GASBによれば，1つめの提案に関して，現在適用されているカレント財務資源がまとまりのある概念的基礎が存在しない「会計公準の集約物（collection of accounting conventions）」となっていたため，当初は「カレント財務資源」の測定の焦点を利用して作成された財務諸表の構成要素に関して，概念的に一貫した認識原則を開発しようとしていた（GASB [2011] chap.1 par.8 and 11）。

たとえば，行政基金類型の資源フロー計算書において，長期債務の発行による収入は，「収入外資金調達」として計上され，その元利の支払いは「支出」として計上される。これは，それらの取引が，当期に，基金の純資産にどのように影響するか，現金を生み出すのかそれともカレント財務資源の利用を要求するのかといったことを反映させるためである。しかし，それらの計算書には，短期的でない資産・負債を伴う特定の取引の影響が含まれてしまい，成果情報（resultant information）が一貫していないこともあると指摘する。また，カレント財務資源の測定の焦点を利用した財務諸表において，デリバティブ取引のような，より複雑な取引の影響をどのように反映させるのかについての一貫した規準が存在していない。さらに，カレント財務資源そのものについて，何をカレント（current）と見なしているのか，また何を財務的（financial）と見なしているのかについての検討も行われたが，一貫した概念的基礎は得られなかったとされる（GASB [2011] chap1 paras.9-11）。

行政基金類型で説明される諸活動についての情報は,『基準書第34号』(GASB [1999] *Statement No.34 "Basic Financial Statements -and Management's Discussion and Analysis- for State and Local Governments"*) が適用された2003年以降,それまで唯一の情報源であった行政基金の財務諸表のほかに,経済資源の測定の焦点を利用して作成される政府全体の財務諸表においても,追加的に示されることとなった。そのため,基金財務諸表の財務資産として矛盾の生じていた棚卸資産や長期未収金といった項目を,もはや基金財務諸表に表示しておかなければならない必要性はなくなり,基金財務諸表は短期的な観点からの情報提供に特化することが可能となっていた。

また,従来使われてきた「カレント (current)」の文言が,行政基金の測定の焦点に関連する「当期の」支出のための資金としての意味ではなく,流動資産・負債との関連で,いわゆる1年基準を適用した「流動的な」ものとして捉えられることによる混乱が生じていたために,カレント財務資源の継続的な利用を続けるべきではないと考えられた。

そして,GASBは,むしろ行政活動の短期的観点のみを表わすための新たな測定の焦点に変更すべきであるとの結論に達したという (GASB [2011] chap.1 par.11 and chap.4 par.2)。その新しい測定の焦点が「短期財務資源」である。

GASBの提案する「短期財務資源」は,短期的な観点からの残高 (balances from a near-term perspective) と報告期間の財務資源フロー (flows of financial resources for the reporting period) を認識するものである (GASB [2011] chap.2 par.4)。ここでの「短期」とは,報告期間の支出に関する債務を決済するために,期末時点の財務資源を現金に転換できる財務諸表作成日以後の期間をいう[14]。

「短期財務資源」の測定の焦点のもとで認識される資産は,報告期間中の支出 (およびその支出に関連して発生した債務の決済) のために利用可能な財務資源となる。すなわち,期末において受取可能であり,かつ,短期のうちに現金に転換する予定の資源である (GASB [2011] chap.2 par.8)。具体的には,現金および投資の残高や短期のうちに納付期日をむかえる当期に課された財産税の

残存残高（remaining balances）が含まれる。

　一方,「短期財務資源」の測定の焦点のもとで認識される負債は,期末において未払いであり,かつ,短期のうちに支払わなければならない負債となる（GASB [2011] chap.2 par.9）。具体的には,短期のうちに支払わねばならない未払金と未払給与,期中に支払期日をむかえた長期借入および収入見込借入（revenue anticipation borrowings）の未払残高,短期のうちに満期となる未払利息の残高などが含まれる。

　このような測定の焦点の変化は,基金の財務諸表上の資産・負債の範囲に影響を与える。なぜならば,それらの範囲が,カレント財務資源の測定の焦点のときよりも狭くなっていると考えられるからである。たとえば,短期財務資源の測定の焦点によれば,期末に未収であり,かつ短期のうちに現金に転換する予定の資源のみが資産となるため,回収が短期のうちに行われない未収金は,基金の資産とはならない[15]。さらに,カレント財務資源の測定の焦点によれば,当期に発生した支出に関する債務は,その支払いがいつになるかに関わらず,基金の負債として計上されることになっていたが,短期財務資源の測定の焦点では,期末の未払額のうち,短期内に支払期日を迎えるもののみが基金の負債として計上されるからである。

　測定の焦点の変化は,収入と支出の認識にも変化をもたらす。短期財務資源の測定の焦点のもとでの資源流出は,期間に生じた支出（spending）として認識される。その支出には,財貨・用役（棚卸資産,前払項目,資本的資産などを含む）の購入や借入による元利の返済などに加え,融資活動（lending activities）が含まれることとなった（GASB [2011] chap.2 par.6）。つまり,行政基金が他者に資金を貸し付けたことによる現金の流出もまた,支出として扱われることになる。

　また,短期財務資源の測定の焦点のもとでの資源流入（収入）は,当該報告期間の支出のために利用可能である財務資源を新たに取得した時に認識される。さらに,収入には,期中に受けとった融資活動からの返済額に加え,期中に生じた長期債務の発行などによる,すべての借入からの受取額も含まれる

(GASB [2011] chap.2 par.7)。

　この短期財務資源の測定の焦点によって作成された財務諸表によって，主に，未払・未収と支払期日の観点（payable（receivable）and due perspective）から，短期的な流動性を評価するのに有用な情報を提供することができるようになるとされる（GASB [2011] chap.2 par.4)。

3-2　繰延資源フローの認識

　GASBは，『概念書第4号』において，純資産の増減である資源フローが将来の期間に帰属するとき，それらは「繰延資源流出」と「繰延資源流入」として繰り延べられると規定した（GASB [2007] par.32 and par.34)。繰延資源流出は，資産の純減少もしくは負債の純増加が生じたにもかかわらず，資産負債差額である純資産の費消が同一期間に帰属しない場合に，財政状態計算書の借方に計上される。他方，繰延資源流入は，資産の純増加もしくは負債の純減少が生じたにもかかわらず，純資産の取得が同一期間に帰属しない場合に，財政状態計算書の貸方に計上される。

　ただし，『概念書第4号』では，これらの項目が生じる具体的な取引がどのようなものであるかは示されず，適正な手続を経て設定される権威ある勧告によって，GASBが特定する事例に限定することだけが規定されていた（GASB [2007] par.61）[16]。『予備的見解』では，これらの繰延資源フローが，どのような取引によって認識されるのかを，経済資源と短期財務資源の2つの測定の焦点を踏まえて提案している。

　まず，経済資源の測定の焦点を利用して作成された財務諸表において，繰延資源流出は，資産の定義を満たさない，政府が将来の期間に提供するであろうサービスに本質的に関連する資源流出が生じる取引において認識される。具体的には，政府が，当期以降に被譲与人が特定目的のために利用することを条件として，被譲与人に資源を提供する場合があげられている（GASB [2011] chap.2 par.10)。政府は，行政活動の一環として，補助金や助成金の形で他者に資源を提供することがあるが，この他者が受け取った資源を当初意図した（助

成した）目的どおり利用するまで，政府が補助金として支出した金額を，財政状態計算書の借方項目として繰延べることになる。

　経済資源の測定の焦点を利用して作成された財務諸表における繰延資源流入は，負債の定義を満たさない，将来においてのみ利用することができる資源流入が生じる取引において認識される（GASB［2011］chap.2 par.10）。これは，政府が翌期以降の支出のために課税した場合，その租税が期末までに回収されているかもしくは受取可能であるときに，その租税が利用可能となる期間まで，資源の流入を繰り延べるものである。また，これまで財務諸表において資産として認識されてこなかった項目に関連する資源流入が生じる取引もまた，繰延資源流入を認識する。GASBによれば，資産とは，現在の用役提供能力をもつ資源であるため，将来の用役提供能力しかもたない資源は，資産の定義を満たさない（GASB［2007］par.11）。しかし，そのような項目から将来のキャッシュ・インフローを見込むことで，他者に売却することは可能である。具体的には，これまで政府が運営してきた有料道路について，通行料を回収する権利と道路を保全する義務を第三者に付与することと交換に，資源を受け取る取引があげられている（GASB［2011］chap.2 par.10）。

　短期財務資源の測定の焦点を利用して作成された財務諸表にとって，資源流入・流出がどの期間に帰属するかは，支出への利用可能性によって決定される。そのため，資産の定義を満たさないが将来の支出に本質的に関連する資源流出は「繰延資源流出」として，また，負債の定義は満たさないが将来の支出にのみ利用することができる資源流入は「繰延資源流入」として，それぞれ認識されることになる（GASB［2011］chap.2 par.11）。

4. 『予備的見解』の提案に対する考察 —まとめにかえて—

　本章をまとめるにあたり，『予備的見解』による提案が米国政府会計をどのように変化させるのかについて，考察を加える。
　まず，測定の焦点が短期財務資源に変更されることによって，発生主義概念

のもう1つの側面である「会計の基礎」はどのような影響を受けるだろうか。短期財務資源の測定の焦点では、「短期」内という制約はあるものの、期末後に生じる現金の受払いを見越して計上することになるため、「見越し」は利用されていると考えてよい。そして、短期財務資源の測定の焦点における繰延資源フローの認識についても言及があることから、「繰延べ」が利用されているように見えるが、繰り延べた結果として資産・負債が認識されるわけではないため、従前の「繰延べ」概念が利用されているわけではない。さらに、企業会計であれば資本化される財の取得取引では、その取得支出がフローとして認識されるため、「資本化」は利用されていない。つまり、カレント財務資源の測定の焦点との組み合わせで考えられていた「修正発生主義」から、より「現金主義」に近づくことが予想されよう。さらに、短期的な視点から基金の活動成果を評価することとあわせて、中長期的な政府全体の活動成果をどのように評価していけばよいのかが重要な論点となる。

　活動成果の評価に関連して、収支概念の変更に対する懸念もある。短期財務資源の測定の焦点を利用して作成される財務諸表では、融資が支出として、資金調達が収入として、それぞれ認識される。このような考えのもとでは、支出に対して収入が不足しているときには、借入を行うことで、（フロー計算がマイナスとなる）支出超過の状況を回避することができる。つまり、単なる収支差額情報は成果情報として利用できなくなる可能性がある。また、貸付・借入による収支が資源フローとして認識・計上されることは、基金では、もはや、それらをストックとして期間を超えて管理しようとする思考がなくなっていることを意味する。それに加えて、資源フローを明らかにする収支計算書において、金銭貸借収支を行政活動収支から区分して表示することも求められる。

　短期財務資源の測定の焦点において、貸付や借入（長期債務の発行を含む）、棚卸資産の取得と利用といった中長期的な財務的効果を持つ項目は、資産や負債としてではなく資源フロー（収入・支出）として認識されることとなっていた。もし、（行政）活動の「期間衡平性（interperiod equity）[17]」を評価するのであれば、これらの項目は資産や負債として認識し、その財務的効果が発現す

る会計期間に影響させるべきであろう。しかし，GASBは，「期間衡平性」の評価は，短期財務資源の測定の焦点の主な目的ではないと考え，中長期的な財務的効果を持っていても，それらが短期的に基金の財務資源に対して，どんな影響を与えるのかということだけを明らかにしようとしている。

そうであっても，基金の範囲を超え，政府全体の観点から「政府全体の財務諸表」の作成が要請され，政府の行政活動に関する「期間衡平性」を評価するための情報を提供することが求められる。その際に，基金ごとの情報から政府全体の財務諸表の導出するために，期中における基金でのフロー情報（収入支出）を，政府全体のストック情報（資産負債）に変換する必要が出てくる。その際に，どのような簿記処理（会計帳簿のレベルで修正するのか，精算表で組換修正するのか）を行うのかについても併せて考えておく必要がある。

なお，2012年1月以降，GASBにおける「認識プロジェクト」は，財務報告モデルの再検討のため中断されたままであるが，日々の行政活動を記録するための基礎となる財務諸表の構成要素の認識について，他の基準開発の動向も踏まえ，今一度考えてみるべきではないだろうか。

注

1 『概念書第4号』の分析については，吉田［2010］を参照。
2 新田忠誓教授によれば，「会計理論を考える場合，貸借対照表評価論のみならず，能力論，分類論にも思考を及ぼさなければならない」という『利潤計算原理』における岩田巌教授の思考が，「総ての会計学を見るときに役立つ指標である」という（新田［2014］3および18頁）。評価論・能力論は測定論・認識論にほかならず，米国政府会計理論（および制度）を分析する上でも，この思考が必要であると考える。
3 GASBは，2011年12月以降，「認識と測定アプローチ」から「認識プロジェクト」を独立させて討議していた。なお，『公開草案：財務諸表の構成要素の測定』および『概念書第6号』の内容の検討については，別稿に譲る。
4 収入外資金調達および支出外資金利用とは，基金の収入・支出としては扱われない財務資源の流入と流出をいう。長期債務の発行収入や資本的資産の売却収入，基金間振替金のように，1つの基金だけでなく，複数の基金の純財務資源を増減させるような項目を，この区分に計上している。
5 GASBによれば，政府は行政活動（governmental activities）のほかに事業形態活動

(business-type activities) も行っている。事業形態活動は，持分基金類型（proprietary fund type）における「基金財務諸表」と「政府全体の財務諸表」の2組の財務諸表によって説明される（GASB [2010], sec.2200.113）。

6　行政基金類型には，一般基金（General Fund），特別収入基金（Special Revenue Funds），資本計画基金（Capital Project Funds），債務返済基金（Debt Service Funds），恒久基金（Permanent Funds）が含まれる（GASB [2010] sec.1300.103-108）。

7　なお，受託基金類型（fiduciary fund type）で説明される諸活動は，政府が資金を受託された第三者のために行う活動であり，厳密には政府独自の活動とはいえない。

8　「利用可能」となる期間を定義するために利用される時間の長さは，政府の重要な会計方針の1つとして開示されなければならない（GASB [2010] sec.1600.108）。

9　設例は，Freeman et al. [2009] で示されているものに多少の変更を加えて作成した。

10　非交換取引の特殊性については，別稿に譲る。

11　ただし，『概念書第4号』の公表により，負債の定義が改めて規定され，基金の負債には該当しなくなった。

12　期末に，収入の見越計上を行ったとすれば，翌期首に再振替仕訳を行い，回収時に改めて「収入」を認識する（ただし，再振替仕訳があるため×2期の収入としては計上されない）処理がなされるべきだが，Freeman et al. [2009] ではこの旨の記述は確認できない。

13　国際的には，財務諸表の作成を「完全発生主義」によって行うことが主流となりつつある（小林 [2012] 27-32頁参照）。

14　ただし，GASBは，具体的に「短期」とよばれる期間について，概念書で定めることはせず，会計・財務報告の諸基準のなかで検討されるべきであると結論づけている（GASB [2011], chap.4 par.3）。

15　前節の設例でいえば，（短期を何日間と決定するのかにもよるが），少なくとも×2期の60日経過以後に受け取られる未収租税50,000は，×1期末の基金貸借対照表には，資産として計上されないことになる。

16　なお，GASBは，繰延資源流出と繰延資源流入に関する基準として，2012年3月に，基準書第65号『資産および負債として以前は計上されていた項目』（Statement No.65 "Items Previously Reported as Assets and Liabilities"）を公表し，同年12月以降に開始する会計期間から適用している。

17　「期間衡平性」とは，ある期間の収入が，当該期間に提供されたサービスを賄うのに十分であるかどうか，そして過年度に提供されたサービスの対価を将来の納税者に負担させる必要があるかどうかという，政府会計における会計責任の重要な一部であり，行政運営の基礎をなす概念である（GASB [1987], par.59-61 and 82-86）。

【参考文献】

GASB [1985], *Discussion Memorandum : An Analysis of Issue Related to Measurement*

Focus and Basis of Accounting — Governmental Funds, Norwalk.
GASB [1987], *Concepts statement No.1 "Objectives of Financial Reporting",* Norwalk. (藤井秀樹監訳 [2003]『GASB/FASAB公会計の概念フレームワーク』中央経済社。)
GASB [1999], *Statement No.34 "Basic Financial Statements -and Management's Discussion and Analysis- for State and Local Governments",* Nowalk.
GASB [2007], *Concepts statement No.4 "Elements of Financial Statements",* Norwalk.
GASB [2010], *Codification of Governmental Accounting and Financial Reporting Standards as of June 30,* 2010, Norwalk.
GASB [2011], *Preliminary Views, Recognition of Elements of Financial Statements and Measurement Approach,* Norwalk.
Robert J. Freeman et al. [2009], *Governmental and Nonprofit Accounting — Theory and Practice,* Ninth Edition, Pearson Education.
小林麻里 [2012]「政府会計の基礎概念」(大塚宗春・黒川行治責任編集 [2012]『政府と非営利組織の会計』第2章所収) 中央経済社。
隅田一豊 [2001]『自治体行財政改革のための公会計入門』ぎょうせい。
新田忠誓 [2014]「計算構造論・考－収益費用アプローチと資産負債アプローチ－」財務会計研究学会第8回大会報告原稿。
吉田智也 [2010]「米国公会計における財務諸表の構成要素—GASB概念書第4号『財務諸表の構成要素』の検討—」『産業經理』第70巻第2号, 137-148頁。

(吉田　智也)

第8章　保守主義に関する実証研究の動向
― Conditional Conservatism と
Unconditional Conservatism の役割 ―

1. は じ め に

「会計上の数値は理性ある会計人の判断によりえられたものであるけれども，その判断が必ずしも正しい結果をもたらすとは限らない。そうであれば，不確実な将来に対して，むしろ将来の企業経営の安全性に配慮した処理，具体的には計上された利益は社外流出される可能性が高いから，選択された会計処理が，現在の判断では正しいとしても，それよりいくぶん利益を抑えめに算出する会計処理を選択しておいた方が好ましい。」

新田（1999, 329頁）は，保守主義をこのように説明している。そして，この原則の根拠として「長い会計実務の中から経験的に得られたもの」（329頁）であることを挙げている。

一方で，近年のアメリカ財務会計審議会（Financial Accounting Standards Board：FASB）および国際会計基準審議会（International Accounting Standards Board：IASB）の合同プロジェクトの一環として構築された概念フレームワークの中では，会計情報に関する望ましい質的特徴から，慎重性ないし保守主義が排除された（FASB, 2010, BC3.19）。その理由として，基本的な質的特徴の1つ「忠実な表現」の構成要素である中立性と整合しないからとされている（FASB, 2010, BC3.27）が，中立性の概念それ自体が具体的に説明されておらず，難解なこともあってか，保守主義排除の理由がいまひとつはっきりとしな

い(石原, 2012, 45頁)。

　いずれにせよ,基準設定団体が保守主義排除の方向で動いている以上,もし保守主義という会計実務を保護するスタンスであれば,「経験的に得られたもの」という理由以外に保守主義の妥当性に関する証拠を示さなければならない。このような意識からか,近年,研究者の間で保守主義に関する実証的検討が盛んに行われるようになってきている。そこで本章では,これまでに行われてきた保守主義に関する実証研究を整理することにより,保守主義の役割がどこまで判明しているのかを確認する。

　ところで,ごく最近では,保守主義はConditional Conservatism (CC) とUnconditional Conservatism (UCC) に細分化され (Beaver and Ryan, 2005など),この2タイプの保守主義のそれぞれの役割について数多くの研究が報告されている[1]。にもかかわらず,2タイプの保守主義の相互関係について意識的に調査がされてきていない。したがって,本章ではCCとUCCの経済的機能に主に焦点を当て,近年の実証研究の結果に照らして検討する。

　なお,保守主義に関する研究をまとめているものとして,Watts (2003b),野間 (2008),髙田 (2009a, 2009b) があるが,本章ではそれ以降に公表された論文も扱うことによって,最新の研究動向を鳥瞰する。

2. 保守主義に関する実証研究のレビュー

2-1 契　　約
1. 債　務　契　約

　債権者と経営者の間における保守主義の意義は,Watts and Zimmerman (1986) における負債比率仮説(企業の負債比率が大きければ大きいほど,その企業の経営者は報告利益を将来の期間から当期へ移す会計手続きを選択する傾向がある)と関連している。つまり,経営者は自己利益を最大化するため,債権者との情報の非対称性を利用して,財務制限条項の抵触を免れるように報告利益を高める会計手続きを行うインセンティブを有するのである。

ここで，保守主義に基づく会計手続きを採ることによって，配当可能利益が，硬度の高い（hard）値となり，契約当事者の富を減少させるような配当の支払可能性が低下する。したがって，保守主義に基づく会計手続きは，エージェンシーコストを減少させる（LaFond and Watts, 2008, p.452）。これを敷衍すると，保守主義に基づく会計手続きによって，将来キャッシュ・フロー（会計発生高）を過大評価し，損失情報の公表を控える経営者の裁量を制限することになり，もって債権者と経営者の情報の非対称性が緩和される，ということになろう[2]。

近年の実証研究では，保守主義の程度と負債コストに負の関係を発見したAhmed et al.（2002）を嚆矢として，保守主義が債務契約の効率性を高めるという証拠が蓄積されている[3]（Ball and Shivakumar, 2005；Bauwhede, 2007；Beatty et al., 2008；Zhang, 2008；中村, 2008；Hammermeister and Werner, 2009；Sunder et al., 2009；Armstrong et al., 2010；Nikolaev, 2010；Lagore, 2011；Tan, 2013）。

たとえば，Zhang（2008）は，借り手が保守的な会計手続きを採ることによって財務制限条項の抵触を早める形で，貸し手にデフォルト・リスクをタイムリーに伝え，これを通じて，貸し手に「事後的に（ex post）」利益をもたらすとしている。また，保守主義が低い初期金利を通じて借り手に「事前に（ex ante）」利益をもたらす，つまり，貸し手はより保守的な会計手続きを行う借り手に低金利を提供することを支持する結果を提示している。Tan（2013）は，財務制限条項の抵触後に，企業はより保守的になり，この影響が少なくとも8四半期は持続することを報告している。そして，保守主義の影響は，企業が不安定な時，そして債権者がリストラのため役員を派遣した時に，より大きくなるとしている。

2. 報　酬　契　約

経営者と株主の間における保守主義の意義についても，Watts and Zimmerman（1986）におけるボーナス制度仮説（ボーナス制度のある企業の経営者は，報告利益を将来の期間から当期に移す会計手続きを選択する傾向がある）と関連している。つまり，経営者は自己の利益を最大化するため，株主との情

報の非対称性を用いて報告利益を高めるインセンティブをもつのである[4]。

ここで保守的な会計手続きは，情報の非対称性を有する経営者が，利益を過大評価する裁量を制限する（LaFond and Watts, 2008, p.449）。したがって，株主は，報酬を過大に支払うことによって富が経営者に移転することを防ぐことができるため，経営者に，保守的な会計手続きを選択するように望む。つまり，「企業における報告利益の現在価値の増加は，経営者報酬の現在価値を増加させる」（Watts and Zimmerman, 1986, p.208）ので，「経営者は，企業価値を上げるために利益増加をもたらす行動をとるのではなく，恣意的に大きい利益額を報告するであろう」（Watts and Zimmerman, 1986, p.204）から，このような経営者の機会主義的行動を抑止するため，保守主義が機能する。

この分野の代表的な初期の研究であるLeone et al. (2006) は，CEOの現金報酬が正のリターンよりも負のリターンに対してより強く反応したという結果から，取締役会が保守主義を促すことによって，効率的な報酬契約を構成していると説明している。これ以降で，報酬契約を扱ったものはあまり多くないが，たとえばIwasaki et al. (2014) は，日本企業のサンプルを用いて，報酬利益反応係数が高い企業ほど，保守主義の程度が高いことを報告している。これにより，経営者と株主のコンフリクトが深刻である場合において，保守主義の需要が高まると主張している。

3. 他のガバナンス機能

社外取締役の比率と保守主義の程度に正の関係を発見したBeekes et al. (2004) を皮切りに，他のガバナンスメカニズムと保守主義の関係性についても数多くの研究がなされている（Ahmed and Duellman, 2007 ; LaFond and Roychowdhury, 2008 ; 首藤・岩崎，2009 ; Shuto and Takada, 2010 ; Goh and Li, 2011 ; Ismail and Elbolok, 2011 ; Foroghi et al., 2013 ; Dezfoli et al., 2014）。たとえば，Foroghi et al. (2013) は，機関投資家による株式保有比率や社外取締役の比率などのガバナンスメカニズムと保守主義の程度には正の関連性があったことから，強力なコーポレートガバナンスによって保守主義の程度が増加する，と説明している[5]。また，LaFond and Roychowdhury (2008) は，経営者の所

有権の大きさと保守主義の程度には負の関係があったことを示し，経営者と株主の利害が一致しないと，両者の間にコンフリクトが発生し，保守主義の需要が生ずると主張している。

2-2 訴　　訟

Watts（2003a, p.216）によると，利益および純資産の過大計上（overstate）による期待訴訟コストは，過小計上（understate）のときよりも大きいので，経営者や監査人は保守的な会計手続きを選好するという。このことを最初に実証的に示したのがBasu（1997）と考えられる。彼は，監査人の法的責任が大きいサンプル期間に，相対的に保守主義の程度が大きいと報告した。

これを受けて，近年の研究においては，訴訟リスクが高い企業ほど保守的な会計手続きを選好することが示されている（Krishnan, 2005；Cahan and Zhang, 2006；髙田，2006；Amir et al., 2009；Chandra, 2011）。たとえば，Amir et al.（2009）は，監査人の独立性と保守主義の程度に正の関連性があることを発見し，さらにそれは高い訴訟リスクのあるクライアントであり，高いレバレッジの企業で特に関係が強かったことを示している。

2-3 そ　の　他

1. 国家間・時系列差異

国家間差異についての研究は，Pope and Walker（1999）およびBall et al.（2000）を嚆矢とする。具体的には，保守的な会計利益の需要は，株主保護の慣習法国よりも，利害関係者によるコーポレートガバナンスシステムの整った成文法国の方が低いことが示されている（他に，Giner and Rees, 2001；Ball et al., 2003；Gassen et al., 2006；Andre and Filip, 2012）。また，別視点からの研究として，Bushman and Piotroski（2006）は，証券法，政治経済，税法などの法的制度の特徴と，保守主義の関係を分析している。その結果，質の高い司法システムを有する国の企業は，質の低い司法システムを有する国の企業よりも保守主義の程度が大きいことを発見した。

一方，時系列差異に関する研究について，近年では保守主義の程度が高まっているという証拠が提示されている。たとえば，Lobo and Zhou（2006）は，SOX法の施行後，保守主義の程度は増加しており，これはSOX法が保守的な会計手続きを企業に要請しているからであるとしている。また，Suda and Takada（2011）は，日本においては2000年前後にGAAPの修正（amendment）が行われた影響で，2000年以降の保守主義の程度が過去と比較して最も高いと報告している。

2. 投 資 行 動

保守主義は，現在価値が負のプロジェクトを実行する経営者のインセンティブを減少させ，効率的な投資行動を促すことが多くの研究で示されている（Francis and Martin, 2010；Garcia Osma et al., 2010；Chandra, 2011；Ahmed and Duellman, 2011, 2013；Ito and Ishida, 2014）。一方で，Bushman et al.（2011）は，特に高い不確実性がある期に，保守主義が損失回避的な経営者による慎重な投資行動を過大に促進させることによって，深刻な過小投資を誘導するとしている。

3. 株 式 市 場

LaFond and Watts（2008）は，経営者と投資家の間の情報の非対称性が大きい場合，財務諸表利用者は検証可能な利益を重視するようになり，経営者はこれを受けて，保守的な会計手続きを選好することを示している。そして，このような経営者の行動が企業価値の増大につながると主張している。また，Francis et al.（2013）は，金融危機の間，保守主義の程度と企業の株価パフォーマンスに正の関係があり，その関係は，ガバナンスが弱く，情報の非対称性が大きい企業でより強くなることを発見した。このように，先行研究では，保守主義がエージェンシー問題をコントロールし，それによって経営者や株主がベネフィットをえるという実証結果が報告されている（他に，Ramalingegowda and Yu, 2012；Kim et al., 2013）。

これ以外にも，保守主義と，破産リスクとの関係（Alipour et al., 2013），アナリスト予測との関係（Li, 2008），現金保有との関係（Louis et al., 2012）につ

いて検討している研究などが発表されており，各側面から保守主義の有効性が分析されている。

ところで，冒頭に述べたように，保守主義にはConditional Conservatism (CC) の側面とUnconditional Conservatism（UCC）の側面があり，近年ではこの2タイプの保守主義，それぞれの役割について数多くの研究が報告されている。次節では，これについて整理する。

3. Conditional ConservatismとUnconditional Conservatismの役割

CCは，「利益（収益）と損失（費用）の非対称的な認識」を表しており，「ニュースに依存する（news dependent）」保守主義である。例としては，棚卸資産の低価法，固定資産の減損，偶発損失の認識が挙げられる（Beaver and Ryan, 2005, p.269-270）。たとえば低価法は，期末時価が取得原価を下回っている場合には時価で評価し，取得原価を上回っている場合には取得原価で評価する。前者の場合をバッド・ニュース，後者の場合をグッド・ニュースとすれば，低価法を適用することによってバッド・ニュースのみに会計利益が反応するので，非対称的な認識基準と表現できる。

一方，UCCは，純資産簿価の過小計上と定義され，「ニュースに依存しない（news independent）」保守主義である。例としては，研究開発費の即時費用化，固定資産を経済的償却率よりも高い率で（たとえば定率法で）償却することが挙げられる（Beaver and Ryan, 2005, p.269）[6]。

なお，CCおよびUCCの程度を算定する際の，主な保守主義の定量化モデルについては表1に示している。

表1 主な保守主義の定量化モデル

モデル	概要
① Conditional Conservatism	
(ア) Basu (1997) $EPS_t/P_{t-1} = \beta_0 + \beta_1 D_t + \beta_2 R_t + \beta_3 D_t R_t + \varepsilon_t$	期首の株価 (P_{t-1}) でデフレートした1株当たり利益 (EPS_t) を株式リターン (R_t) で回帰した結果、プラスのリターンよりもマイナスのリターンに対して、会計利益がよりタイムリーに反応することを保守主義と定義し、リターンが0より小さければ1をとるダミー変数 (D_t) とリターンをかけた交差項の係数 (β_3) を保守主義の尺度とする。
(イ) Ball and Shivakumar (2005) $ACC_t = \beta_0 + \beta_1 D_t + \beta_2 CFO_t + \beta_3 D_t CFO_t + \varepsilon_t$	総会計発生高 (ACC_t) を営業キャッシュ・フロー (CFO_t) で回帰した結果、マイナスのキャッシュ・フローに対して、会計発生高がよりタイムリーに反応することを保守主義と定義し、キャッシュ・フローが0より小さければ1をとるダミー変数 (D_t) と、キャッシュ・フローをかけた交差項の係数 (β_3) を保守主義の尺度とする。
(ウ) Khan and Watts (2009) $\beta_2 = \mu_1 + \mu_2 Size_t + \mu_3 Size_t + \mu_4 Lev_t$ - (i) $\beta_3 = \lambda_1 + \lambda_2 Size_t + \lambda_3 M/B_t + \lambda_4 Lev_t$ - (ii) $EPS_t/P_{t-1} = \beta_0 + \beta_1 D_t + R_t(\mu_1 + \mu_2 Size_t + \mu_3 M/B_t + \mu_4 Lev_t) + D_t R_t(\lambda_1 + \lambda_2 Size_t + \lambda_3 M/B_t + \lambda_4 Lev_t) + (\delta_1 Size_t + \delta_2 M/B_t + \delta_3 Lev_t + \delta_4 D_t Size_t + \delta_5 D_t M/B_t + \delta_6 D_t Lev_t) + \varepsilon_t$ - (iii)	Basu (1997) モデルを改良した、個別推定モデル。(ア)式の $\beta_2 \cdot \beta_3$ は、各年の企業固有の特性（規模 ($Size_t$)、時価／簿価 (M/B_t)、負債比率 (Lev_t)）の線形関数で表せる。そして、(ア)式に (i)式、(ii)式を代入すると、(iii)式のようになる。ここから、まず(iii)の係数を推定する。次に、推定した係数および企業／年の規模・時価・簿価・負債比率を(ii)式に代入し、保守主義の尺度とする。
② Unconditional Conservatism	
(ア) Beaver and Ryan (2000) $B/M_t = \beta_0 + \beta_t + \beta_i + \sum_{j=0}^{6} \beta_j R_{t-j} + \varepsilon_t$	時価簿価比率 (B/M_t) を時間効果 (β_t)、企業効果 (β_i)、過去5期分の年次リターン $\left(\sum_{j=0}^{6}\beta_j R_{t-j}\right)$ に分解し、このうち簿価と時価の持続的な差異である β_i に -1 をかけた値を保守主義の尺度とする。
(イ) Givoly and Hayn (2000) $[(X_c - \mu_c)^3/\sigma_c^3] - [(X_e - \mu_e)^3/\sigma_e^3]$	営業キャッシュ・フロー(c)の歪度 (skewness;（当期の値 (X) - 過去5年の平均 (μ))^3／過去5年の標準偏差 (σ)^3) と利益(e)の歪度の差を保守主義の尺度とする。
(ウ) Givoly and Hayn (2000) $OPACC_t = \Delta AR_t + \Delta IVT_t + \Delta PE_t - \Delta AP_t - \Delta TP_t - DA_t$	営業会計発生高 ($OPACC_t$) に -1 をかけた値を保守主義の尺度とする。なお、$OPACC$は⊿売上債権 (AR_t) +⊿棚卸資産 (IVT_t) +⊿前払費用 (PE_t) -⊿仕入債務 (AP_t) -未払税金 (TP_t) -減価償却費 (DA_t) である[7]。
(エ) Basu (1997)・Ball and Shivakumar (2005) $EPS_t/P_{t-1} = \beta_0 + \beta_1 D_t + \beta_2 R_t + \beta_3 D_t R_t + \varepsilon_t - (i)$ $ACC_t = \beta_0 + \beta_1 D_t + \beta_2 CFO_t + \beta_3 D_t CFO_t + \varepsilon_t - (ii)$	ニュース（ここでは(i)(ii)式の$EPS_t/P_{t-1} \cdot ACC_t$）とは関連性がなく、かつ会計利益に対して影響力を有するUCCは、傾きではなく、切片 (β_0) に表れるとして、これを保守主義の尺度とする。

3-1 なぜ2つのタイプに分かれているのか

そもそも，なぜ保守主義がCCとUCCに分かれているのか。これについてBeaver and Ryan（2005, pp.269-270）は以下のように説明している[8]。

CCとUCCに区別されうるという事実が認識されていなかった過去，長期間にわたって研究者は，（図らずも）UCCについて実証的に検証してきた（たとえば，Beaver and Dukes, 1973；Feltham and Ohlson, 1995）。しかし，Basu（1997）がCCを測定するモデルを開発して以降，多数の実証研究はCCの程度について調査するようになった，ということである。

ただし，保守主義の2つのタイプに関する研究は，大部分が互いに独立したものであった。つまり，各々の研究は，保守主義の性質とインプリケーションについての証拠を提供しているが，どちらも保守主義の2つのタイプの相互関係について意識的に調査されていないのである（Beaver and Ryan, 2005, p.270）。

なお，両者の関係についてBeaver and Ryan（2005, p.271）は，UCCがCCを無効化する（preempt）と述べており，ごく最近では実証的にも，両者が互いに負の関係にあることが示されている（Qiang, 2007；Iatridis, 2011）。たとえば，UCC（定率法の選択など）が適用されず，資産が事前に低い価値で計上されない場合は，その後の期にCC（減損など）が適用されやすくなる。逆に，UCCが適用され，資産が事前に低い価値で計上されている場合は，その後の期にCCを無効化するという関係が存在する[9]。

ところで，Basu（2005, p.313）は，これら2つのタイプの保守主義が，様々な利害関係者に多様なコスト・ベネフィットを与え，そのトレードオフが，2タイプの保守主義間の選択に影響する可能性を指摘している。それでは次に，CCとUCCをめぐる実証研究により，各々の役割がどの程度明らかになっているのかについて検討する。

3-2 役割の違い

1. 契　　　約

Ball and Shivakumar（2005, pp.90-91）は，UCCよりもCCの方が契約の効率

性を高めると主張する。その根拠は，以下のとおりである。

　たとえば，もしUCCによって資産の簿価が，γだけ過小に報告されることを債権者が知っているならば，財務制限条項によって設定される資産の簿価は$1/(1-\gamma)$だけ増加させられるであろう。したがって，UCCは，CCが発現する機会を減少させることも相まって，契約当事者からの需要には適しないであろう。さらに，現実的には企業がどの程度のUCCを採っているかを債権者は正確に把握できないので，財務情報に基づく意思決定を誤導する可能性があり，契約の効率性を減少させうる。

　一方で，CCは契約の効率性を改善させうる。それはより早く，債権者へ経営権を移すような財務制限条項の抵触を引き起こし，配当・借入・新規投資などの形で経営者の行動を抑制させるからである。

　以上の彼らの主張を支持する実証研究として，たとえばBauwhede（2007）は，アメリカの上場企業をサンプルとして，CCの高い産業に属する企業の社債レートはより有利であり，負債コストは低く，UCCの程度の高い産業に属する企業については逆の結果となったことを示している。また，Qiang（2007）およびGarcia Lara et al.（2009）は，債務契約や報酬契約の効率性の代理変数と保守主義の関連性を検証した結果，UCCよりも，CCの方が関連性が高いことを発見した。ここから，CCによって，現在価値が負のプロジェクトの実行が抑制されることや財務制限条項の抵触が早まることで，契約の効率性が高められる一方で，UCCは，新しい情報をもたらさないので，契約当事者のペイオフに対してノイズとなり，契約の効率性を減少させると結論づけている。

　ただし，Foroghi et al.（2013）は，テヘラン株式市場において，機関投資家による株式保有比率や社外取締役比率などのガバナンスメカニズムと保守主義について，CCとUCCのどちらとも正の関連性があったことを報告している。

　以上の検証結果から少なくとも，債務契約や報酬契約についてはUCCよりもCCが適しているということができよう。

2. 訴　　訟

　Chandra（2011）は，アメリカのテクノロジー企業は，高い訴訟リスクにさ

らされているので，他のアメリカ企業よりもCCとUCCの程度がどちらとも高いことを示している。Cano-Rodriguez (2010) は，スペインの企業をサンプルとし，巨大監査法人はCCの選択を顧客企業に働きかけ，会計情報の契約の効率性を増加させる一方で，高いレベルの訴訟・評判リスクがある場合，巨大監査法人はUCCの選択を顧客企業に促し，財務報告の質を減少させうるとしている。

また，Qiang (2007) およびGarcia Lara et al. (2009) は，訴訟リスクの代理変数と保守主義の関連性を検証した結果，UCCおよびCCのどちらも関連性が高いことを発見した。ここから，CCはバッド・ニュースに即時に反応する一方で，UCCはCCを無効化するという性質をもつので，いずれも訴訟リスクを手当てするために用いられるとしている。

以上の先行研究から，UCCおよびCCともに訴訟リスクを減少させるために用いられていることがうかがえる。

3. 投　資　行　動

Garcia Osma et al. (2010) は，アメリカの企業をサンプルとし，過大投資および過小投資を示す尺度とCCの関係が負であることを発見した。ここから，CCは，経営者の投資意思決定のモニターを促進させ，現在価値が負のプロジェクトへの投資を抑制する経営者のインセンティブを増加させることなどより，投資の効率性を増加させるとしている。

一方で，Bushman et al. (2011) は25か国の企業をサンプルとし，投資機会の減少という環境に直面した時，企業の投資の減少度は，CCの程度の大きい国で特に高かったと報告し，CCが投資機会の減少に直面している企業の投資を抑制してしまうと主張している。また，Ito and Ishida (2014) は，日本に上場している企業をサンプルとし，CCによって企業はネガティブな投資戦略が誘導されるのに対し，UCCは企業の利益ボラティリティを軽減するので，投資行動を拡大させるという証拠を提示している。さらに，中野他 (2015) は，UCCの程度が高い企業ほど，リスクの高いタイプの投資を行っていることを明らかにし，この理由を，「無条件保守主義（UCC‐筆者注）の程度が高いほど

業績の下振れリスクが限定的になるため，リスク回避的な経営者を前提とすれば，経営者のリスクテイク余力が高まり，リスクの高いプロジェクトへの投資が可能になる」(137頁) としている。

以上より，投資の効率性を高める会計手続きとしては，(少なくともアメリカ以外では) UCCが選好されている可能性がある。

4. 税　　　金

Watts (2003a) によると，企業に課税所得がある場合，税金の現在価値を減少させるために利益を繰延べるインセンティブを有するとされる。これについてQiang (2007) は，損失をCCよりも早く認識し，コントロールしやすく，かつあまりコストがかからずに利益を平準化できることから，UCCが選好されるという仮説を設定し，それを支持する証拠を得ている。しかし，Garcia Lara et al. (2009) は，UCCが税の支払いを遅らせる一方で，これを用いた会計政策は柔軟性を欠くので，税率の変更に対してタイムリーに反応できないのに対し，CCは，当期の利益を次期以降にシフトするために用いられると主張している。

税金とCCおよびUCCの関係について言及している研究はあまり多くないので，断定的には言えないが，これらの先行研究を概観する限りでは，CCに加えてUCCも税金の現在価値の最小化のために用いられうる，とされよう。

4. お　わ　り　に

本章は，保守主義に関する実証研究の最新動向について検討し，保守主義の役割がどこまで判明しているかを明らかにする，という課題を設定した。これについて，保守主義にはConditional Conservatism (CC) と Unconditional conservatism (UCC) という2つのタイプがあり，近年は各々の役割が検証される傾向にあることを説明した。その上で，両者の経済的機能について，近年の実証研究の結果に照らして検討してきた。その結果，契約については，先行研究においてCCの方がその効率性を高めるという仮説が概ね支持されていた

のに対し，訴訟リスクの減少・税金の最小化・投資の効率性という観点からは，UCCも用いられているという証拠が散見された。この結果をどのように捉えたらよいだろうか。

　両者の需要の違いは，CCは将来の期間に，ニュースの発生に伴って用いる情報であるが，UCCは資産の使用開始時（もしくは費用の支出時）にのみ利用する情報というCCとUCCの重要な差異（Basu, 2005, p. 313）に起因すると思われる。つまり，契約においては常にバッド・ニュースをタイムリーに財務諸表に反映させてもらいたいという，株主や債権者からの需要によってCCが選好される。これに対し，訴訟リスクを減少させたり投資の効率性を高めるためには，企業（経営者）は必ずしもニュースの発生を待って損失を計上する必要はない。

　UCCを強化することにより，たとえば固定資産価額の陳腐化のような不測の事態に，UCCを採用していなければ計上を余儀なくされていたであろう減損損失について，避けられないにしても，あるいは計上額を抑えることができるかもしれないのである。この意味でUCCは，企業外部者のためというよりも企業（経営者）が，自社をできる限り永く存続させるために採用される会計手続きと言えるかもしれない[10]。

　以上より，CCは主に企業外部者からの需要に応じて採られる保守主義であり，UCCは主に企業内部者からの需要に応じて採られる保守主義であると推論できる[11]。

　冒頭で説明したように，会計基準設定団体は保守主義を排除する方向に進んでいる。これに関して，Ball and Shivakumar（2005, p.91）は，これまで設定されてきた基準がCCとUCCを区別してこなかったことが，保守主義の議論を混沌とさせていることを示唆している。2つのタイプの保守主義について各側面から研究が蓄積されてきている今，両保守主義について混同した議論のまま排除してしまうのは，各利害関係者に不利益をもたらすことになりかねないことをここでは指摘しておきたい[12]。

注

1 CCおよびUCCについて,「条件付保守主義」および「無条件保守主義」という訳語が使われることがあるが,ここではそのまま表記した。
2 また,債権者は,利子以上のベネフィットを得ることができないが,その一方で,借り手企業の状態によっては契約時に約束した金額を受領できない可能性がある状況,いわば「非対称的なペイオフ（asymmetric payoff）」体系にある。したがって,債権者は利益や資産価値の下限（lower end）に関する情報に関心がある（Watts, 2003a, p.212）。
3 これに対して,Gigler et al.（2009）は,モデル分析により,保守主義は債務契約の効率性を減少させることを示している。
4 経営者の限られた在任期間および有限責任という概念も,報酬契約が結ばれている企業の経営者が利益増加型の会計手続きを採るインセンティブの説明において重要である。キャッシュ・フローが実現する前に経営者が企業から去れば,過大な経営者報酬の支払いの回収（recovery）および過度の投資に対して補償させること（reparation）は,困難である。それに加えて,経営者による詐欺は,証明すること,または単に業績を悪化させた結果と区別することは困難である（Watts, 2003a, p.213）。
5 石田（2014）は,ガバナンス・メカニズムが存在する場合にはエージェンシー問題が深刻な企業ほど保守主義の程度が小さい一方で,ガバナンス・メカニズムが強固な場合には,エージェンシー対立が深刻な企業ほど保守主義の程度が強いことを明らかにしている。
6 Ball and Shivakumar（2005, pp.89-90）は,UCCの実務をドイツの「慎重性（vorsicht）の原則」と同一視している。
7 ただし,総会計発生高をUCCの尺度とするケース（Ahmed et al., 2002；Ahmed and Duellman, 2013）や,はたまた営業外会計発生高をCCの尺度として用いるケース（Amir et al., 2009；Alipour et al., 2013）もあり,会計発生高をどちらの代理変数とするかについては議論の余地がある。また,Kim et al.（2013）は,これらの尺度の平均ランクを保守主義の代理変数として用いている。
8 Beaver and Ryan（2005）以前にも,保守主義を2つのタイプに分けるという議論は存在した。たとえば,Ball et al.（2000）やBasu（2001）は,貸借対照表に影響を与える保守主義と,損益計算書に影響を与える保守主義を挙げている。しかし,Beaver and Ryan（2005）は,クリーンサープラス関係を前提とした場合,どの保守主義も損益計算書・貸借対照表のどちらにも影響を及ぼすという理由でこの区分法を用いていないので,本章でもこれに従う。
9 両者の関係については,金森（2009）に詳しい。
10 浅野・大坪（2014）は,両者の関係について,本章とは別の角度から考察している。すなわち,CCはビッグバスなどの意図的な誤表示を招きやすい一方で,UCCは利益調整の余地が少ないということから,「無条件保守主義は,条件付保守主義による利益調整の発

動枠を狭めることにより，利益の質の低下を抑える効果があると考えられる」(68頁) と述べている。

11 これは，「UCCは税・政治コストおよび経営者の自己利益から生ずるものとし，CCは効率的な債務契約・ガバナンスから生じる」(Ball et al., 2008, p.193) という主張と一部で共通するが，企業を永く存続させようというインセンティブから採用されるUCCについては「自己利益」のためと必ずしもいえないと筆者は考える。

12 Lawrence et al. (2013) は，保守主義を裁量的保守主義と非裁量的保守主義に分類している。彼らは，t-1年度末の簿価/時価 (BTM) が大きければ，t年度の資産切り下げが予想される (Ramanna and Watts, 2012) という根拠から，前期末のBTMを非裁量的保守主義の尺度とし，債務契約の重要性が高い企業ほど非裁量的保守主義の程度が大きいことを示している。この非裁量的保守主義のモデルについては改良が必要であることを本人たちが述懐している (Lawrence et al., 2013, p.132) が，いずれにせよ，本章で考察したCC・UCCと，この裁量的保守主義・非裁量的保守主義の関係は明らかになっていないので，今後の検討課題とされよう。

【参考文献】

Ahmed, A., Billings, B., Morton, R., Stanford-Harris, M., 2002. The Role of Accounting Conservatism in Mitigating Bondholder-shareholder Conflicts over Dividend Policy and in Reducing Debt Costs. *The Accounting Review* 77. 867-890.

Ahmed, A., Duellman, S., 2007. Accounting Conservatism and Board of Director Characteristics: An Empirical Analysis. *Journal of Accounting and Economics* 43. 411-437.

Ahmed, A., Duellman, S., 2011. Evidence on the Role of Accounting Conservatism in Monitoring Managers' Investment Decisions. *Accounting and Finance* 51. 609-633.

Ahmed, A., Duellman, S., 2013. Managerial Overconfidence and Accounting Conservatism. *Journal of Accounting Research* 51. 1-30.

Alipour, S., Rabiee, K., Alipour, M., 2013. Relations between Unconditional and Conditional Accounting Conservatism with Bankruptcy Risk in Companies Listed in Tehran Stock Exchange. *International Research Journal of Applied and Basic Sciences* 4. 3649-3657.

Amir, E., Guan, Y., Livne, G., 2009. The Association between Auditor Independence and Conservatism. Working Paper. University of New South Wales.

Andre, P., Filip, A., 2012., Accounting Conservatism in Europe and the Impact of Mandatory IFRS Adoption: Do Country, Institutional and Legal Differences Survive? Working Paper. ESSEC Business School.

Armstrong, C., Guay, W., Weber, J., 2010. The Role of Information and Financial Reporting in Corporate Governance and Debt Contracting. *Journal of Accounting and Economics*

50. 179-234.

Ball, R., Kothari, S., Robin, A., 2000. The Effect of International Institutional Factors on Properties of Accounting Earnings. *Journal of Accounting and Economics* 29. 1-51.

Ball, R., Robin, A., Wu, J., 2003. Incentives versus Standards: Properties of Accounting Income in Four East Asian Countries. *Journal of Accounting and Economics* 36. 235-270.

Ball, R., Robin, A., Sadka, G., 2008. Is Financial Reporting Shaped by Equity Markets or by Debt Markets? An International Study of Timeliness and Conservatism. *Review of Accounting Studies* 13. 168–205.

Ball, R., Shivakumar, L., 2005. Earnings Quality in UK Private Firms: Comparative Loss Recognition Timeliness. *Journal of Accounting and Economics* 39. 83-128.

Basu, S., 1997. The Conservatism Principle and the Asymmetric Timeliness of Earnings. *Journal of Accounting and Economics* 24. 3-37.

Basu, S., 2001. Discussion of On the Asymmetric Recognition of Good and Bad News in France, Germany and the United Kingdom. *Journal of Business Finance and Accounting* 28. 1333-1349.

Basu, S., 2005. Discussion of "Conditional and Unconditional Conservatism: Concepts and Modeling". *Review of Accounting Studies* 10. 311-321.

Bauwhede, H., 2007. The Impact of Conservatism on the Cost of Debt: Conditional versus Unconditional Conservatism. Working Paper.

Beatty, A., Weber, J., Yu, J., 2008. Conservatism and Debt. *Journal of Accounting and Economics* 45. 154-174.

Beaver, W., Dukes, R., 1973. Interperiod Tax Allocation and δ-Depreciation Methods: Some Empirical Results. *The Accounting Review* 48. 549–559.

Beaver, W., Ryan, S., 2000. Biases and Lags in Book Value and Their Effects on the Ability of the Book-to-market Ratio to Predict Book Return on Equity. *Journal of Accounting Research* 38. 127-148.

Beaver, W., Ryan, S., 2005. Conditional and Unconditional Conservatism: Concepts and Modeling. *Review of Accounting Studies* 10. 269–309.

Beekes, W., Pope, P., Young, S., 2004. The Link Between Earnings Timeliness, Earnings Conservatism and Board Composition: Evidence from the UK. *Corporate Governance: An International Review*. 12. 47-59.

Bushman, R., Piotroski, J., 2006. Financial Reporting Incentives for Conservative Accounting: The Influence of Legal and Political Institutions. *Journal of Accounting and Economics* 42. 107-148.

Bushman, R., Piotroski, J., Smith, A., 2011. Capital Allocation and Timely Accounting

Recognition of Economic Losses. *Journal of Business Finance and Accounting* 38. 1-33.

Cahan, S., Zhang, W., 2006. After Enron: Auditor Conservatism and Ex-Andersen Clients. *The Accounting Review* 81. 49-82.

Cano-Rodriguez, M., 2010. Big Auditors, Private Firms and Accounting Conservatism: Spanish Evidence, *European Accounting Review* 19. 131-159.

Chandra, U., 2011. Income Conservatism in the U.S. Technology Sector. *Accounting Horizons* 25. 285-314.

Dezfoli, F., Elysseai, E., Tamimi, M., 2014. Effect of Conditional and Unconditional Conservatism on Return in Tehran Stock Exchange. *Applied mathematics in Engineering, Management and Technology* 2. 127-134.

Feltham. G., Ohlson, J., 1995. Valuation and Clean Surplus Accounting for Operating and Financial Activities. *Contemporary Accounting Research* 11. 689-732.

Financial Accounting Standards Board, 2010. Statement of Financial Accounting Concepts No. 8: *Conceptual Framework for Financial Reporting*. FASB. Norwalk.

Foroghi, D., Amiri, H., Fallah, Z., 2013. Corporate Governance and Conservatism. International *Journal of Academic Research in Accounting, Finance and Management Sciences* 3. 61–71.

Francis, B., Hasan, I., Wu, Q., 2013. The Benefits of Conservative Accounting to Shareholders: Evidence from the Financial Crisis. *Accounting Horizons* 27. 319-346.

Francis, J., Martin, X., 2010. Acquisition Profitability and Timely Loss Recognition. *Journal of Accounting and Economics* 49. 161-178.

Garcia Lara, J., Garcia Osma, B., Penalva, F., 2009. The Economic Determinauts of Conditional Conservatism. Journal of Business Finance and Accounting 36. 336-372.

Garcia Osma, B., Garcia Lara, J., Penalva, F., 2010. Accounting Conservatism and Firm Investment Efficiency. Working Paper.

Gassen, J., Fülbier, R., Sellhorn, T., 2006. International Differences in Conditional Conservatism: The Role of Unconditional Conservatism and Income Smoothing. *European Accounting Review* 15. 527-564.

Gigler, F., Kanodia, C., Sapra, H., Venugopalan, R., 2009. Accounting Conservatism and the Efficiency of Debt Contracts. *Journal of Accounting Research* 47. 767-797.

Givoly, D., Hayn, C., 2000. The Changing Time-series Properties of Earnings, Cash Flows and Accruals: Has Financial Reporting Become More Conservative? *Journal of Accounting and Economics* 29. 287-320.

Giner, B., Rees, W., 2001. On the Asymmetric Recognition of Good and Bad News in France, Germany and the United Kingdom. *Journal of Business Finance and Accounting* 28. 1285-1331.

Goh, B., Li, D., 2011. Internal Controls and Conditional Conservatism. *The Accounting Review* 86. 975-1005.

Hammermeister, J., Werner, J., 2009. Conditional Conservatism, Debt Markets and Financial Structure: Further Evidence from the United Kingdom. Working Paper.

Iatridis, G., 2011. Accounting Disclosures, Accounting Quality and Conditional and Unconditional Conservatism. *International Review of Financial Analysis* 20. 88-102.

Ismail, T., Elbolok, R., 2011. Do Conditional and Unconditional Conservatism Impact Earnings Quality and Stock Prices in Egypt? *Research Journal of Finance and Accounting* 2. 7-22.

Ito, K., Ishida, S., 2014. The Effect of Accounting Conservatism on Corporate Investment Behavior. Ito,K., Nakano, M. ed. *International Perspectives on Accounting and Corporate Behavior*. Springer. 59-80.

Iwasaki, T., Otomasa, S., Shiiba, A., Shuto, A., 2014. The Role of Accounting Conservatism in Executive Compensation Contracts. Working Paper. Kobe University.

Khan, M., Watts, R., 2009. Estimation and Empirical Properties of a Firm-year Measure of Accounting Conservatism. *Journal of Accounting Economics* 48. 132-150.

Kim, Y., Li, S., Pan, C., Zuo, L., 2013. The Role of Accounting Conservatism in the Equity Market: Evidence from Seasoned Equity Offerings. *The Accounting Review* 88. 1327-1356.

Krishnan, G., 2005. The Association between Big 6 Auditor Industry Expertise and the Asymmetric Timeliness of Earnings. *Journal of Accounting, Auditing and Finance* 20. 209-228.

LaFond, R., Roychowdhury, S., 2008. Managerial Ownership and Accounting Conservatism. *Journal of Accounting Research* 46. 101-135.

LaFond, R., Watts, R., 2008. The Information Role of Conservatism. *The Accounting Review* 83. 447-478.

LaGore, W., 2011. Conditional and Unconditional Conservatism Following a Financial Reporting Failure: An Empirical Study. Working Paper. Florida State University.

Lawrence, A., Sloan, R., Sun, Y., 2013. Non-discretionary Conservatism: Evidence and Implications. *Journal of Accounting and Economics* 56. 112-133.

Leone, A. Wu, J., Zimmerman, J., 2006. Asymmetric Sensitivity of CEO Cash Compensation to Stock Returns. *Journal of Accounting and Economics* 42. 167-192.

Li, F., 2008. Accounting Conservatism, Information Uncertainty and Analysts' Forecasts. Working Paper. Carnegie Mellon University.

Lobo, G., Zhou, J., 2006. Did Conservatism in Financial Reporting Increase after the Sarbanes-Oxley Act? *Accounting Horizons* 20. 57-73.

Louis, H., Sun, A., Urcan, O., 2012. Value of Cash Holdings and Accounting Conservatism. *Contemporary Accounting Research* 29. 1249-1271.

Nikolaev, V., 2010. Debt Covenants and Accounting Conservatism. *Journal of Accounting Research* 48. 137-175.

Pope, P., Walker, M., 1999. International Differences in the Timeliness, Conservatism, and Classification of Earnings. *Journal of Accounting Research* 37. 53-87.

Qiang, X., 2007. The Effects of Contracting, Litigation, Regulation, and Tax Costs on Conditional and Unconditional Conservatism: Cross-sectional Evidence at the Firm Level. *The Accounting Review* 82. 759-796.

Ramalingegowda, S., Yu, Y., 2012. Institutional Ownership and Conservatism. *Journal of Accounting and Economics* 53. 98-114.

Ramanna, K., Watts, R., 2012. Evidence on the Use of Unverifiable Estimates in required Goodwill Impairment. *Review of Accounting Studies* 17. 749–780.

Shuto, A., Takada, T., 2010. Managerial Ownership and Accounting Conservatism in Japan: A Test of Management Entrenchment Effect. *Journal of Business Finance and Accounting* 37. 815-840.

Suda, K., Takada, T., 2011. Accounting Conservatism in Japan: Time Series Analysis of the Asymmetric Timeliness of Earnings. Working Paper.

Sunder, J., Sunder, S., Zhang, J., 2011. Balance Sheet Conservatism and Debt Contracting. Working Paper.

Tan, L., 2013. Creditor Control Rights, State of Nature Verification, and Financial Reporting Conservatism. *Journal of Accounting and Economics* 55. 1-22.

Watts, R., 2003a. Conservatism in Accounting Part Ⅰ: Explanations and Implications. *Accounting Horizons* 17. 207-221.

Watts, R., 2003b. Conservatism in Accounting Part Ⅱ: Evidence and Research Opportunities. *Accounting Horizons* 17. 287-301.

Watts, R., Zimmerman, J., 1986. *Positive Accounting Theory*. Prentice-Hall. 須田一幸訳. 1991. 『実証理論としての会計学』白桃書房.

Zhang, J., 2008. The Contracting Benefits of Accounting Conservatism to Lenders and Borrowers. *Journal of Accounting and Economics* 45.27-54.

浅野敬志・大坪史尚. 2014. 「取得のれんの償却に関する一考察－保守主義の視点から－」『會計』第186巻第4号. 60-74.

石田惣平. 2014. 「会計保守主義とエージェンシー問題との関係性に関する予備的考察」『一橋商学論叢』第9巻第2号. 33-47.

石原裕也. 2012. 「会計上の真実性の変容－IFRS概念フレームワークにおける保守主義の扱いをきっかけとして－」『産業経理』第72巻第3号. 45-53.

金森絵里. 2009.「会計保守主義の二分化と排除不可能性」『立命館経営学』第47巻第5号. 177-192.
首藤昭信・岩崎拓也. 2009.「監査役会および取締役会の独立性と保守主義の適用」『産業経理』第69巻第1号. 89-99.
髙田知実. 2006.「訴訟リスクと監査人の保守的態度」『六甲台論集 − 経営学編 − 』(神戸大学). 第53巻第1号. 23-42.
髙田知実. 2009a.「保守主義の定量化とその機能 (1)」『企業会計』第61巻第1号. 124-125.
髙田知実. 2009b.「保守主義の定量化とその機能 (2)」『企業会計』第61巻第2号. 124-125.
中野誠・大坪史尚・髙須悠介. 2015.「会計上の保守主義が企業の投資水準・リスクテイク・株主価値に及ぼす影響」『金融研究』第34巻第1号. 99-146
中村亮介. 2008.「保守主義の債務契約における役割」新田忠誓・坂上学編著『財務情報の利用可能性と簿記・会計の理論』森山書店. 63-79.
新田忠誓. 1999.『財務諸表論究 − 動的貸借対照表論の応用 − (第2版)』中央経済社.
野間幹晴. 2008.「保守主義の実証研究──経済的合理性を中心に」『企業会計』第60巻第7号. 48-54.

(謝辞) 本章を執筆するにあたって，首藤昭信先生 (東京大学)・鈴木智大先生 (亜細亜大学)・髙田知実先生 (神戸大学) から貴重なコメントをいただいた。記して感謝申し上げる。

(中村　亮介)

第9章 「会計上の変更及び誤謬の訂正に関する会計基準」等導入による減価償却概念の変化について

本 章 の 目 的

　従来我が国では，固定資産の減価償却は，「固定資産の適正な原価配分を行うことにより，損益計算を適正ならしめること」を主たる目的とし，「合理的に決定された一定の方式に従い，毎期計画的，規則的に実施されなければならない。」されてきた。その中では，減価償却方法，取得原価，耐用年数及び残存価額（以下，耐用年数と残存価額を合わせて「耐用年数等」という。）が重要な計算要素とされてきた。そのため，これらの要素に重要な変更があった場合，例えば，減価償却方法の変更や臨時償却に該当する事項が発生した場合には，前期損益修正損益が用いられ，当初の取得原価を計画的規則的に配分した結果を財務諸表に反映させることが重視されてきた。

　その後，平成21年に，企業会計基準第24号「会計上の変更及び誤謬の訂正に関する会計基準」（以下，「基準」）および「会計上の変更及び誤謬の訂正に関する会計基準の適用指針」（以下，「指針」といい，「基準」と合わせて「基準等」という）が導入された。これにより，会計方針の変更に対して，原則として，財務諸表の遡及修正が求められるようになった。

　一方で，「基準等」では，減価償却方法の変更に対して，会計方針の変更ではあるものの，会計上の見積りと区別することが困難な場合として扱い，将来の期間に渡って損益を認識することを求めている。また，「耐用年数等」の変

更に対しても，会計上の見積りの変更として扱い，将来の期間に渡って損益を認識することを求めている。

このように「基準等」の導入により，固定資産の減価償却関連の会計上の変更対して求められる会計上の対応が変更され，当初の取得原価を計画的規則的に配分することを重視してきた減価償却概念に変化が発生していると考えられる。

本章では，「基準等」の導入により，従来の基準との比較，「基準等」に影響を与えたとされる国際会計基準及び米国会計基準の検討，数値による検証を行い，「基準」に導入による減価償却概念の変化について考察することを目的とする。

本章の目的を達成するためには，従来我が国で求められていた減価償却方法の変更に対する会計上の対応に対する理解が必須となる。そこで，第1節を従来我が国で求められていた減価償却方法の変更および「耐用年数等」の変更（以下，あわせて「減価償却方法等の変更」という。）に対する概説により始める。

1.「基準等」導入前の減価償却方法等の変更の概説

従来我が国では，固定資産の減価償却は，「固定資産の適正な原価配分を行うことにより，損益計算を適正ならしめること」を主たる目的として実施されてきており，当初の取得原価を計画的規則的に配分することが重視されてきた。以下では従来，「減価償却方法等の変更」に対してどのような対応が求められていたかについて概説する。

1-1 減価償却方法の変更について

「基準等」導入前は，減価償却方法の変更は，会計方針の変更とされていた[1]。当該変更を行った場合には，会計上前期損益修正損益項目が計上され，会計方針の変更として，変更の旨，変更の内容及び過年度までの方法と比較した場合の当期損益への影響額の注記が要求されていた。

1-2 「耐用年数等」の変更ついて

「耐用年数等」の変更は、会計方針の変更とは明確に区別されていた。「会計事象等の数値・金額が会計処理を行う時点では確定できないため、見積りを基礎として会計処理していた場合において、損益への影響が発生する見積りの見直し」(監査委員会報告第77号「追加情報の注記について」3 (1) ①)に該当する会計上の見積もりの変更として、追加情報としての注記が要求されていた。実務上通常は、耐用年数の変更や残存価額変更による損益の影響を将来の期間に渡って認識していた。加えて、「減価償却計画の設定に当たって予見することのできなかった新技術の発明等の外的事情により、固定資産が機能的に著しく減価した場合」には、「前期損益修正項目として処理」する臨時償却が行われていた[2]。

以上のように、従来の我が国では、減価償却方法の変更や臨時償却に該当する事項が発生した場合には、前期損益修正損益が用いられてきた。これは、減価償却が、「固定資産の適正な原価配分を行うことにより、損益計算を適正ならしめること」を主たる目的とし、固定資産の取得時点から一貫した処理を行い各期で損益を負担することを重視していたと考えられる。

表1 「基準等」導入前の「減価償却方法等の変更」についての整理

事象	取扱い	会計上要求される対応
減価償却方法の変更	会計基準等(税法)の変更に伴う会計方針の変更	過去の損益の影響は前期損益修正損益として計上以下の事項を会計方針の変更として注記 ・会計方針変更の旨 ・変更の内容 ・その内容及び変更が財務諸表等に及ぼす影響
	経済的実態の変化に伴う場合等の正当な理由による会計方針の変更	
耐用年数,残存価額の変更	会計上の見積もりの変更	通常は将来の期間に渡って、耐用年数や残存価額を修正。【外的事情により、固定資産が機能的に著しく減価した場合】臨時償却として、過年度に遡って損益への影響を計算した上で、過年度分を前期損益修正として処理

2.「基準等」における減価償却方法等の変更

　本節では,「基準等」における減価償却方法等の変更に対する会計上の対応を明らかにしたうえで,「基準等」で求められている減価償却方法等の会計上の変更について概説する。

　「基準等」では, 会計上の変更に対する対応を明確にするべく, 会計方針の変更, 表示方法の変更及び会計上の見積りの変更並びに過去の誤謬の訂正に関する会計上の取扱いを会計基準で定めている。

　従来「会計方針」は,「財務諸表作成のために採用している会計処理の原則及び手続並びに表示方法[3]」と定義されていた。「基準」の導入により,「会計方針」は「財務諸表の作成にあたって採用した会計処理の原則及び手続き[4]」と再定義され,「会計方針」に包含されていた「表示方法」が別に定義された。

　「会計方針の変更」は,(1) 会計基準等の改正に伴う会計方針の変更と (2) (1) 以外の正当な理由による会計方針の変更に大別される。「会計方針の変更」に該当する場合は,「表示期間より前の期間に関する修正再表示による累積的影響額は, 表示する財務諸表のうち, 最も古い期間の期首の資産, 負債及び純資産の額に反映した上で, 表示する過去の各期間の財務諸表には, 当該各期間の影響額を反映する[5]」過去の財務諸表の遡及適用が求められる。

　一方,「表示方法の変更」については,「原則として表示する過去の財務諸表について, 新たな表示方法に従い財務諸表の組替えを行う。」ことが求められる。このように,「会計方針の変更」と「表示方法の変更」が発生した場合の対応が異なるため, 両者が別に定義されたと考えられる。

　会計上の見積りの変更に対しては,「当該変更が変更期間のみに影響する場合には, 当該変更期間に会計処理を行い, 当該変更が将来の期間にも影響する場合には, 将来にわたり会計処理を行う。」(「基準」17項) ことが求められる。

　「基準等」の適用前は, 過去の誤謬の訂正は, 実務一般では前期損益修正項目として処理されていた。「基準等」の適用により, 過去の財務諸表における

誤謬が発見された場合には、「表示期間より前の期間に関する修正再表示による累積的影響額は、表示する財務諸表のうち、最も古い期間の期首の資産、負債及び純資産の額に反映した上で、表示する過去の各期間の財務諸表には、当該各期間の影響額を反映する」方法で修正再表示することとなった。(「基準」21項)

図2　「基準等」で求められる会計上の変更に対する会計上の対応

事象		「基準等」導入後
会計上の変更	会計方針の変更	遡及適用
	表示方法の変更	財務諸表の組替え
	会計上の見積りの変更	将来に渡って損益の影響を認識する
過去の誤謬（会計上の過去の見積りが合理的な見積りに基づくものでなかった場合を含む）		修正再表示

続いて、「基準等」で求められる減価償却方法の変更を概説する。

2-1　減価償却方法の変更

「基準等」では、減価償却方法の変更について、「会計上の見積りの変更と区別することが困難な場合」として取扱っている。これは、実務上経済的便益の消費パターンに変動があったことを理由としている事例が多く見受けられることに配慮したものである。会計上の対応としては、減価償却方法の変更が実務上見積りの変更の要素を伴っている点を考慮し、将来に渡って変更の影響を損益に反映し、遡及適用は求めないこととした[6]。(「基準」62項)　加えて、「基準等」では従来同様会計方針の変更には正当な理由が求められている点に考慮し、次の3点の注記を求めている。

ⅰ　変更の内容（「基準」11項（1））
ⅱ　変更を行った正当な理由（「基準」11項（2））
ⅲ　変更の影響額（「基準」18項（2））

2-2 「耐用年数等」の変更ついて

「基準」では,「耐用年数等」の変更は,新しい情報を考慮,反映した結果行われる見積りの変更であると考えている。そのため,過去の財務諸表作成時において入手可能な情報に基づき最善の見積りを行った場合には,過去の見積りが誤っていたわけでは無いので,過去に遡って修正は行わず,将来に渡って見積りの変更の影響を損益項目として認識することとなる[7]。一方,過去の見積りが,計上時の見積り誤りに起因する場合には,過去の誤謬に該当するため,修正再表示を行うこととなる。

表3 「基準等」の「減価償却方法等の変更」

	取扱い		会計上要求される対応
減価償却方法の変更	会計上の見積りの変更と区別することが困難な場合としての取り扱い		遡及適用は行わず将来に渡って変更
耐用年数,残存価額の変更	最善の見積りを行った場合	会計上の見積りの変更	将来にわたり損益を認識する会計処理を行う(基準17項)
	過去の誤りに起因する場合	過去の誤謬	過去の誤謬に該当するため,修正再表示

以上のように,「基準等」における減価償却方法等の変更では,過去から将来に渡っての一貫した規則的な配分は重視せず,将来に渡って現在の固定資産の帳簿価額を配分し,損益を認識することを重視しているかのように思われる。そこで,次節では,「基準等」導入の際に参考にされた国際会計基準(IAS)第8号「会計方針,会計上の見積りの変更及び誤謬」(以下「IAS第8号」という。)及び財務会計基準書(SFAS)第154号「会計上の変更及び誤謬の訂正」(以下「SFAS第154号」という。)を扱い,「基準等」における「減価償却方法等の変更」に対する考え方の背景を検討する。

3. 国際会計基準及び米国会計基準における「減価償却方法等」の変更

本章では,「IAS第8号」「SFAS第154号」を扱い,これらの「減価償却方法等の変更」に対する会計上の対応を明確にし,考え方の背景を概説する。

3-1 国際会計基準での「減価償却方法等の変更」―IAS第8号を中心に

　国際会計基準では，減価償却方法の変更について，会計方針の変更として扱うか見積りの変更として取り扱うかについて明文の規定が無い。国際会計基準では，減価償却方法を，資産に具現化された将来の経済的便益の消費を反映する手法と位置付ける。そのため，減価償却方法の変更は，資産に具現化された将来の経済的便益の消費パターンの変化を反映するための変更として捉えられる。これは，IAS第8号5号で「将来の経済的便益が反映されたうえでの資産の帳簿価額の修正」と定義される会計上の見積りの変更の範疇に含まれると解釈できる。加えて，IAS第8号35項では，「会計上の見積りの変更と会計方針の変更との区別が困難な場合には，その変更は，会計上の見積りの変更として処理される。[8]」との記載がある。このように，減価償却方法の変更は，会計上の見積りの変更として処理されるべきと考えられる。

　会計上の見積りの変更として帳簿価額を修正した結果の損益については，「見積りの変更の影響は，影響が当期に及ぶ場合は当期に，将来に及ぶ場合には当期及び将来に渡り，純損益に含めて将来に向かって認識しなければならない。[9]」とされ，原則として将来に渡って損益が認識される。

　耐用年数等の変更は，IAS32号（d）に記載のとおり，会計上の見積りの変更として取り扱われる。上記の減価償却方法の変更と同様に，原則として将来に渡って損益が認識される。

3-2 米国会計基準での「減価償却方法等の変更」―SFAS第154号を中心に

　米国会計基準では，減価償却方法の変更を，会計方針の変更と会計上の見積りの変更と区分することが困難である一例として取り扱う[10]。SFAS第154号の定義でも減価償却方法の方法の変更を「会計方針の変更の影響による会計上の見積りの変更」として定義している[11]。

　会計上の見積りの変更は，資産や負債の現状の評価の結果行われる，あるいは，資産や負債に関連して予測される将来の便益及び義務の評価の結果行われるものであるとされ，誤謬の訂正とは区別される。

損益の認識についても，会計上の見積りの変更は，新しい情報や展開から生じるものであり，当期以降の期間で認識されるべきとされている[12]。特に，減価償却方法の変更に関する損益の影響は，米国会計基準で，将来期間に渡って認識されるべきものと明文化されている[13]。

「耐用年数等」の変更は，会計上の見積りの変更として取り扱われる。上記の減価償却方法の変更と同様に，原則として当期以降の期間で損益が認識される。又，米国会計基準上，過去の誤りが発見された場合には，過去の財務諸表の再発行が求められている[14]。

表4　各基準における減価償却方法等の変更の比較

	「基準等」	国際会計基準	米国会計基準
減価償却方法の変更	遡及適用は行わず将来に渡って変更	原則，将来に渡って影響を反映	将来に渡って影響を反映　過去の誤りは，財務諸表の再発行
耐用年数等の変更	最善の見積りを行った場合は，将来に渡って変更　計上時の見積り誤りの場合は，修正再表示	原則，将来に渡って影響を反映　見積りの誤りについては，過去の誤謬の訂正	将来に渡って影響を反映　過去の誤りは，財務諸表の再発行

3-3　国際会計基準及び米国会計基準の「基準等」への影響

「基準等」では，減価償却方法の変更について，会計上の見積りの変更と区別することが困難な場合として取扱う。これは，減価償却方法の変更の理由として，固定資産の経済的便益の消費パターンに変動があったことを理由に挙げている事例が多く見受けられることから，減価償却方法の変更が見積りの変更の要素を伴っている点に注目したものである。この考え方は，減価償却方法の変更を，資産に具現化された将来の経済的便益の消費パターンの変化を反映するための変更と位置づける国際会計基準の考え方に類似している。また，「基準等」の減価償却方法の変更を見積りと区別することが困難とし，明文化している点は米国会計基準と同様である。一方で，耐用年数等の変更については，見積りの変更として取り扱い，変更の影響を将来に渡って認識することとなる。これは，国際会計基準及び米国会計基準でも同様である。

以上のように，「基準等」の「減価償却方法等の変更」の考え方は，国際会計基準および米国会計基準の影響を強く受けているといえる。

4. 数値による固定資産概念変化の検討

表5 「基準等」適用前と適用後の減価償却方法等の変更の比較

	「基準等」適用前	「基準等」適用後
減価償却方法の変更	前期損益修正損益として処理	遡及適用は行わず将来に渡って変更
耐用年数等の変更	将来の期間に渡って変更 外的事情により，著しく減価した場合は，臨時償却	最善の見積りを行った場合は，将来に渡って変更 計上時の見積り誤りの場合は，修正再表示

前節まで検討したように，「基準等」では，減価償却方法の変更を資産に具現化された将来の経済的価値の消費パターンの変更を反映する方法として捉えている。又，耐用年数等の変更についても見積りととらえ，変更の影響は将来に渡って認識する。以下では，「基準等」適用前と「基準等」適用後のそれぞれについて「減価償却方法等の変更」を行った場合の数値例を検討することにより，減価償却概念の変化について考察する。

> 例1　減価償却方法の変更
> 　A社が設立1期目に取得した固定資産の取得価額は600，耐用年数は5年，残存価額0である。当初は定率法が適切であると考えられたため，定率法に従い会計処理を実施していた。3期目に発生した環境の変化により，経済的価値の消費パターンが変わり，当初見込んでいた定率法では無く，定額法による償却の方がより実態を表すと考えられる状況となった。3期目より，会計方針を定率法から定額法に変更した。
> 　※取得年度は平成24年4月1日以前とし，250％定率法を前提とする。

1-ⅰ　「基準等」適用後の減価償却方法の変更に関する仕訳
　考え方　1年目，2年目　1/5×250％＝50％の償却率で償却を実施

3年目以降　　1/3 ≒ 33%の定額法で償却を実施
第1期の仕訳　減価償却費　300/ 減価償却累計額　300　※　600×50%
第2期の仕訳　減価償却費　150/ 減価償却累計額　150　※（600－300）×50%
第3期の仕訳　減価償却費　 50/ 減価償却累計額　 50　※（600－300－150）×1/3
第4期の仕訳　減価償却費　 50/ 減価償却累計額　 50　※（600－300－150）×1/3
第5期の仕訳　減価償却費　 50/ 減価償却累計額　 50　※（600－300－150）×1/3

「基準等」適用後貸借対照表及び損益計算書に計上される勘定科目金額のまとめ

	第1期	第2期	第3期	第4期	第5期
減価償却費	300	150	50	50	50
減価償却累計額	300	450	500	550	600
期末固定資産金額（純額）	300	150	100	50	0

1 - ii 「基準等」適用前の減価償却方法の変更に関する仕訳

考え方　1年目2年目　1/5×250% = 50%の償却率で償却を実施

3年目以降　1/5 = 20%の定額法で当初から減価償却をしていたものとして償却を実施。第1期の過償却分は前期損益修正益として3年目に計上

第1期の仕訳　減価償却費　300/ 減価償却累計額　300　※600×50%
第2期の仕訳　減価償却費　150/ 減価償却累計額　150　※（600－300）×50%
第3期の仕訳　減価償却費　120/ 減価償却累計額　120　※600×20%
第3期の仕訳②　第2期までの償却費の前期損益修正損益
　　　　減価償却費累計額　210/ 前期損益修正益　210　※（300＋150）－（120×2）
第4期の仕訳　減価償却費　120/ 減価償却累計額　120　※600×20%
第5期の仕訳　減価償却費　120/ 減価償却累計額　120　※600×20%

「基準等」適用前貸借対照表及び損益計算書に計上される減価償却関連の勘定科目金額のまとめ

	第1期	第2期	第3期	第4期	第5期
減価償却費	300	150	120	120	120
前期損益修正益	0	0	210	0	0
減価償却累計額	300	450	360	480	600
期末固定資産金額（純額）	300	150	240	120	0

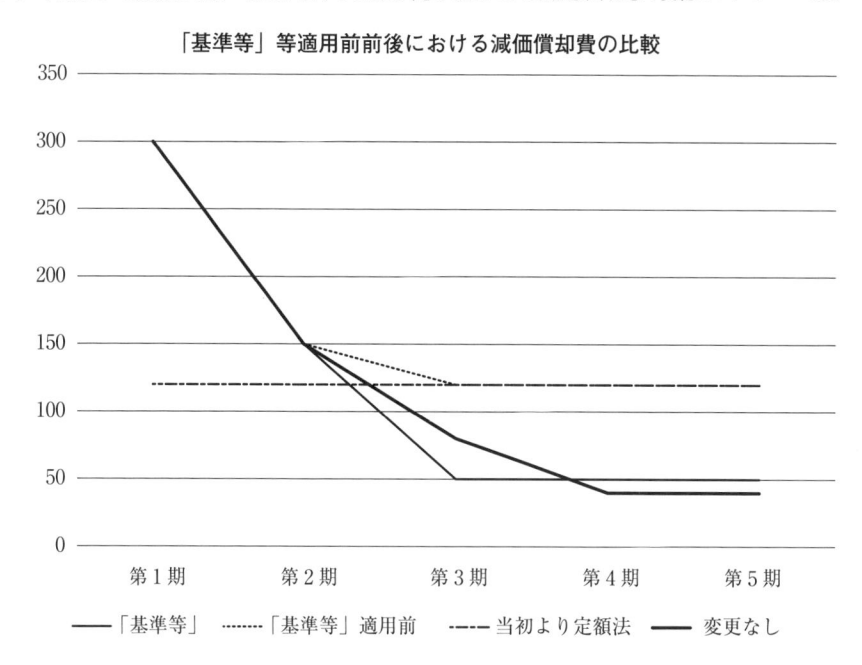

第9章 「会計上の変更及び誤謬の訂正に関する会計基準」等導入による減価償却概念の変化について　　*139*

「基準等」等適用前前後における減価償却費の比較

凡例：―― 「基準等」　……… 「基準等」適用前　―――― 当初より定額法　━━ 変更なし

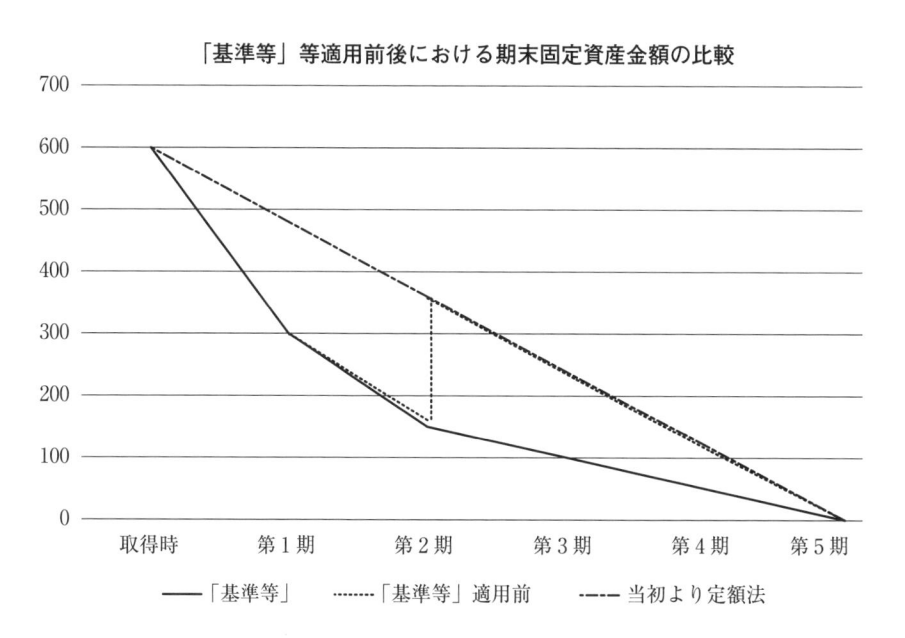

「基準等」等適用前後における期末固定資産金額の比較

凡例：―― 「基準等」　……… 「基準等」適用前　―――― 当初より定額法

「基準等」適用前では，減価償却方法の変更を行った場合，変更時点以降は当初より定額法を採用していた金額と同額の減価償却額が計上されることとなる。一方で，「基準等」では，減価償却方法の変更を行った場合，経済的便益の消費パターンに合わせて，第3期以降の償却額は，第2期末時点で引き継いだ簿価を定額法に基づき将来に渡って配分していくことになる。

　「基準等」適用前は，取得時点から一定の仮定に基づき一貫して償却費を計算することが求められていた。「基準等」の適用後も，減価償却方法として一般に公正妥当と認められている減価償却方法を選択しなくてはならない等一定の制約はあるものの，各期末時点で固定資産の経済的便益の消費パターンをより良く反映する方法を選択する事が認められ，以前に比して各社が自由に減価償却費を計算できるようになった。具体的に実務に照らし例1を見てみる。

　実務では通常，定額法，定率法の減価償却方法が使用されることが多いが，各手法を採用してから毎期末に減価償却方法変更の機会があると考えられる。定額法と定率法の間での変更に限って耐用年数が5年であったとしても，2×5で10通りの経済的便益の消費パターンに応じた選択肢が存在していることになる。このように，従来重視されてきた固定資産の取得時点からの償却計算の一貫性という特徴が重視されなくなって来たと考えられる。加えて「基準等」適用後減価償却方法が定額法，定率法，級数法，生産高比例法に限定的であったことにより担保されてきた，企業間比較可能性の担保機能が弱まり，企業各社毎の減価償却計算を重視するようになったのであるとも評価できる。

　固定資産金額の観点からは，減価償却方法の見直しがあった第3期以降を考える。「基準等」適用後の金額は，取得時点の支出金額から，期末時点までの経済的便益の消費の合計金額を控除した経済的便益の配分残余といえる。この点，過去からの資産価額の継続性は保たれている。

　一方，「基準等」適用前は，臨時償却が実施される年には，前年とは全く関係のない取得当時から一定の仮定に基づいて償却計算を続けた場合の残高が計上される。この処理は，過去からの資産価額の継続性より，償却計算の過去からの処理の一貫性を重視しているとも評価できる。

例2　耐用年数の変更

A社が設立1期目に取得した固定資産の取得価額は600,耐用年数は6年,残存価額0である。定額法が適切であると考えられたため,定額法に従い会計処理を実施していた。2期目に発生した環境の変化により,機能的な陳腐化が著しく当初見込んでいた耐用年数6年を3年に変更して処理することとした。

※当該事象は,減価償却計画の設定に当たって予見することのできなかった新技術の発明等の外的事情により,固定資産が機能的に著しく減価した場合に該当するものとする。

1-ⅰ　「基準等」適用後の耐用年数の変更に関する仕訳

考え方　1年目　　　1/6の定額法で償却を実施

　　　　2年目以降　5/12の定額法で償却を実施

第1期の仕訳　減価償却費　100/ 減価償却累計額　100　※600×1/6
第2期の仕訳　減価償却費　250/ 減価償却累計額　250　※600×5/12
第2期の仕訳　減価償却費　250/ 減価償却累計額　250　※600×5/12

「基準等」適用後貸借対照表及び損益計算書に計上される減価償却関連の勘定科目金額のまとめ

	第1期	第2期	第3期
減価償却費	100	250	250
減価償却累計額	100	350	600
期末固定資産金額（純額）	500	250	0

1-ⅱ　「基準等」適用前の減価償却方法の変更に関する仕訳

考え方　1年目　　　1/6≒16%の償却率で償却を実施

　　　　2年目以降　1/3＝33%の定額法で当初から減価償却をしていたものとして償却。第1期の償却不足分は前期損益修正損第2期に計上

第1期の仕訳　減価償却費　100/ 減価償却累計額　100　　※600×1/6
第2期の仕訳　減価償却費　200/ 減価償却累計額　200　　※600×1/3
第2期の仕訳②　第2期までの償却費の前期損益修正損益
　　　　　　　前期損益修正損　100/ 減価償却累計額　100　　※200-100
第3期の仕訳　減価償却費　200/ 減価償却累計額　200　　※600×1/3

貸借対照表及び損益計算書に計上される減価償却関連の勘定科目金額のまとめ

	第1期	第2期	第3期
減価償却費	100	200	200
前期損益修正損	0	100	0
減価償却累計額	100	400	600
期末固定資産金額（純額）	500	200	0

「基準等」適用前後における減価償却費の比較

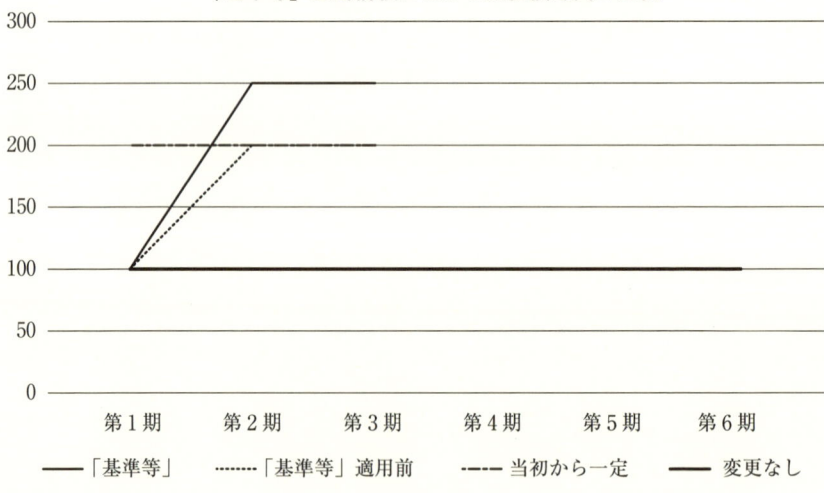

―― 「基準等」　　……… 「基準等」適用前　　---- 当初から一定　　―― 変更なし

「基準等」適用前後における期末固定資産金額との比較

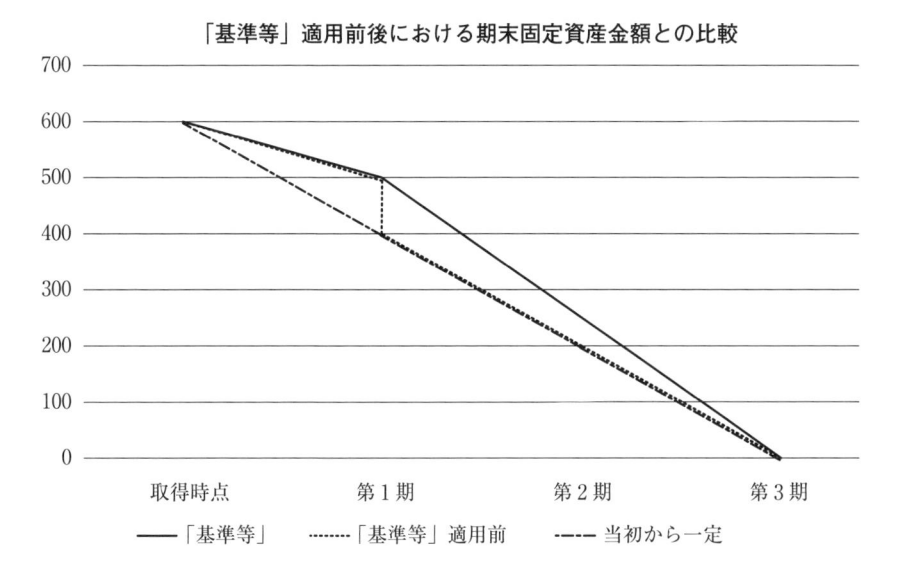

「基準等」適用前では，減価償却方法の変更を行った場合，変更時点以降当初より3年の耐用年数を採用していた金額と同額の減価償却額が計上されることとなる。一方で，「基準等」では，減価償却方法の変更を行った場合，第2期末時点で引き継いだ簿価を2期間で配分していく処理を行うことになる。この点に対する考察は，減価償却方法の変更と同様になろう。

一方，資産金額の観点からは，「基準等」では，耐用年数の短縮が行われた第2期以降での固定資産価額が，過去より継続的に短縮した耐用年数で償却した場合よりも高くなる。この点，耐用年数が短縮されたことの原因となった機能的減価の影響を十分に反映できていないのではないかという指摘も考えられる。この点について「基準等」では，機能的減価に対しては減損の対象としての評価を受けることで十分に対応していると整理している[15]。減損会計における会計基準では，将来の収益性を勘案した時価を下回る場合に評価減が行われる。以上，「基準等」では固定資産の評価が収益性をもとにした時価以下である限りにおいて，当初の支出額から期末時点までの経済的便益の消費額の合計を控除した経済的便益の配分残余が過去からの継続性を保ち計上される。

本章のまとめ

　本章では様々な観点から「基準等」導入に伴う固定資産の減価償却概念の変化について検討した。

　減価償却方法の変更に対する会計処理の観点からは，従来，過去からの一貫した処理が求められ前期損益修正として処理されてきた。これが2節で検討したように「基準等」の導入により，見積りの変更と区別が困難な場合として，将来に渡って変更の損益を反映することとなった。

　減価償却の目的の観点からは，従来，「固定資産の適正な原価配分を行うことにより，損益計算を適正ならしめる」ことが目的とされていた。これが3節で検討したように，国際会計基準および米国会計基準の影響を受け固定資産の減価償却方法が，「資産に具現化された将来の経済的便益の消費を反映する」ことが目的として捉えられるようになった。

　「基準等」適用前と適用後の数値例を検証し，減価償却概念に具体的にどのような変化があったかを考察した。従来は，固定資産の減価償却方法を一般に公正妥当と認められる方法に限定し，過去からの償却計算の一貫性を求めることにより，企業間比較可能性を重視してきた。「基準等」の適用後は，企業は時末時点で最善の減価償却方法及び「耐用年数等」を選択できるようになった。これにより企業各社が固定資産に具現化された経済的価値の消費状況をより実態に促して表現できるようになった。

　本章では，主に減価償却概念の変化について焦点を当てたが，減価償却の計算を実施した結果計上される資産金額についても考察が得られた。従来，減価償却累計額控除後の資産金額は，取得当時から一定の仮定に基づいて，償却計算を続けたと仮定した結果の残高が計上されていた。「基準等」では，将来の収益性を勘案した時価を超えない範囲で，当初の支出額から期末時点までの経済的便益の消費額の合計を控除した経済的便益の配分残余が過去からの継続性を保ち計上される事を明らかにした。このように，「基準等」の導入は，固定

第9章 「会計上の変更及び誤謬の訂正に関する会計基準」等導入による減価償却概念の変化について　　*145*

資産として計上される資産金額に対する考え方にも影響を及ぼしていると考えられる。この点については，今後の研究テーマとしたい。

注

1　企業会計原則注解（注1-2）参照
2　連続意見書第3第一.三　参照
3　監査委員会報告第78号1　参照
4　「基準」4項（1）
5　「基準」7項
6　「基準」62項参照
7　当期中における状況の変化により会計上の見積りの変更を行ったときの差額，又は実績が確定したときの見積金額との差額が，その変更のあった期，又は実績が確定した期に，損益項目として認識する
8　When it is difficult to distinguish a change in an accounting policy from a change in an accounting estimate, the change is treated as a change in an accounting estimate. [Paragraph35,IAS 8]
9　The effect of a change in an accounting estimate shall be recognised prospectively by including it in profit or loss in: [Paragraph36,IAS 8]
10　Distinguishing between a change in an accounting principle and a change in an accounting estimate is sometimes difficult. In some cases, a change in accounting estimate is effected by a change in accounting principle. One example of this type of change is a change in method of depreciation, amortization, or depletion for long-lived, nonfinancial assets（hereinafter referred to as depreciation method）. [Paragraph20, FAS154]
11　The following terms are defined as used in this Statement:　e. Change in accounting estimate effected by a change in accounting principle―a change in accounting estimate that is inseparable from the effect of a related change in accounting principle. [Paragraph2,FAS154]
12　A change in accounting estimate shall be accounted for in（a）the period of change if the change affects that period only or（b）the period of change and future periods if the change affects both. A change in accounting estimate shall not be accounted for by restating or retrospectively adjusting amounts reported in financial statements of prior periods or by reporting pro forma amounts for prior periods. [Paragraph19,FAS154]
13　この米国会計基準の考え方は国際会計基準IAS8号の公開草案の考え方を参考にしている。[ParagraphB3,FAS154] 参照

14 Any error in the financial statements of a prior period discovered subsequent to their issuance shall be reported as a prior-period adjustment by restating the priorperiod financial statements. Restatement requires that... [Paragraph25,FAS154]

15 「耐用年数の短縮に収益性の低下を伴うことが多く,減損処理の中で両方の影響を含めて処理できるという指摘もある」「基準」57項参照

【参考文献】

石山 宏 [2010]「『会計上の変更及び誤謬の訂正に関する会計基準』にかかる論点−会計上の見積りの変更を中心として−」『産業經理』第70巻第2号, 2010年7月

石山 宏 『「会計上の変更及び誤謬の訂正に関する会計基準」における勘定科目』菊谷部会最終報告書第20章

企業会計基準委員会 [2009] 企業会計基準第24号「会計上の変更及び誤謬の訂正に関する会計基準」

企業会計基準委員会 [2009] 企業会計基準適用指針第24号会計上の変更及び誤謬の訂正に関する会計基準の適用指針

(木村　将之)

第10章　フロー利益観・ストック利益観と負債の処理
　　　　　―米国会計三学説に依拠して―

1. は　じ　め　に

　一橋大学名誉教授・新田忠誓先生は，負債の見方には「資金の流入源泉いわば収入とみる見方」(新田 [1996] p.7) と,「負債を将来の支出額（"出"）で評価」(新田 [1996] p.7) し,「支出（マイナス）とみる見方」(新田 [1996] p.7) が存在することを指摘され,「利益の中身を検討するには貸方と借方の両者の中身を吟味しなければならない」(新田 [1996] p.2) との視点を提供されている。

　他方，FASBは，次の二つの利益観が存在することを指摘している。すなわち,「一般的に，利益は，次のいずれかの方法で測定される。つまり,(1)一会計期間（二時点間）における企業の純資産あるいは資本の増減額，もしくは,(2)一会計期間における企業の収益と費用の差額である。」(FASB [1976] par.30) と。つまり，FASBによると，利益観は,(1)に示されるように純資産あるいは資本といったストック項目に着目する利益観（ストック利益観）と,(2)に示されるように収益および費用といったフロー項目に着目する利益観（フロー利益観）に類型化される。

　本章では，こうした視点・指摘に従い，米国において公表された三つの著名な学説における利益概念を負債の見方に着目して分析し，利益観と負債の会計処理との関係を検討する。対象とする会計学説は，Paton and Littleton著の *An Introduction to Corporate Accounting Standards*，Edwards and Bell著の

The Theory ant Measurement of Business Income およびSterling著の *Toward a Science of Accounting* である。これらの学説は，それぞれ，原価主義会計，購入時価主義会計，売却時価主義会計を米国において提唱したものとして有名であり，多くの先達によって利益概念の分析・検討が行われてきた。しかし，筆者の知る限り，これらの学説における利益概念を負債の見方に着目して分析する先行研究は存在していない。

2. 米国会計三学説における利益概念

2-1 Paton and Littleton学説における利益概念

　Paton and Littleton学説では，企業をいかに捉えるかという観点から利益概念が導き出されている。彼らによると，企業は次のように捉えられる。すなわち，「大企業の場合，特にそうであるが，出資者が唯一の利害関係者だというわけではない。大企業は準公共的な制度であり，大規模な企業の活動を通じた社会的協力を目的とする機構である。企業は，しばしば異なった集団権を持つ多数の異なる個人から資本を集めているため，投資家から構成される公衆に対する義務を負っている。様々な契約に基づいて，大勢の人々を雇用するため，企業は賃金労働者から構成される公衆に対する義務を負っている。幅広い顧客に対する財・サービスを提供するため，企業は消費者から構成される価格意識の高い公衆に対する義務を負っている。多額の税を納めるため，企業は政府および政府活動から便益をうける市民から構成される公衆に対する義務を負っている。」(p.2) と。企業をこのように捉えるからこそ，「企業の勘定および計算書が，所有者，パートナー，投資家あるいはその他の団体や関係グループのものというよりはむしろ，企業それ自体のものであるということは自明になりつつある。」(p.8) と，彼らは企業会計において企業の立場を重視する。

　企業の立場を重視する場合，損益もまた，企業の立場から測定される。Paton and Littletonにとって，損益とは「(努力としての) 費用 (costs) と (成果としての) 収益との差額」(p.16) であって，「損益は企業資産の変動額であ

り，所有者に帰属する資産や株主に帰属する資産の変動額ではない。それゆえ，会計理論が説明すべき収益と費用の概念は，企業資産の変動額という意味における概念であって，所有主あるいは株主持分の増減額という意味における概念ではない。」(p.9) と説明される。つまり，この損益は，「所有主あるいは株主持分の増減額」といったストック項目に着目して測定されるものではなく，企業資産を変動させる収益と費用というフロー項目に着目して測定されるものである。したがって，本学説における利益概念は，フロー利益観に分類される。

Paton and Littletonは企業を，社会から資金を集め，この資金を利用して社会的協力を行うものと捉えていた。このような企業の会計においては，どれだけの資金を社会から集め，この資金をいかに効率的に活用したかが関心事となろう。この効率性を測定するには，企業が集めた資金の投下額（costとしての費用）から，どれだけのリターン（収益）が得られたかを示さなければならない。それゆえ，彼らは収益と費用というフロー項目に着目する利益概念を提唱する。

2-2 Edwards and Bell学説における利益概念

Edwards and Bell学説は，経済的所得概念を理論の出発点としており，これについて，彼らはHicksの定義を引用しながら次のように説明する。すなわち，「最も広範にこの分野で活躍する経済学者の共感を受けている所得概念は，次のものである。"…ある人の所得は，彼がその週の間に消費することができ，しかも週末において週初と同じ裕福さを維持できると期待できるものである。"（この定義はHicks [1946] のp.176から引用されている—注，引用者）この意味における所得は，いかなる個人についても，その期待する収入の性質や源泉に関係なく，適用しうる福祉（welfare）概念である。」(p.24) と。

彼らは，この個人の所得概念を応用し，企業の利益概念を次のように導き出す。すなわち，「（企業の—注，引用者）利益は，期末における企業の純資産によって稼得するであろうと経営者が期待する正味の収入額の割引現在価値を合

計し,この主観価値から期首において同様に計算した価値を差引くことで測定される。多くの経済学者が会計の理想的なゴールであるべきと考えたのは,この主観価値の事後的な差額である。」(pp.24-25) と。

しかし,期末時点で期待される正味の将来キャッシュ・インフローの割引現在価値と期首時点で期待される正味の将来キャッシュ・インフローの割引現在価値との差額(資本取引を除く)としての企業の利益概念には,「主観的であるという定義により,この(利益―注,引用者)概念は客観的に測定され得ない」(p.25) という欠陥がある。Edwards and Bellは,この欠陥に対して「おそらく企業資産の市場価値の変動だけが(期待される正味の将来キャッシュ・インフローの割引現在価値の変動額の―注,引用者)最良の近似値となる」(p.25) という見解を論拠として,損益計算を図1のように定式化する(ただし,配当および株主による新たな資本拠出がないことを仮定している)。

図1 Edwards and Bell学説における損益計算

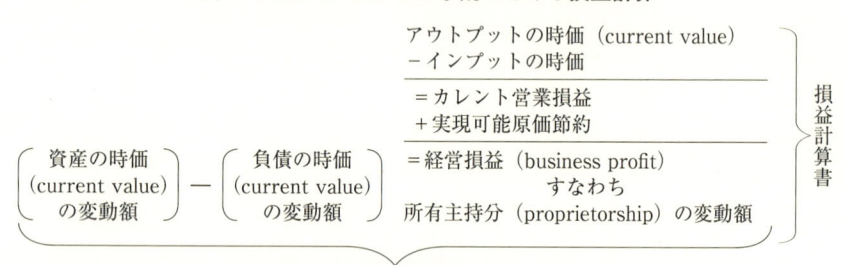

(出所:Edwards and Bell [1961] p.120)

図1が示すように,Edwards and Bell学説において,損益(経営損益)は,配当および株主による新たな資本拠出がないことを仮定すると,一会計期間における資産の時価(カレント・コスト)の変動額と負債の時価(カレント・コスト)の変動額との差額,すなわちカレント・コストで評価した純資産というストック項目の二時点間における変動額として計算される。したがって,本学説における利益概念は,ストック利益観に分類される。

Edwards and Bellは，企業を個人の延長線上に捉えていた。このような企業の会計においては，個人の関心が"裕福さ"の増減額にあったのと同様に，企業の"裕福さ"がどれだけ増減したかが関心事となろう。この増減額を測定するには，一会計期間において，企業の正味の将来キャッシュ・インフローの割引現在価値がどれだけ変動したかを示さなければならない。この近似値となる損益を示すために，彼らは，カレント・コストが将来キャッシュ・フローの割引現在価値のサロゲイトとなるとの見解を論拠として，カレント・コストで評価した純資産というストック項目の変動額に着目する利益概念を提唱する。

2-3 Sterling [1979] における利益概念

「所得（利益）について，誰もが認める定義は，個人の場合には消費，企業の場合には出資を調整した後の二時点間における富（wealth）の差額である」(p.191) と述べるように，彼もまた企業の利益を個人の所得を応用したものと捉えている。ただし，Edwards and Bellが企業の正味の将来キャッシュ・インフローの割引現在価値を"裕福さ"と捉えていたのに対して，Sterlingは"富"について異なる見解を示している。

Sterling学説における利益測定の基礎となる"富"は，彼の企業の捉え方に依存している。企業について，彼は「企業，少なくとも会社形態を採る企業は，擬制人（fictitious person）であることが知られている。」(pp.155-156) と述べ，他方で「オーナーは自然人（real person）であり，消費者である」(p.156) と説明する。企業が架空の存在に過ぎず，消費者としてのオーナーだけが実在するのであれば，利益測定の基礎となる富はオーナーにとって有用なものであってはじめて意味を持つ。そして，Sterlingは「オーナーは，（企業の—注，引用者）棚卸資産を購入することができる能力よりも，パンや肉を購入することができる能力に興味を持つ」(p.152) ことから，富と利益を測定する尺度について，次のように論じる。すなわち，「最も有用な尺度は貨幣なのである。貨幣的測定値は，オーナーが様々な財を支配する能力をより良く反映するため，オーナーは企業を物的に測定することよりも貨幣的に測定することを好

む。こう考えると，オーナーは企業の物的生産能力の測定値よりも，企業の貨幣額での測定値に優先順位を与えることになろう。なぜならば，貨幣による測定値の方が多様な財に対する支配力（command over goods）を一層よく反映するからである。」(p.156) と。この「財に対する支配力」を最もよく表すとSterlingが考えるのが，売却時価としての即時市場売却価格である。なぜならば，「出口価値（即時市場売却価格—注，引用者）による評価額は，保有する資産が支配し得る現金の現在の在高を示す」(p.107) からである。

このように，Sterling学説では，二時点間における"富"の差額を企業の利益と捉え，利益測定の基礎となる富は売却時価で測定される。したがって，期首をt時点，期末を$t+1$時点とするT期間における企業fの純利益（Y_{fT}）は，企業fの$t+1$時点における資産の売却時価総額（$A_{ft}+1$）と企業fのt時点における資産の売却時価総額（A_{ft}）との差額に企業fのT期間における投資および投資の引上げ額（I_{fT}）を調整した次の数式により算出される (p.192)。

$$A_{ft+1} - A_{ft} - I_{fT} = Y_{fT}$$

なお，この数式は，議論を単純化するために負債がゼロであることを仮定している (p.159)。Sterlingは，負債を「負の資産」，すなわち，「財に対する支配力の控除分」として捉えており (p.159)，負債を考慮に入れるのであれば，投資および投資の引上げ額が存在しないと仮定すると，売却時価で評価した資産と負債の差額（売却時価で評価した純資産）の二時点間における変動額として損益が計算される。この損益は，純資産というストック項目の変動額として測定されるものであるため，本学説における利益概念は，ストック利益観に分類される。

Sterlingは，企業自体は架空の存在に過ぎず，企業の背後にいる消費者としてのオーナーのみが実在すると捉えていた。このような企業においては，消費者としてのオーナーの富がどれだけ増減したかが関心事となろう。この富について，彼は，オーナーが保有し得る現金の在高と考え，これを示すのは，売却時価で評価した純資産であると考えた。それゆえ彼は，売却時価で評価した純資産というストック項目に着目する利益概念を提唱する。

3. 負債の見方と会計処理

3-1 Paton and Littleton学説における負債の見方と会計処理

Paton and Littletonによると，企業は，社会から資金を集め，この資金を利用して社会的協力を行うものと考えられる。このような企業にとって，株主と債権者は企業に対する資金提供者と捉えられ，株主と債権者からどれだけの資金を集めたかが関心事となる。なぜならば，株主と債権者から集めた資金が，損益の計算要素となるcostとしての費用の把握に必要となるからである。それゆえ，「一般的な結論としては，それぞれの投資家によって拠出された実際の金額に応じて，企業に拠出された資金が資本および負債勘定に貸記されるべきである」（p.42）と主張される。つまり，図2が示すように，Paton and Littleton学説において，負債は，資金の源泉であり，収入とみられる。

図2 Paton and Littleton学説における負債の見方

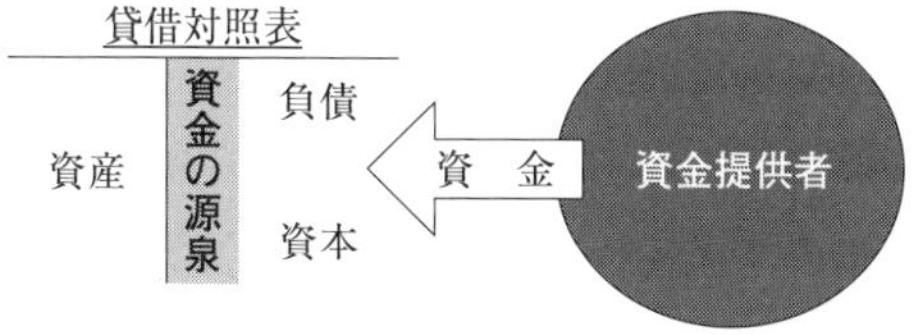

負債を収入とみるPaton and Littletonは，社債の会計処理について次のように論じている。すなわち，「ある投資家が，社債と引換えに，ある企業に＄874.94を拠出し，企業はこの社債について6カ月あたり＄20を20年間にわたって支払い，加えて社債発行日から起算して20年後に＄1,000を支払うと約束する。(―中略―)（社債権者の帳簿と―注，引用者）同様に，社債発行者の帳簿において，当初に受取った資産が社債権者の支払額で示されるべきである。したがって，この金額が正味の実質的負債として報告されるべきである。」（pp.38-39）と。さらに，「当初交換の直後に"取引"が実行され始める。この

場合，6カ月あたり＄20の"利息"が期間的に発生し，支払われ，同時に満期日が着実に近づき，また，それに対応して当初の正味の負債額が満期または"額面"金額に向かって増大する。その取引について暗黙裡に受け入れられた利率が半年あたり2.5％であると仮定すると，この率によって割引額を蓄積させていくことが理想的な会計処理である。」(p.39) と。

このように，社債を償却原価で評価する会計処理は，Paton and Littletonの負債の見方に整合する。これを説明するために，社債プレミアムに対する彼らの解釈を示す。彼らは「当初負債の測定値として取引価格に忠実であるには，企業の社債または手形に対して投資家によって支払われたプレミアムは，投資家の帳簿の資産の原価の一部であり，発行者の帳簿における負債の一部であると結論付けなければならない。契約が満期日に近づくにつれて，期間的な"利息"支払額から適切な部分を区分することで，負債のプレミアム部分が組織的に償却される。ここで注意することは，社債プレミアムを"繰延利益"と称するのは誤りである。ゴーイング・コンサーンの観点からは，プレミアムの未償却額は真の負債であり，期間的償却額は収益ではなく，過大評価された支払利息の調整額である。」(p.40) と論じている。負債を債権者からの収入額と見るからこそ，社債プレミアムが繰延利益ではなく，社債の一部となり，プレミアム分を含んだ償却原価が債権者からの実質収入額としての意味を持つ。このプレミアム部分は，社債利息（費用）を実質額へ調整し，社債の帳簿価額を実質収入額へと調整する過程において取り崩される。

このように，Paton and Littletonは，実質収入額で負債の当初認識を行い，実質収入額と額面金額に差がある場合には，これを社債利息の調整額として償却する会計処理を提案している。ここでは，社債利息の調整（費用の減少）と実質収入額の調整（社債の減少）が行われているに過ぎず，負債の減少によって収益が発生するわけではない。

3-2 Edwards and Bell学説における負債の見方と会計処理

Edwards and Bellによると，企業は個人の延長線上に捉えられ，企業の損

益は本質的には正味の将来キャッシュ・インフローの割引現在価値で測定される"裕福さ"の二時点間における増減額として計算される。それゆえ，負債は，プラスの将来キャッシュ・フローの割引現在価値としての資産に対するマイナス項目となる。つまり，図3が示すように，Edwards and Bell学説において，負債はマイナスの将来キャッシュ・フローの割引現在価値（DCF）であり，支出とみられる。

図3　Edwards and Bell［1961］における負債の見方

貸借対照表

プラスのDCF （資産）	マイナスのDCF （負債）
	正味のDCF＝富 （純資産）

　負債を支出とみるEdwards and Bellは，社債の会計処理について次のように説明している。すなわち，「企業が，額面金額＄600,000，年利4％，当期首までに3年半が経過した償還期限5年の社債を売却したとする（利息は半年ごとに支払われる。）。この社債の市場価額は，3年半は額面金額のままであったが，市場金利（企業が市場で評価された場合に適用される利子率―注，引用者）が期末までに5％に上昇するにしたがって，当期中にこの価額が下落し，当期末におけるクーポン支払後の時価は＄597,073となった。」（p.204）という仮定において，社債の時価が変動した時の仕訳を次のように示している。

　　（　社　債　）　　2,927　　（実現可能原価節約）　　2,927
　　　　　　　（出所：Edwards and Bell［1961］p.204）

　この仕訳に示される＄2,927という金額について，Edwards and Bellは，「＄2,927というのは，カレント・コストで借入れを行った場合の将来利子支払額が契約上の将来利子支払額を超過する部分の（市場金利で割引いた）現在価値の期中変動額である。」（p.206）と説明している。つまり，期中において市場金利が上昇（下落）することで，当該社債に係る将来キャッシュ・アウトフ

ローの割引現在価値が減少(増加)し,これによって企業の"裕福さ"は増加(減少)する。この価格変動を原因とする"裕福さ"の増加(減少)を捉えたものが,実現可能原価節約である。

このように,Edwards and Bell学説は,負債を将来支出の割引現在価値で当初認識を行い,この変動額を実現可能原価節約(損益)として認識する会計処理を提案している。

3-3 Sterling学説における負債の見方と会計処理

Sterlingによると,企業は架空の存在に過ぎず,企業の背後にいる消費者としてのオーナーのみが実在し,企業の損益は,測定日現在において企業のオーナーが保有し得る現金在高で測定される富(財に対する支配力:COG)の二時点間における増減額として計算される。それゆえ,負債は,オーナーが保有し得るプラスの現金在高としての資産に対するマイナス項目,すなわち,オーナーが保有し得る現金在高の控除項目となる。つまり,図4が示すように,Sterling学説において,負債は,測定日現在においてオーナーが保有し得る現金在高の控除項目であり,支出とみられる。

図4 Sterling[1979]における負債の見方

貸借対照表

プラスのCOG (資産)	マイナスのCOG (負債)
	COG=富 (純資産)

負債を支出と見るSterlingは,社債の会計処理について次のように説明している。すなわち,「t時点における負債は,その債務を履行するのに必要な金額で記録されるべきである。例えば,t時点において発行済み社債をその額面価額よりも低い金額で買入れることができるのであれば,当該負債を社債の市場価額で報告することになろう。他方,発行済社債をその市場価額より低い金額

で償還できるのであれば，当該負債を償還価額で報告することになろう。一般に，負債はその"履行価額（discharge value）"で報告されるべきであり，その報告方法についての根拠は，資産の出口価額（売却時価—注，引用者）の報告に関する議論とほぼ一致する。」(pp.159-160) と。

この引用における社債の履行価額とは，償還価額（あるいは額面価額）と市場価額のいずれか少ない金額を指している。これは，企業が負っている債務をある時点において履行する場合，その時点で保有し得る現金在高をなるべく減らさない意思決定が行われるはずであるという仮定を論拠としていると解釈できる。つまり，償還価額が市場価額よりも少額であれば，社債の償還を行う方が市場買入を行うよりも保有し得る現金在高の減少は少ない。同様に，市場価額が償還価額よりも少額であれば，社債の市場買入を行う方が償還を行うよりも保有し得る現金在高の減少は少ない。したがって，合理的な意思決定を前提とすると，償還価額と市場価額のいずれか少ない金額で債務が履行されるため，これらの内，いずれか少ない金額が履行価額となる。

これを敷衍すると，期中において履行価額が増加することで，オーナーが保有し得る現金在高は減少し，これによって企業の富は減少する。つまり，負債の履行価額の変動によってオーナーが保有し得る現金在高が変動し，損益が発生する。この変動を捉えたものが，負債の増価（appreciation）や負債の減価（depreciation）である (p.192)。

このように，Sterlingは，履行価額で負債の当初認識を行い，この変動額を増価（損失）または減価（利得）として認識する会計処理を提案している。

3-4　負債の評価に係る会計処理の比較

これまでの議論において，各学説における負債の会計処理が明らかになった。以下では各学説における負債の評価に係る会計処理の違いを，設例を用いて説明する。

設例：

　20X0年12月31日（期末日）において，社債（額面金額：＄1,000,000，クーポン利子率：4％，利払日：12月31日，発行期間：5年）を，＄980,000で発行し（契約上の実質利子率：4.45501％），全額が当座預金に払い込まれた。当該企業の市場金利が20X1年12月31日に6％，20X2年12月31日に2％に変動したとすると，この社債の市場価額は，理論上，20X1年12月31日に＄930,698，20X2年12月31日に＄1,057,678と変動する。なお，当該社債は上場社債であり，いずれの時点においても買入償還ができ，また，いずれの期末時点においても額面金額で強制償還ができる。この設例において，それぞれの学説において提案される社債の評価に係る会計処理を示すと次のようになる。

Paton and Littleton学説において提案される会計処理

20X0/12/31　（当座預金）　980,000　（社　債）　980,000
20X1/12/31　（社債利息）　3,659　（現　金）　3,659
　　　　　　―支払利息の調整―　　　　　―仮定された支出―
　　　　　　（現　金）　3,659　（社　債）　3,659
　　　　　　―仮定された支出―　　　　　―実質収入額の増加―
20X2/12/31　（社債利息）　3,822　（現　金）　3,822
　　　　　　―利息の調整―　　　　　　　―仮定された支出―
　　　　　　（現　金）　3,822　（社　債）　3,822
　　　　　　―仮定された支出―　　　　　―実質収入額の増加―

Edwards and Bell学説において提案される会計処理

20X0/12/31　（当座預金）　980,000　（社　債）　980,000
20X1/12/31　（社　債）　49,302　（実現可能原価節約）　49,302
　　　　　　―マイナスのDCFの減少―　　　―負債評価益―
20X2/12/31　（実現可能原価節約）　126,980　（社　債）　126,980
　　　　　　―負債評価損―　　　　　　　　―マイナスのDCFの減少―

Sterling学説において提案される会計処理

20X0/12/31　（　当　座　預　金　）　980,000　（　　　社　　　債　　　）　980,000
20X1/12/31　（　　　社　　　債　　　）　49,302　（　負　債　減　価　）　49,302
　　　　　　　　　　―マイナスのCOGの減少―　　　　　　　　　　　―負債評価益―
20X2/12/31　（　負　債　増　価　）　69,302　（　　　社　　　債　　　）　69,302
　　　　　　　　　　　―負債評価損―　　　　　　　　　　　―マイナスのCOGの減少―

　負債を収入とみるPaton and Littleton学説では，実質収入額を示す帳簿価額に契約上の実質利子率を乗じたものが，企業が支払うべき利息として認識される。既にクーポン利子率分の社債利息が期中取引として帳簿上認識されている場合，これに調整を加える必要がある。この調整額が，20X1/12/31における$3,659，20X2/12/31における$3,822である。本来であれば，20X1/12/31に$3,659，20X2/12/31に$3,822の利息が即座に社債権者に支払われるはずであるため，これらの支出が仮定される。しかし，現実にはこれらの支出は生じない。この現象は，社債権者が企業に資金を追加的に拠出した（債権者から収入があった）のと実質的に同じであるため，社債権者によって暗黙裡に拠出された追加的資金として，それぞれ同額の収入を仮定し，同時に社債の帳簿価額を増加させる。

　一方，負債を支出と見る学説では，負債の増減自体から損益が認識される。ただし，Edwards and Bell学説とSterling学説は，"裕福さ"もしくは"富"の捉え方が異なるため，負債の増減を認識するタイミングとその金額が異なる。前者はそれを正味の将来キャッシュ・インフローの割引現在価値と捉えるため，負債に関して言えば，将来キャッシュ・アウトフローの割引現在価値が変動した時点において，その変動分だけ損益が認識される。他方，後者はそれをその時点においてオーナーが保有し得る現金在高と捉えるため，負債に関して言えば，履行価額が変動した時点において，その変動分だけ損益が認識される。具体的には，正味の将来キャッシュ・アウトフローの割引現在価値は，20X1/12/31に$49,302だけ減少し，20X2/12/31に$126,980だけ増加するた

め，Edwards and Bell学説に基づく会計処理では，これらの金額だけ損益（実現可能原価節約）を認識する。一方，履行価額は，20X1/12/31に＄49,302だけ減少し，20X2/12/31に＄69,302だけ増加するため，Sterling学説に基づく会計処理では，これらの金額だけ損益（増価（損失）および減価（利得））が認識される。

4．結びに代えて
―利益観と負債の会計処理との関係―

これまでの議論により，Paton and Littleton学説，Edwards and Bell学説およびSterling学説における利益概念を負債の見方に着目して分析した結果が，次の表1である。

表1 負債の見方に着目した利益概念の分析結果

	負債の見方	負債の増減の影響
Paton and Littleton学説	収入	受けない
Edwards and Bell学説	支出	受ける
Sterling学説	支出	受ける

Paton and Littletonによると，社会から集めた資金利用の効率性を測定する目的で，収益と費用というフロー項目に着目した損益計算が行われる。つまり，過去に社会から集めた資金の投下額（costとしての費用）から，どれだけのリターン（収益）が得られたかを示すという観点から損益計算が行われる。ここで計算される利益には，負債の増減を原因とするものは含まれない。なぜならば，負債はcostとしての費用を測定する基礎となる過去の収入額であって，債権者からの収入額の増減のみによって負債が増減し，負債の増減は損益と結びつかないからである。したがって，負債を収入とみるPaton and Littleton学説における利益数値は，負債の増減の影響を受けない。

Edwards and Bellによると，企業の"裕福さ"の増減額を測定する目的で，

純資産というストック項目に着目した損益計算が行われる。つまり，企業の"裕福さ"を示す正味の将来キャッシュ・インフローの割引現在価値のサロゲイトとしてのカレント・コストで評価された純資産が，一会計期間にどれだけ変動したかを示すという観点から損益計算が行われる。ここで計算される利益には，負債の増減を原因とするものが含まれる。なぜならば，負債は，企業の"裕福さ"を減少させる将来キャッシュ・アウトフローの割引現在価値であるため，この変動に調和して企業の"裕福さ"も変動するからである。したがって，負債を支出とみるEdwards and Bell学説における利益数値は，負債の増減の影響を受ける。

　Sterlingによると，企業の"富"の増減額を測定する目的で，純資産というストック項目に着目した損益計算が行われる。つまり，企業の"富"を示す企業のオーナーが保有し得る現金の在高としての売却時価で評価された純資産が，一会計期間にどれだけ変動したかを示すという観点から損益計算が行われる。ここで計算される利益には，負債の増減を原因とするものが含まれる。なぜならば，負債は，企業の"富"を減少させる企業のオーナーが保有し得る現金の在高の控除分であるため，この変動に調和して企業の"富"も変動するからである。したがって，負債を支出とみるSterling学説における利益数値は，負債の増減の影響を受ける。

　以上の分析結果を踏まえ，利益観と負債の会計処理との関係に若干の考察を加えたい。Edwards and Bell学説とSterling学説に示されていたストック利益観は，資産を「企業の経済的資源」，負債を「資源を引渡す義務」と措定し，これらの差額としての「正味資源の増分の測定値」を利益と捉えるものである（FASB［1976］par.34）。それゆえ，「資産の増加および負債の減少」が「プラスの利益要素」となり，「資産の減少および負債の増加」を「マイナスの利益要素」となる（FASB［1976］par.34）。ここでは負債は資源を引渡す義務であって，支出（マイナス）と捉えられている。

　この利益観を採用することで，一見すると一般的感覚に合致しそうな企業の"裕福さ"や"富"の増加額としての利益が計算される。しかし，この利益観

を採用する場合,利益が負債の増減の影響を受けるという大きな問題がある。確かに,債務免除が行われる場合,企業の将来の支出が減少するため,利益が生じていると感じられるかもしれない。しかし,債務免除が行われる実際上の原因は,債務を負う企業の業績低迷による信用リスクの悪化であろう。つまり,企業の業績が低迷し,信用リスクが悪化したため,債権者が債務免除を行うと,ストック利益観では負債の減少に起因する利益が計上される。それだけではない。「正味資源」を,Edwards and BellやSterlingのように正味の将来キャッシュ・インフローや企業のオーナーが保有し得る現金の在高と捉え,負債の測定属性として将来キャッシュ・アウトフローの割引現在価値(または,そのサロゲイトとしてのカレント・コスト)や負債の履行価額を導入する場合,実際に債務免除が行われなくても,信用リスクが悪化した段階で企業の市場金利が上昇し,負債の減少による利益が計上される。果たして,このような損益計算は一般的感覚に適合するのであろうか。

他方,Paton and Littleton学説では,社会から集めた資金利用の効率性を測定する目的で,企業活動から得られたリターンとしての収益とcostとしての費用というフローに着目した損益計算が行われる。ここでは負債は,costとしての費用を測定する基礎として,社会から集めた資金を表す収入とみられる。それゆえ,この収入は実際の契約によって確定しているため,企業の信用リスクの悪化等の影響を受けて増減するものではないし,本学説における利益数値はフローに着目するため,そもそも負債の増減の影響を受けない。

このように,フロー利益観と負債を収入とみるPaton and Littleton学説においては,負債の増減を利益数値に影響させない損益計算論が展開されていることを確認できた。ただし,フロー利益観を採用しさえすれば,負債の増減の影響を受けない利益が計算できるとは限らない。この可能性を探るために,会計学説に示されるフロー利益観と負債の会計処理との関係の分析を積み上げていくことが今後の課題となろう。

【参考文献】
―本文で触れたもののみ掲げる―

新田忠誓［1996］「貸借対照表・貸方の見方―当期純利益と当期利益概念によせて―」『會計』第149巻第6号, 1-13頁。

Edwards, E.O. and P.W. Bell［1961］, *The Theory and Measurement of Business Income*, University of California Press（中西寅雄監修・伏見多美雄・藤森三男訳『意思決定と利潤計算』日本生産性本部）。

Financial Accounting Standards Board［1976］*Discussion Memorandum, An Analysis of Issue Related to Conceptual Framework for Financial Accounting and Reporting: Elements of Financial Statements and Their Measurement*, Stamford, CT: Financial Accounting Standards Board（津守常弘 訳『FASB 財務会計の概念フレームワーク』中央経済社）。

Hicks, J,R.［1946］, Value and Capital, 2nd ed., Clarendon Press（安井琢磨・熊谷尚夫訳『価値と資本』岩波文庫）。

Paton, W. A., and A. C. Littleton［1940］, *An Introduction to Corporate Accounting Standards*. American Accounting Association（中島省吾 訳『会社会計基準序説』森山書店）。

Sterling, R. R.［1979］Toward a Science of Accounting. Scholars Book Co.（塩原一郎 訳『科学的会計の理論』税務経理協会）。

(松下　真也)

第11章　我が国における連結のれんの会計処理について
―Moonitzの実体理論によせて―

1. は じ め に

　我が国における現在の連結基準は，平成25年9月13日に改正が行われた企業会計基準第22号『連結財務諸表に関する会計基準』（以下，『平成25年改正基準』）である[1]。この『平成25年改正基準』は，改正前の連結基準と同様，「親会社株主に係る成果とそれを生み出す原資に関する情報は投資家の意思決定に引き続き有用である」[2]とし，連結財務諸表の利用者として親会社株主を重視している[3]。但し，連結損益計算書の当期純利益は非支配株主に帰属する当期純利益を含んだものとなっており，『平成25年改正基準』における純利益概念は，経済的単一体説に従ったものいえる[4]。このように我が国における連結基準は親会社説に沿った目的を掲げつつも，経済的単一体説から導き出される会計処理の採用を進めており，連結財務諸表の目的から一貫した会計処理は行われていない。この点に関連し，特に連結のれんの会計処理においては，後述の通り，論理的な説明が難しいものとなっている。

　この『平成25年改正基準』の会計処理のベースとなっている経済的単一体説は，実体理論（entity theory）を敷衍したものといわれる[5]。実体理論は，Maurice Moonitzがその著書 *The Entity Theory of Consolidated Statement*[6] において提唱したものであり，「連結財務諸表の目的から論理的に，そして必然的な結論を導き出した」[7]として，また「実体説（実体理論―注，筆者）に基

づき連結会計論を展開し，個々の連結会計問題について首尾一貫した主張を行った」[8]として高く評価されている。

本章では，連結財務諸表の目的から一貫した会計処理が行われていない『平成25年改正基準』について，論理的に一貫性した会計処理を展開していると評価されるMoonitzの実体理論と比較することにより，『平成25年改正基準』の問題点とその解決の方向性を明らかにする。

2. 実体理論 (entity theory) の示す連結財務諸表とその会計処理

Moonitzは，実体理論において，連結財務諸表が備えるべき特性として，一体的営業[9] (integrated operations) と中央集権的支配[10] (centralized control) を挙げている。このうち，一体的営業に関して，Moonitzは「連結財務諸表は，関係集団を経済的にだけでなく法律的にも一体をなすものとみなして，その現状 (status) ならびに営業 (operations) を示すべきである」[11]と述べており，連結財務諸表の目的として企業集団の一体的営業を示すことを挙げている。また，中央集権的支配については，企業集団が一体的営業を行うために必要となる要件として位置づけられている[12]。

また連結財務諸表の利用者について，「連結財務諸表は，一義的には，支配会社の経営陣と株主 (management and stockholders of a dominant company) にとっての関心の対象となるもの」[13]として，支配会社の経営陣及び株主を想定している。

このように，実体理論においては，中央集権的支配を有する支配会社の経営陣及び株主の意思決定に資する情報を提供するという観点から，その企業集団の一体的営業を示すことを連結財務諸表の目的としている。

この連結財務諸表の目的から首尾一貫するように連結財務諸表の表示や会計処理について論じているが，なかでも連結貸借対照表における非支配株主持分[14]の表示，連結損益計算書における当期純利益の表示及び投資と資本の相殺消去については，支配会社の経営陣及び株主に対する一体的営業を示すにあた

第 11 章　我が国における連結のれんの会計処理について　　*167*

り重要な要素と考えられる。そのため，以下ではこれらの項目について論じる。

　連結貸借対照表の非支配株主持分の取扱いに関して，Moonitzは，「少数株主持分（minority interest）に割り当てられた金額の大きさが連結資本（consolidated capital）の中で果たす役割は，支配持分（controlling interest）の大きさが過大表示されるのを防ぐという点にあるのであり，少数株主に情報を提供するということではない」[15]と述べており，支配会社の経営陣及び株主に対する情報の提供という目的に沿って，非支配株主持分に関する会計処理を論じている。連結貸借対照表においても，上述の目的を達成するため，連結資本合計から非支配株主持分への割当額を控除することにより支配持分への割当額を計算している[16]。

　連結損益計算書の当期純利益の表示に関して，Moonitzは「表示されている連結資産・負債・純利益は集団全体に関するもの」[17]と述べている。すなわち，実体理論において，企業集団の一体的営業の成果として表示される当期純利益は，支配持分への割当額及び非支配株主持分への割当額の両方を含んだ企業集団全体に帰属する当期純利益となる。また，支配会社の経営陣及び株主に対する情報の提供という目的に沿って，当期純利益から非支配株主持分を控除し，当期純利益における支配持分（Controlling interest in consolidated net profit）を計算する表示としている。

　なお，連結財務諸表を構成する連結貸借対照表及び連結損益計算書の詳細な表示については，*The Entity Theory of Consolidated Statement*の中にて触れられていないため，当該論文の翌年にMoonitzによって書かれたMaurice Moonitz, Charles C. Staehling, *Accounting An Analysis of its Problems*, Volume I, II, Brooklyn The Foundation Press, Inc., 1952年を参考に，Moonitzの考える連結財務諸表を以下に示す。

連結貸借対照表 (Consolidated Balance Sheet)

現　　　金		20,000	
売　掛　金		74,000	
棚 卸 資 産		31,000	
建　　　物		100,000	
土　　　地		170,000	
連結のれん		20,000	
諸　資　産		10,000	
連結資産合計 (total consolidated assets)			425,000
買　掛　金		73,000	
社　　　債	110,000		
差引　P社保有分	30,000	80,000	
諸　負　債		30,000	
連結負債合計 (total consolidated liabilities)			183,000
連結資本合計 (total consolidated capital)			242,000
少数株主持分への割当額 (assignable to minority interest)			37,800
資　本　金		120,000	
利益剰余金		84,200	
支配持分への割当額 (assignable to contorlling interest)			204,200

連結損益計算書 (Statement of Consolidated Profit and Loss)

売上 (sales)			670,000
売上原価 (Cost of goods sold)			
期首棚卸高		22,000	
当期仕入高		530,000	
合計		552,000	
期末棚卸高		31,000	521,000
売上総利益 (Gross profit on sales)			149,000
販売費 (Selling expenses)		40,000	
一般管理費 (Administrative expenses)		80,000	120,000
営業純利益 (Net profit from operation)			29,000
その他収益 (Other Income)		7,100	
その他費用 (Other income)		18,100	11,000
連結純利益 (Consolidated net profit)			18,000
S社における外部持分 (Outside interest in Company S)			1,800
連結純利益における支配持分			16,200
(Controlling interest in consolidated net profit)			

　このように，連結貸借対照表における非支配株主持分の表示にあたっては，連結資本合計から非支配株主持分への割当額を控除して支配持分への割当額を

計算しており，支配会社の経営陣及び株主に対する情報の提供という目的に合致した表示となっている。また，連結損益計算書における当期純利益の表示にあたっても，企業集団の一体的営業の成果を当期純利益として表示した上で，非支配株主持分を控除し，支配持分に帰属する当期純利益を計算・表示している。

　投資と資本の相殺消去（elimination of intercompany sheareholdings）に関して，子会社の取得原価と，支配獲得日における子会社資本勘定のうち取得株式に対応する子会社の帳簿価額との間に金額の不一致がある場合に，Moonitzはその原因に関し，「子会社に記録されていないのれん（goodwill）があるためか，あるいは，子会社化された結果としてのれんを獲得したか，そのいずれかであろう」[18]と述べている。つまり当該差額を「継続企業（a going concern）としての子会社に付随する無形資産（intangible）」[19]，すなわち，のれんであるとしている。さらにMoonitzは，企業集団の一体的営業を示すという観点に照らして，「親会社はのれんを買ったのではなく，のれんを含めて子会社全体を支配できるだけの子会社持分を買入れた」[20]のであり，「子会社にはその帳簿価額以上の価値（worth）があると考えられるからこそ親会社はその価格を支払ったのであり，この価値が帳簿価額を超える額は親会社の投資の大きさが変化するにつれて増減するものではない」[21]として，支配持分の比率に関わらず，子会社に存在するのれん全体を計上することとしている。このように子会社に存在するのれん全体を計上するのは，「（親会社により―注，筆者）支払われた価格によって価値が創り出されるのではなく，価値はもともと存在している」[22]という考え方に基づいている。

　支配獲得日以降，追加取得もしくは一部売却等により，支配持分と非支配株主持分の比率に変化が生じる場合でも，実体理論では，支配獲得日において子会社に存在するのれん全体を計上しており，原則として「のれんの金額に変更を加える必要はおこらない」[23]。

　上記の投資と資本の相殺消去におけるのれんの会計処理について，以下では設例を用いてMoonitzの考える連結仕訳を示す。

設例 S社（諸資産100円，資本金100円）の支配獲得のため，P社が段階的にS社株式の取得を行う。なお，設例の単純化のため，S社諸資産の簿価と時価に差異はなく，N＋1期における損益はゼロ，N期とN＋1期における子会社の公正価値の変動は生じないものとする。また，設例の比較のため，簡便的な連結貸借対照表にて表示することとする。

貸借対照表（P社）

現 金 預 金	150	資 本 金	150

貸借対照表（S社）

諸 資 産	100	資 本 金	100

1.1　N期末において，P社がS社株式の80％を120円で取得した際の仕訳

（借）子 会 社 株 式　　120　　（貸）現 金 預 金　　120

1.2　上記取得に関する連結修正仕訳

（借）資　本　金　　100　　（貸）子 会 社 株 式　　120
　　　の　れ　ん　　 50[*1]　　　　 非支配株主持分　　 30[*2]

*1 のれん：S社の公正価値（120／80％）－S社純資産の簿価100＝50
*2 非支配株主持分：S社の公正価値（120／80％）－支配持分120＝30

連結貸借対照表

現 金 預 金	30	資 本 金	150
諸資産（S社）	100	非支配株主持分	30
の れ ん	50		
	180		180

2.1　N＋1期末において，P社がS社株式の10％を15円で追加取得した際の仕訳

（借）子 会 社 株 式　　15　　（貸）現 金 預 金　　15

2.2　上記追加取得に関する連結修正仕訳

（借）非支配株主持分　　　　　15*3　　（貸）子 会 社 株 式　　　　15

*3 追加取得持分：S社の公正価値150×追加取得割合10%

連結貸借対照表

現 金 預 金	15	資 本 金	150
諸資産（S社）	100	非支配株主持分	15
の れ ん	50		
	165		165

　上記の通り，実体理論においては，企業集団の一体的営業を表示するという観点から，支配持分と非支配株主持分を区別することなく，支配獲得日における子会社全体の公正価値と帳簿価額の差額を，継続企業として子会社に付随する無形資産（のれん）として計上する。また，支配獲得日に子会社全体に係るのれんを計上していることから，追加取得や一部売却等の持分変動が生じる場合でも，のれんの計上額に変動は生じない。

3.『平成25年改正基準』に基づく連結財務諸表とその会計処理

　『平成25年改正基準』では，連結財務諸表の目的に関し，「支配従属関係にある2つ以上の企業からなる集団（企業集団）を単一の組織体とみなして，親会社が当該企業集団の財政状態，経営成績及びキャッシュ・フローの状況を総合的に報告するために作成する」[24]としており，Moonitzと同様，連結財務諸表の作成にあたっては，企業集団を単一の組織体とみなして会計処理を行う。

　また，連結財務諸表における基本的な考え方について，平成25年改正以前は，親会社説による考え方を踏襲した取扱いを定めている旨が明記されていた[25]が，『平成25年改正基準』においては，親会社説に関する言及は削除されている。ただし，「親会社株主に係る成果とそれを生み出す原資に関する情報は投資家の意思決定に引き続き有用であると考えられる」[26]として，親会社株主に関する情報を重視する考え方を継続して採用している。

以下では，実体理論との比較のため，第2節において言及した項目（連結貸借対照表における非支配株主持分の表示，連結損益計算書における当期純利益の表示，投資と資本の相殺消去）について論じる。

　連結貸借対照表における非支配株主持分について，『平成25年改正基準』では，純資産の部において，非支配株主持分として株主資本と区分した項目として処理される[27]。このように『平成25年改正基準』においては，親会社株主に関する情報を重視する観点から，株主資本を親会社持分に限定しており，返済義務のある負債でもなく親会社株主に帰属するものでもない非支配株主持分は，株主資本と区別した上で純資産の部に表示する[28]。

　連結損益計算書の表示について，『平成25年改正基準』では，親会社株主に帰属する当期純利益に加え，非支配株主に帰属する当期純利益も含めた企業集団全体の利益を「当期純利益」として表示する[29]。これは企業集団を単一の組織体とみなす考え方と整合するものであると考えられる。

　また，我が国において広く支持されている2計算書方式においては[30]，当期純利益から非支配株主に帰属する当期純利益を控除し，親会社株主に帰属する当期純利益を計算する[31]。このように最終的に算定される計算目的としての利益は，親会社株主に帰属する当期純利益となっており，この点においては，親会社株主に係る成果を重視する考え方と整合するものと考えられる。

　投資と資本の相殺消去に関して，「親会社の子会社に対する投資とこれに対応する子会社の資本との相殺消去にあたり，差額が生じる場合には，当該差額をのれん（又は負ののれん）とする」[32]として，のれんはあくまで支配獲得日における投資と資本の相殺差額として，支配獲得日における親会社持分相当額に係るのれんが計上される[33]。

　支配獲得日以後，追加取得もしくは一部売却等により，親会社持分と非支配株主持分の割合に変化が生じた場合，非支配株主との取引によって生じた親会社の持分変動による差額，すなわち追加取得における追加取得持分と追加投資額との差額や一部売却における親会社持分の減少額と売却価額との差額は，資本剰余金として処理を行う[34]。その結果，のれんは，支配獲得日における親会

社の取得原価と子会社の資本のうち親会社持分相当額との差額で固定され，その後追加取得や一部売却等により持分割合に変動が生じた場合にも，のれんの追加計上や減額処理は行われない。

以下では，上記の投資と資本の相殺消去におけるのれんの会計処理について，第2節と同様の設例を用いて『平成25年改正基準』に基づく連結仕訳を示すこととする。

設例 上記参照。

1.1 N期末において，P社がS社株式の80％を120円で取得した際の仕訳

（借）子 会 社 株 式　　120　　（貸）現 金 預 金　　120

1.2 上記取得に関する連結修正仕訳

（借）資 本 金　　　　　100　　（貸）子 会 社 株 式　　120
　　　の れ ん　　　　　40[*1]　　　　非支配株主持分　　20[*2]

*1 のれん：子会社株式の取得原価120 − 子会社の純資産100 × 80％ = 40

*2 非支配株主持分：子会社の純資産100 × 非支配株主持分割合20％ = 20

連結貸借対照表

現 金 預 金	30	資 本 金	150
諸 資 産（S社）	100	非支配株主持分	20
の れ ん	40		
	170		170

2.1 N＋1期末において，P社がS社株式の10％を15円で追加取得した際の仕訳

（借）子 会 社 株 式　　15　　（貸）現 金 預 金　　15

2.2 上記追加取得に関する連結修正仕訳

（借）非支配株主持分　　10[*3]　　（貸）子 会 社 株 式　　15
　　　資 本 剰 余 金　　5[*4]

*3 追加取得持分：追加取得前非支配株主持分20 × 追加取得割合（10％／20％）= 10

*4 減額する資本剰余金：追加投資額15 − 追加取得持分10 = 5

連結貸借対照表

現 金 預 金	15	資 本 金	150
諸資産（S社）	100	資 本 剰 余 金	△5
の れ ん	40	非支配株主持分	10
	155		155

　上述の通り，『平成25年改正基準』においては，支配獲得日における親会社による投資額と子会社の親会社持分相当額の差額として，親会社持分相当額に係るのれんを計上する。またその後，追加取得や一部売却等の持分変動が生じた場合にも，のれんの計上額に変更は行わず，結果として，支配獲得日における親会社持分相当額に係るのれんが固定される。

　具体的には，上記設例においてN＋1期の親会社持分割合は90％となるにも関わらず，支配獲得日における親会社持分割合（80％）に基づき計算されたのれんが計上されることとなる。

　なお，この点に関連して，支配を獲得することが可能な持分割合にて一旦取得を行いその後目的の持分割合まで追加取得する等，子会社株式を一括で取得する代わりに段階的に取得することにより，のれんや連結資本の額を調整することできるという不条理が生じうる[35]。

4．実体理論との比較から導き出される我が国の連結のれんに関する会計処理の方向性

　第2節及び第3節において論じたように，実体理論及び『平成25年改正基準』における連結損益計算書は，いずれも企業集団全体の利益を当期純利益と捉えるとともに，親会社株主（支配持分）に有用な情報を表示するため，連結損益計算書のボトムラインを親会社株主に帰属する当期純利益としている。また，連結貸借対照表においても，親会社株主に対して有用な情報を提供することに重きを置く連結資本・純資産の部の表示となっている。このように，実体理論

及び『平成25年改正基準』は，企業集団を一体とみなした上で，親会社株主の意思決定に資する情報を提供するという観点に沿って連結損益計算書及び連結貸借対照表の表示を行っており，両者の志向する情報は近しいと考えられる。

これに対して，特に投資と資本の相殺消去におけるのれんの会計処理は，大きく異なったものとなっている。

『平成25年改正基準』においては，第3節において論じたとおり，支配獲得日における親会社による投資額と子会社の親会社持分相当額の差額として，親会社持分相当額に係るのれんを計上する。また，のれんはあくまで支配獲得日における投資と資本の相殺差額として扱われるため，支配獲得日以後，追加取得や一部売却等による持分変動が生じた場合でも，のれんの金額は変更せず，結果として親会社持分割合とは異なる割合ののれんが計上される。加えて，上述の通り，段階取得を通じてのれんや連結資本の額を調整することが可能となるという問題点を含んでいる。

一方，実体理論においては，第2節において論じたとおり，企業集団の一体的営業を表示するという連結財務諸表の目的に沿って，継続企業としての子会社に付随する無形資産全体をのれんとして計上する。また，支配獲得日において子会社に存在するのれん全体を計上するため，段階取得を通じたのれんや連結資本の調整といった問題点は生じない。

このように，実体理論においては，連結のれんの処理においても，連結財務諸表の目的から論理的に一貫した会計処理を行っており，その結果として段階取得に関する問題も生じない。今後，我が国の連結のれんの会計処理に関して，連結財務諸表の目的から論理的に一貫した会計処理を展開しつつ，当該問題点を解決するにあたっては，Moonitzの実体理論がその一つの方向性となると考えられる[36]。

注

1　平成25年9月13日に行われた『連結財務諸表に関する会計基準』に関する改正は，非支

配株主持分の取扱い等について,『企業結合に関する会計基準』や『貸借対照表の純資産の部の表示に関する会計基準』,『包括利益の表示に関する会計基準』等と併せて行われたものである（企業会計基準委員会『「企業結合に関する会計基準」及び関連する他の改正会計基準等の公表』平成25年9月13日参照）。
2 『平成25年改正基準』第51-3項。
3 連結財務諸表作成の基礎をなす考え方には，親会社説及び経済的単一体説が存在する（新田忠誓編著『大学院学生と学部卒業論文テーマ設定のための財務会計論・簿記論入門』白桃書房，2004年，354頁参照）。
4 梅原秀継「連結会計における資本と利益—公開草案第50号の特徴とその影響」『企業会計』Vol.65 No.6, 2013年, 29頁。
5 山地範明「連結基礎概念からみた我が国連会計基準の矛盾」『会計・監査ジャーナル』No.697, 2013年, 69頁。
6 Maurice Moonitz, *The Entity Theory of Consolidated Statement*, Brooklyn, 1951年。片野一郎監閲 白鳥庄之助訳注『ムーニッツ連結財務諸表論』同文舘, 1964年。
7 H.A.Finny, "Book Review", *Accounting Review*, 1945年, 371頁参照。
8 大雄令純『精説 連結会計論』同文舘, 1977年, 20頁。
9 一体的営業とは，企業集団の各構成単位がその業務を提供するに当たって密接に結びついている状態のことをいう（Maurice Moonitz, 前掲書, 31頁参照。邦訳, 61頁参照。）。
10 中央集権的支配とは，支配会社が子会社の経営に重要な影響力を所有している状態のことをいう（Maurice Moonitz, 前掲書, 28頁参照。邦訳, 57頁参照。）。
11 Maurice Moonitz, 前掲書, 12頁。邦訳, 30頁参照。
12 Maurice Moonitz, 前掲書, 31頁参照。邦訳, 62頁参照。
13 Maurice Moonitz, 前掲書, 17頁。邦訳, 37頁から38頁参照。
14 連結資本における支配持分（親会社持分）以外の部分の用語に関して，Moonitzは当時において使用されていた少数株主持分（minority interest）を使用している。ただし，Moonitzも前掲書において，論理的には少数株主持分という用語は適切でないとも述べているため，本章においては，引用部分を除き，非支配株主持分という用語を使用することとする。
15 Maurice Moonitz, 前掲書, 78頁。邦訳, 154頁参照。
16 同上
17 同上
18 Maurice Moonitz, 前掲書, 57頁。邦訳, 110頁参照。
19 同上
20 Maurice Moonitz, 前掲書, 59頁。邦訳, 115頁参照。
21 Maurice Moonitz, 前掲書, 58頁。邦訳, 112頁参照。
22 同上

23 Maurice Moonitz, 前掲書, 63頁。邦訳, 123頁参照。
　ただし, 「子会社の売買を通じて最初ののれんの評価に誤りがあったことが分かるか, あるいは, 新しい事態によってこの額に変化がおこるかする場合には, のれんをもう一度全額計算しなおし, 修正した評価額を持って従来のものに代えるべき」(Maurice Moonitz, 前掲書, 63頁。邦訳, 123頁参照。) として, 子会社ののれんの評価額が計上されている金額と異なることが明らかになった場合にのみのれんの評価を変更することを述べている。
24 『平成25年改正基準』第1項。
25 企業会計基準第22号『連結財務諸表に関する会計基準』(平成23年3月25日改正) 第51項参照。
26 『平成25年改正基準』第51-3項。
27 『平成25年改正基準』第32項参照, 『貸借対照表の純資産の部の表示に関する会計基準』第7項参照。なお, 上記基準の平成17年12月9日改正において, 非支配株主持分を純資産に含めて表示する取扱いを規定している。
28 『貸借対照表の純資産の部の表示に関する会計基準』第18項から第22項参照。
29 『平成25年改正基準』第39項参照。
30 『包括利益の表示に関する会計基準』第34項から第37項参照。
31 『平成25年改正基準』第39項参照。
32 『平成25年改正基準』第24項。
33 『平成25年改正基準』第66-2項参照。
34 『平成25年改正基準』第28項から第29項参照。
35 川本淳「積み木の連結会計基準」『企業会計』Vol.65 No.12, 2013年, 4頁参照。
36 連結のれんの会計処理を考えるにあたっては, 本章においてとり上げている評価の範囲に加えて, 償却の要否が論点となる。この点, 実体理論においては, のれんの存在を保障するような特別な地位が将来永久に続くものと考えられる場合を除き, のれんは規則的に償却すべきとして論じている (Maurice Moonitz, 前掲書, 63頁から64頁参照。邦訳, 124頁参照。)。また, 『平成25年改正基準』ではのれんは償却すべきとされており (『平成25年改正基準』第64項参照, 企業会計基準第21号『企業結合に関する会計基準』第32項参照。), この点に関して差異は生じていない。

【参考文献】

梅原秀継「連結会計における資本と利益—公開草案第50号の特徴とその影響」『企業会計』Vol.65 No.6, 2013年。

梅原秀継「連結のれんと資本取引—2013年改正基準をめぐって—」『税経通信』Vol.69 No.5, 2014年。

大雄令純『精説 連結会計論』同文舘, 1977年。

川本淳「積み木の連結会計基準」『企業会計』Vol.65 No.12,　2013年。
新田忠誓『財務諸表論究』中央経済社,　1999年。
新田忠誓編著『大学院学生と学部卒業論文テーマ設定のための財務会計論・簿記論入門』白糖書房,　2004年。
山地範明「連結基礎概念からみた我が国連結会計基準の矛盾」『会計・監査ジャーナル』No.697,　2013年。
H.A.Finny, "Book Review", *Accounting Review*, 1945年。
Maurice Moonitz, *The Entity Theory of Consolidated Statement*, Brooklyn, 1951年。片野一郎監閲　白鳥庄之助訳注『ムーニッツ連結財務諸表論』同文舘,　1964年。
Maurice Moonitz, Charles C. Staehling, *Accounting An Analysis of its Problems*, Volume I, II, Brooklyn The Foundation Press, Inc., 1952年。

（藤井　禎晃）

第12章　Geldmacher学説における成果計算論の変容

1. は　じ　め　に

　Geldmacher（Geldmacher, Erwin）は，Walb（Walb, Ernst）やMahlberg（Mahlberg, Walter）らと共に，期間損益計算を会計の主たる目的とする動態論を確立したSchmalenbach（Schmalenbach, Eugen）の高弟の一人とされる（杉本［1934］，76頁）。また，彼の学説は，1920年代に華々しく議論された架空利益（Scheingewinn）の計算的克服をめぐる，代表的な利潤計算学説の一つとしても数えられている（岩田［1942］，79頁）。

　Geldmacher学説の検討といった場合，わが国では彼が1923年に公表した『経済変動と貸借対照表』（*Wirtschaftsunruhe und Bilanz*）が検討され，彼の学説は財貨資本観に基づく実体資本維持説を展開したものとして位置づけられている[1]。しかし，彼はその後，1929年に「経営会計制度の基礎概念と体系的なアウトライン」（Grundbegriffe und systematischer Grundriß des betrieblichen Rechnungswesens），さらに1931年に「資本評価と資本維持」（Kapitalbewertung und Kapitalerhaltung）という論稿を公表している。ここで注目すべきは，土方［1985b］において指摘されているように[2]，Geldmacherの成果計算論に変化が生じている点である。すなわち，彼は当初，販売日再調達価格により費用，具体的には売上原価を測定することを主張しながらも，後に取得原価による費用測定を主張するに至っているのである。そこで，本章では彼の学説を，

Geldmacher［1923］を前期Geldmacher学説として，Geldmacher［1929］およびGeldmacher［1931］を後期Geldmacher学説として大きく二分したうえで，それぞれの成果計算論の内容を明らかにし，その変容を検討することとしたい。

2. 前期Geldmacher学説における成果計算論

2-1 企業観と成果計算の対象

　Geldmacherは，企業を「物的で人的な目的組織であり，経済的な成果の獲得をその活動原則とする，明確に表現され，組織された力の中心」であると考えている（Geldmacher［1923］，1頁）。そして，企業を「国民生活の源泉」として捉え（Geldmacher［1923］，66頁），また「国民経済の一分肢」（ein Glied in der Volkswirtschaft）として理解する（Geldmacher［1923］，12頁）。「企業家は経済的な給付の提供に勤しみ促進させなければならない」のに対し，「投機家は自己の私的な力の地位を高めようとする」にすぎない（Geldmacher［1923］，50頁）。このように，彼は企業を国民経済に対し給付を提供する器官であると捉え，生命に不可欠な経営経済的な給付の提供と，投機というひたすらに自己の利益を計る行為を明確に区別している（Geldmacher［1923］，50頁）。

　Geldmacherによれば，企業の経済活動は経済的な力の流出と流入という2つの対立する力の流れ（Kraftströmungen）の中で行われる（Geldmacher［1923］，1頁）。流出する力が永続的に流入する力を超過する場合，企業は衰弱してしまう。したがって，「何よりもともかく（力の—引用者）流入によって力の流出を補償すること」が企業活動の最も基本的な目的となる（Geldmacher［1923］，2頁）。

　Geldmacherは「力」という概念に関して抽象的な表現を用いており，明確な定義を行っていない。しかし，彼は「企業における個別の経営経済的給付に対する費用としての将来の使用能力が，経営経済的財貨の価値を構成するのであり，この点でそれ（経営経済的財貨—引用者）は力の保有者と呼ばれた」と述

べている（Geldmacher [1923], 9頁）。したがって，ここでいう力とは「財貨の経営目的に役立つ経済的効用もしくは能力」であると解することができよう（岩田 [1931], 76頁）。

　Geldmacherは「力」を把握するにあたって，計算尺度（Rechnungsmaßstab）と計算対象（Rechnungsobjekt）について論じている。計算尺度は「公分母として資することができる」価値尺度でなければならず，それは「国家共同体の経済上の価値尺度である通貨貨幣」とされる（Geldmacher [1923], 7頁）。それに対し，費用および収益の計算対象に関しては，彼はそれを「財貨」と捉える。すなわち，費用を「財貨の減少において現れる企業自身の力の犠牲」と考え，収益についても同様に「財貨の増加として現れる，それぞれの目的努力によってもたらされた企業の力の流入」と考えている（Geldmacher [1923], 4頁）。また，成果は「計算上の費用と計算上の収益との差額」であり，「利益の場合，つまり力が超過している場合には，力の超過は財貨の増加の中に体現されており，その中に測定対象を得る」とされる（Geldmacher [1923], 5頁）。

2-2　収益および費用の認識と測定―補填検査の方法―

　収益および費用の認識・測定基準について，Geldmacherは，収益として流入する財貨である収益財（Ertragsgut）は必ず企業に流入する際に他の経済と取り決められた価格を付されており，貸借対照表機構はこの価格を記録すると述べている（Geldmacher [1923], 47-48頁）。つまり，収益は給付を提供したときに認識され，その金額は収益財の価額，すなわち受取対価の額に基づいて測定される。

　成果は収益から費用を差し引いて計算されるのであるから，費用および収益が財貨の運動を通じて把握される以上，収益財が費用財（Aufwandsgut）を補填して初めて成果が算定される。収益財による費消された財貨の補填は純粋に物的に行われ，収益財は計算上少なくともすべての費用財を補填するにあたって十分であるかどうか，という観点から評価されなければならない（Geldmacher [1923], 9頁）。売却あるいは独自に費消された経営経済的な給付

の再構築に対する収益財の適性が測定尺度を形成するのであり，その適性とは，収益財が費消された財貨にとって十分なものであるかどうか，であるとされる（Geldmacher［1923］，10頁）。

したがって，費用は再調達価格により測定されなければならない。というのも，「費用をこのように（再調達価格により―引用者）評価して収益から差引けば，収益財が費用財を補填するに足るか，あるいは，補填していくら余るかを検証することができる」と考えられるからである（森田［1960］，234頁）。このように費用財を基準にして収益財を評価する方法は「補填検査の方法」（die Methode der Ersatzprüfung）と呼ばれている（Geldmacher［1923］，11頁）。

さらに，Geldmacherは，補填検査の行われるタイミングについて，「収益と費用の統一的な価値測定」を要求する。つまり，収益と費用について統一的な価値測定が行われるのは販売の瞬間であり，「収益財が企業にとって使用準備のできた状態になった時点」に補填検査が行われなければならない（Geldmacher［1923］，11-12頁）。このように，収益と費用の統一的な価値測定の観点から，販売日に収益財による費用財の補填検査が行われるのである。

2-3　国民経済的経済性の尺度としての成果

これまでの論述から，Geldmacherが「資本の維持」，より正確には「実体資本の維持」を目的として成果計算論を展開していることは明らかであるが，費用，具体的には売上原価が販売日再調達価格により測定される場合，森田［1960］において指摘されているように，厳密には実体資本の維持を果たすことはできない。というのも，費消された財貨の再調達が販売日より後に行われるならば，例えばインフレーションによって実際に財貨の再調達を行う時点の価格が販売日時点の再調達価格よりも高騰してしまった場合，費用として回収された資本額のみをもってしては財貨の再調達が不可能となるからである。実体資本の維持を達成するためには，費用額は販売日再調達価格でなく実際再調達価格により測定されなければならない。それゆえ，彼の成果計算論において，実体資本の維持という目的が達成されているとは言い難い。

ところで，Geldmacherは，成果の意義について「経済運営の目的かつ経済性の尺度（Prüfstein）」であると述べ（Geldmacher［1923］，2-3頁），「経済性のバロメーター」として利用されることを期待している（Geldmacher［1923］，11頁）。つまり，彼は「経済性の測定」という目的も重視している。しかし，ここでいう「経済性」の内容に関して，具体的な内容は述べられていない。

この点について，森田［1960］では，「彼（Geldmacher—引用者）は常に国民経済的観点から企業を観察し，その観点から理論を構成していると解しうるので，経済性という概念は私経済的意味での収益性とは異なるものであると想像しうるにすぎない。従って，われわれはこれを，国民経済的観点からみたその期の営業活動の良さ，というような漠然とした意味に解して差支えないと思う」と述べられている（森田［1960］，240頁）。この「国民経済的な観点からみたその期の営業活動の良さ」とは，彼の企業観に照らせば，販売日再調達価格に基づく費用測定により，販売された財貨に係る保有利得といった投機的な要素を排除した，純粋な営業活動によって付加された価値で表現されるものと解釈することができよう[3]。このような保有利得は私経済である株主にとって利益を構成するものであるが，国民経済全体において産み出された価値とは考えられない。

以上から，Geldmacher［1923］における成果計算論は，「資本の維持」と「経済性の測定」の双方を目的として展開されていながらも，「実体資本の維持」という目的は達成されていると言い難いものであった。しかし，「国民経済的経済性の測定」という目的は達成されていると考えられ，その点にこそ彼の成果計算論の意義を見出すことができると考えられよう。

3. 後期Geldmacher学説における成果計算論

3-1　期間成果計算と給付成果計算

Geldmacherによれば，成果計算には2つのものが存在する。一つは期間を単位とする期間計算（Zeitspannenrechnung）であり，いま一つは財やサービス

といった給付を単位とする給付計算（Leistungseinheitsrechnung）である（Geldmacher [1929], 9頁）。以下では，前者を「期間成果計算」と呼び，後者を「給付成果計算」と呼ぶ。

　期間成果計算は，一期間に帰属する収益から費用（Aufwand）を差し引いて成果を算定する。ここで，費用とは「経営の（betrieblicher）活動期間に割り当てられるべき費消」であり（Geldmacher [1929], 6頁），期間計算を前提とする概念である。それに対し，給付成果計算は，給付一単位あたりの収益から原価（Kosten）を差し引いて成果を算定する。ここで，原価とは「給付単位に割り当てられるべき経営の費消」であり（Geldmacher [1929], 6頁），給付計算を前提とする概念である。このように，期間成果計算は一期間の収益から費用を差し引き，一期間における成果を計算するのに対し，給付成果計算は給付一単位あたりの収益から原価を差し引き，給付一単位における成果を計算するものである。したがって，両者は計算単位を異にする成果計算であるといえる[4]。

　さらに，期間成果計算と給付成果計算は，構成要素の点においても相違する。というのも，それぞれの成果計算にしか含まれないものが存在するからである。すなわち，期間成果計算には，給付成果計算の構成要素とならない中性費用（neutraler Aufwand）および中性収益（neutraler Erlös）が含まれる[5]（Geldmacher [1929], 9頁）。それに対し，給付成果計算には，期間成果計算の構成要素とならない付加原価（Zusatzkosten）が含まれる[6]（Geldmacher [1929], 9頁）。このように，期間成果計算には独自の項目として中性収益および中性費用が存在するのに対し，給付成果計算には独自の項目として付加原価が存在する。したがって，両者は構成要素の点においても相違しているのである。

3-2　収益性の尺度としての成果と生産性の尺度としての成果

　上述のように，期間成果計算において算定される「成果」と給付成果計算において算定される「成果」は異なる概念である。したがって，それぞれの成果計算において算定される「成果」には，異なる性質が認められなければならな

い。

　期間成果計算の中でも，外部報告を念頭に置いた一会計年度を基礎とする期間成果計算は，投下された資本を基礎とする収益性（Rentabilität）の評価の観点から行われる（Geldmacher［1929］，3頁）。そこでは，あらゆる財貨は購入時の価格，つまり取得原価によって記録され，それらの費消もまた取得原価により測定される（Geldmacher［1929］，3頁；Geldmacher［1931］，366頁）。それゆえ，投下された資本を基礎とする期間成果計算は，取得原価主義に基づく成果計算を意味するのであり，販売された財貨に係る保有利得といった投機的な要素は成果数値に反映されることになる。

　さらに，期間成果計算が投下された資本を基礎とすることで，資本利子を名目資本に関連づける資本の収益性計算を行うことができる（Geldmacher［1931］，365頁）。すなわち，期間成果計算において算定された成果を，投下された資本で除することにより，「投下資本1マルクあたりの成果」を算定することができる。それゆえ，投下された資本を基礎とする期間成果計算は，資金提供者に対し，資本1マルクにつき企業がどれほどの利益を産み出したのか，という意味での企業の「収益性」を明らかにするものといえる。

　一方，給付一単位を基礎とする給付成果計算は，特に財貨の費消が時価，正確には販売日の時価により測定されるとき，生産性（Produktivität）の評価の観点から行われる（Geldmacher［1929］，3頁；Geldmacher［1931］，368頁）。そこでは，収益と費用の統一的な価値測定，つまり収益と費用の時点対応が意識されており，成果計算から保有利得といった投機的な要素は排除され，純粋な営業活動によって付加された価値が算定される。

　さらに，給付成果計算の場合，算定される成果それ自体が「給付1単位あたりの成果」を表している。それゆえ，財貨の費消を販売日の時価により測定する給付成果計算は，販売時点の市場に対し，給付1単位につき企業がどれほどの価値を付加したのか，という意味での企業の「生産性」を明らかにするものといえる。

　以上から，期間成果計算は投下された資本を基礎とすることで企業の収益性

の評価に資するものと考えられ，他方，給付成果計算は財貨の費消を販売日の時価により測定することで企業の生産性の評価に資するものと考えられる。

3-3　前期Geldmacher学説からの変容

後期Geldmacher学説と位置づけたGeldmacher［1929］およびGeldmacher［1931］から，「期間成果計算」と「給付成果計算」という2つの成果計算が導き出された。それに対応して，期間成果計算において算定される成果には「収益性」の尺度としての性質が，また，給付成果計算において算定される成果には「生産性」の尺度としての性質が認められた。最後に前期Geldmacher学説と位置づけたGeldmacher［1923］からの変容が検討されなければならない。

後期Geldmacher学説と対比するならば，前期Geldmacher学説は期間成果計算を基本としていることが明らかとなる。しかし，費用（売上原価）は販売日の再調達価格により測定されており，そこで認められる経済性は「国民経済的な観点からみたその期の営業活動の良さ」であったことから，そこで算定される成果は販売された財貨に係る保有利得といった投機的な要素を排除した，一期間における純粋な営業活動によって付加された価値を表すものであった。言い換えれば，これは先の給付成果計算において認められた生産性を期間単位で明らかにしようと企図したものであったと考えられる。

しかしながら，前期Geldmacher学説では中性費用および中性収益の取扱いは明らかにされておらず，また，段階別成果計算も想定されていない。その意味では，期間単位での企業の生産性を明らかにしようとするGeldmacherの試みは必ずしも成功しているとはいえないと考えられよう。

それに対し，後期Geldmacher学説では，「期間成果計算」は新しい観点である「収益性」を明らかにするものとして，他方，「給付成果計算」は従来から主張されていた観点である「生産性」を明らかにするものとして位置づけられていた。つまり，前期Geldmacher学説における期間成果計算と生産性との結合関係は切り離され，期間成果計算と収益性，給付成果計算と生産性という新たな結合関係が提示されたのである。さらに，期間成果計算にのみ含まれる

ものとして中性費用および中性収益が，給付成果計算にのみ含まれるものとして付加原価が明確にされた。これにより，後期Geldmacher学説では2つの成果計算が独立して存在し，異なる機能を有するものとして位置づけられたのである。その意味では，理論的精緻化が図られたと考えることができる。

　ところで，後期Geldmacher学説において新たに登場した収益性という観点は，いかなる理由により生じたのであろうか。この点について，彼は明確に説明していない。しかし，彼は「あらゆる経営（Betriebe）は，人間の経済的欲求ないし文化的欲求を満たすべき一定の給付を産み出すために存在している」と考える一方で（Geldmacher [1931], 360頁），収益に依拠する経営（erlösbedingte Betriebe）である企業は，裁判所や行政官庁，大学，家政，協会といった寄付に依拠する経営（beitragsbedingte Betriebe）を扶養しなければならない，と述べている（Geldmacher [1931], 364頁）。というのも，このような経営は「等価物なしで需要に対する給付を提供する」ため（Geldmacher [1931], 361頁），自身の手によって費消された財貨を補填することができないからである。それゆえ，企業は租税や分担金，寄付金といった形で寄付に依拠する経営を扶養しなければならない。

　上記のようなGeldmacherの企業観に鑑みると，企業の収益性は寄付に依拠する経営を扶養する能力を測定する判断基準として重要な役割を果たすものと考えられよう。というのも，投機的な要素や中性費用および中性収益も加味されたうえでの成果である「利益」を基礎にして，租税等により企業がどの程度寄付に依拠する経営を養うことができるのか，が明らかになると考えられるからである。このような理由から，Geldmacherは収益性という新しい観点を提示したのではないだろうか。まさに企業は国民経済の一分肢であり，一器官なのである。

4. お わ り に

　本章では，Geldmacher [1923] を前期Geldmacher学説，Geldmacher

［1929］およびGeldmacher［1931］を後期Geldmacher学説と位置づけ，彼の成果計算論の内容を明らかにするとともに，その変容を検討した。

前期Geldmacher学説では，成果数値は「国民経済的な観点からみたその期の営業活動の良さ」を表すものと考えられ，販売された財貨に係る保有利得といった投機的な要素を排除した，一期間における純粋な営業活動によって付加された価値を意味するものであったといえる。

しかし，そこでは中性費用および中性収益の取扱いは明らかではなく，また，段階別成果計算も想定されていなかった。それゆえ，期間単位での企業の生産性を明らかにしようとするGeldmacherの試みは必ずしも成功したとはいえなかったのである。

後期Geldmacher学説では，前期Geldmacher学説における期間成果計算と生産性との結合関係は切り離され，期間成果計算と収益性，給付成果計算と生産性という新たな結合関係が提示された。さらに，期間成果計算にのみ含まれるものとして中性費用および中性収益が，給付成果計算にのみ含まれるものとして付加原価が明確にされた。つまり，2つの成果計算が独立して存在し，異なる機能を有するものとして位置づけられたのである。その意味では，理論的精緻化が図られたと考えることができた。

しかし，問題も残っている。というのも，期間成果計算と給付成果計算が明確に区別されたのは良いが，両者は異なる成果概念を前提とし，異なる機能を有する以上，ともに開示されなければならないと考えられるからである。とするならば，成果計算書において両者はどのように開示されるべきなのであろうか。Geldmacher学説では，その点についての考察は十分に行われていなかった。それゆえ，この点は今後の課題としなければならない。

しかしながら，Geldmacher学説は単に「収益性」という観点を重視するだけでなく，「生産性」という観点も重視しなければならないことを説いている。今日，会計観の変化に伴い，企業会計が個別の資産や負債の形態把握に重点を置いているのに対し，企業の活動・行為に着目する観点の必要性が指摘されている（新田［2012］，23頁）。Geldmacher学説に見られる「生産性」という

観点は，財やサービスといった給付の提供という企業の活動・行為に着目する会計思考を基礎とするものである。彼の学説は，資産や負債の形態把握に偏重する今日の企業会計に対し，企業の活動・行為に改めて着目することの重要性を指摘してくれているのである。

注

1　わが国のGeldmacher学説に関する先行研究として，岩田［1931］，杉本［1934］，不破［1960］，森田［1960］，内山［1964］，田中［1966］，中野［1968］，土方［1969a・1969b］，菊谷［1977］，壹岐［1985］，土方［1985a・1985b］および松本［1990］などが挙げられる。
2　なお，土方［1985b］では，Geldmacher［1931］のみが検討されており，Geldmacher［1929］は検討されていない。
3　また，阪本［1961］では，販売日再調達価格により費用を測定することは，「企業が創造した生産的利潤を，社会経済的にみてもっとも正確に測定すること意味する。これによって価格変動に基因する投機的な損益や仮空（架空－引用者）利益が企業の損益計算に混入することを排除せしめる」と述べられている（阪本［1961］，204-205頁）。
4　期間成果計算と給付成果計算において計算単位が相違しているといっても，例えば一期間における給付数量を把握することにより，計算手続上，期間成果計算と給付成果計算を共通の計算単位に調整することはできる。しかし，概念上，給付成果計算は取引の都度行われると考えられ，そこで完結する。したがって，一期間の給付数量を把握するといったことは本来予定されていないと考えるべきである。
5　Geldmacherは中性費用および中性収益の内容に関して特に述べておらず，中性費用についてはSchmalenbach［1925］を参照するよう指摘している。なお，Schmalenbachは中性費用の具体例として，減価償却費の過大計上，原材料の評価損の過大計上，資本的支出（Anlagezugängen）の費用計上，種々の引当金の繰入れ（Rückstellung），広告宣伝費（Propagandakosten），試験研究費（Versuchskosten），将来の事業準備のために使用される財務費用（Finanzierungskosten）などを挙げている（Schmalenbach［1925］，11頁）。
6　上記と同様に，Geldmacherは付加原価の内容に関しても特に述べておらず，Schmalenbach［1925］を参照するよう指摘している。なお，Schmalenbachは付加原価の具体例として，（期間）成果計算において把握されなかった固定資産の減価償却費，自己資本利子，偶発費用（Zufallskosten）に対する引当て（Prämien）などを挙げている（Schmalenbach［1925］，11頁）。

【参考文献】

Geldmacher, Erwin [1923] *Wirtschaftsunruhe und Bilanz, Erster Teil, Grundlagen und Technik der bilanzmäßigen Erfolgsrechnung*, Berlin.

Geldmacher, Erwin [1929] "Grundbegriffe und systematischer Grundriß des betrieblichen Rechnungswesens", in : *Zeitschrift für handelswissenschaftliche Forschung*, 第23巻, 1-27頁.

Geldmacher, Erwin [1931] "Kapitalbewertung und Kapitalerhaltung", in : *Kapital und Kapitalismus*, Vorlesung gehalten in der Deutschen Vereinigung für Staatswissenschaftliche Fortbildung, Hrsg. von Bernhard Harms, 第2巻, Berlin, 350-370頁.

Schmalenbach, Eugen [1925] *Grundlagen der Selbstkostenrechnung und Preispolitik*, 第2版, Leipzig.

壹岐芳弘 [1985]「費用測定における取替法的論理と廃棄法的論理—ゲルトマッハー説とシュミット説の相違—」『情報研究』(文教大学) 第6巻, 48-61頁。

岩田巌 [1931]「ゲルドマッヘル・成果計算論」『會計』第29巻第4号, 73-83頁。

岩田巌 [1942]「独逸における利潤計算学説の展開」『一橋論叢』第9巻第4号, 77-117頁。

内山力 [1964]「ゲルトマッハーの会計思考」『商経法論叢』(神奈川大学) 第14巻第2号, 167-195頁。

菊谷正人 [1977]「ゲルトマッハー (E. Geldmacher) の実体維持会計論」『八幡大学社会文化研究所紀要』第3号, 188-165頁。

阪本安一 [1961]『近代会計と企業体理論』森山書店。

杉本秋男 [1934]「ゲルドマッヘルの資本維持理論」『経営経済研究』第17冊, 76-96頁。

田中茂次 [1966]「ゲルドマッヘルの成果計算論—その実体資本計算思考について—」『商学論纂』(中央大学) 第7巻第1号, 23-71頁。

中野勲 [1968]「時価主義利益概念の特質—ゲルトマッヒャー説を中心として—」『経済経営研究年報』(神戸大学) 第19巻第1号, 169-209頁。

新田忠誓 [2012]「行為の会計学と形態の会計」『企業会計』第64巻第5号, 17-24頁。

土方久 [1969a・1969b]「ゲルトマッハーの貸借対照表論 (Ⅰ)・(Ⅱ)—『ディナミッシュ・ビランツ』との関連において—」商学論集(西南学院大学) 第16巻第2号, 133-163頁；第16巻第3号, 87-115頁。

土方久 [1985a・1985b]「ゲルトマッハーの力維持思考 (Ⅰ)・(Ⅱ)—ディナミッシュ・ビランツの継承として—」商学論集(西南学院大学) 第31巻第4号, 1-17頁；第32巻第1号, 55-84頁。

不破貞春 [1960]「実体維持と費用評価—ゲルドマッハーならびにハックスの所論によせて—」『會計』第78巻第2号, 74-90頁。

松本寛 [1990]「実体資本維持と時点利益」『一橋商学論叢』第103巻第5号, 86-96頁。

森田哲彌［1960］「期間利益の分配可能性と尺度性―実体資本維持説の利益概念を中心にして―」『一橋大学研究年報・商学研究』第4巻，227-303頁。

（金子　善行）

第13章　職業的懐疑心の在り方について
―Mautz and Sharaf [1961] に基づき―

1. は じ め に

　米国公認会計士協会（American Institute of Certified Public Accountants, 以下AICPAとする）は1988年に監査基準書第53号で「経営者を誠実であるとも誠実ではないとも想定してはならない」とする考え方を示しており，これは経営者に対する中立的立場（neutral view）からの職業的懐疑心を監査人に求めていることを意味する。一方，Bell et al. [2005] やNelson [2009] では，近年の「職業的懐疑心」の捉え方が，明確な反証がない限り事前に経営者の不誠実性をある程度想定する「疑ってかかる姿勢（presumptive doubt, 推定的疑い）」へ移行しているということが示されている[1]。

　Mautz and Sharaf [1961] では，監査における経営者と監査人の関係について，「潜在的な利害対立は存在しない」と捉える監査公準が示されている。当時唯一監査の理論的基礎を掲げた文献であった[2]，その"The Philosophy of Auditing"で示された監査公準の影響は大きく，監査理論や監査証拠論の研究も数多く見られる[3]。鳥羽 [2011] では，Mautz and Sharaf [1961] は「監査人の疑う心（questioning mind）」という側面のみならず，哲学的観点から監査手続の認識プロセスとしての懐疑主義（skepticism）の洞察を行った唯一の文献であると考えられている[4]。しかし，上述したように，現在国際的動向として職業的懐疑心を疑ってかかる姿勢と捉える立場へ移行しており，そのなかで

Mautz and Sharaf [1961] の立場は移行前の段階の職業的懐疑心，すなわち疑うレベルがより弱い段階の職業的懐疑心と捉えられる場合もある[5]。

しかし，現に監査人は経営者と監査契約を結ぶ際，財務報告の枠組みへの準拠や必要な情報の提供等の，監査の前提が成立していることについて経営者の合意を得ることが求められており[6]，これは経営者が協力的でない限り監査が成立しないということを前提としたものである。また，Rennie et al. [2010] では，監査は経営者から提供される情報に基づき行われるのであり，監査を実行するためには経営者の協力が必要であるとの立場から，監査人が経営者を相当程度信用していることが監査人に対する質問の実施により示されている。このように，現代の監査においても，Mautz and Sharaf [1961] が示した公準が成立している場面が見られるのである。

そこで本章では，Mautz and Sharaf [1961] の示す職業的懐疑心の在り方を，彼らの特質の1つである哲学的観点に焦点を当てるのではなく，「監査人と経営者との間に利害対立はない」という前提のうえでなお発揮される職業的懐疑心とはいかなるものかという視点から読み解く。Mautz and Sharaf [1961] の監査論は，図表に示すような8つの監査公準に基づいている。第2節

図 Mautz and Sharaf [1961] の示す監査公準の分類[7]

①経営者との関係性
・監査という場面においては，監査人と企業の経営者の間に，必然的な利害対立は存在しない。
・検証のために提供された財務諸表および他の情報は，共謀や不正に侵されていない。
・十分に内部統制システムが構築されていれば，不正の蓋然性は排除される。

②監査証拠の入手
・財務諸表および財務データは検証可能である。
・一般に公正妥当と認められた会計原則を継続的に適用していれば，財務状態と経営成績を適切に表示することができる。
・明確な反証がない限り，過去の調査において真実であるとされたものは，将来においても真実であると推定される。

③独立性
・独立的な立場から意見を表明する目的で財務データを調査する際は，監査人は監査人の能力の範囲内で行動する。
・独立監査人としての専門的立場は，それに見合う専門家としての義務を負っている。

では，これらの公準を①経営者との関係性，②監査証拠の入手，③独立性という観点に区分して，彼らの示す職業的懐疑心を検討することにする。そして第3節では，彼らの公準のもとで成立する監査のなかで発揮される「疑ってかかる姿勢」とは何を意味するのかを検討したい。

2. Mautz and Sharaf［1961］における職業的懐疑心

2-1 経営者との関係性[8]

　これらの公準は，監査が実行可能であるための前提としての公準と捉えられる。株主は，経営者の行動を監視するための情報を必要としており，経営者による情報開示の真偽を確かめようとする。他方，経営者も自己の業績を株主に正しく評価させるために会計情報を自発的に開示する動機を有しており，株主の不信を解消するために情報の質を保証する監査済みの財務諸表を開示するなどして信頼を得ようとする。経営者は，企業の財務情報の信頼性が保証されることによる恩恵を受ける利害関係者のうちの1人であり，経営者と監査人の間に利害対立は存在しないというのが，Mautz and Sharaf［1961］の主張である。

　もし経営者と協力して監査を行えないという前提に基づくのであれば，どのような記録や証言も信用することができず，会計に記録されていない取引を探し出すことに躍起にならなければならなくなる。監査を行うためには著しく広範囲かつ詳細な調査が必要となってしまうため，監査が実行可能であるためには，この公準が成り立っている必要がある[9]。ただし，利害対立が存在しえないことを想定するわけではなく，特定の状況のもとでは経営者との間に利害対立が生じる可能性があることを常に認識しておく必要があるとされている[10]。

　このように，ここでは監査が成立する前提として，経営者との間に本質的に利害対立はないという公準が示されている。そのうえでなお，監査人は職業的懐疑心を発揮しながら監査を実施することになり，その具体的プロセスは監査証拠の入手のなかで説明される。

2-2　監査証拠の入手[11]

　監査において証拠収集が求められる問題は，財務諸表上の経営者の主張であるが，財務データは検証可能でなければ監査が行えない。ただし，検証可能とは，ある確固たる真実が存在するものという意味にとれるかもしれないが，実際はそれほど強固な真実を確かめられることはあまりない。しかしここではひとまず，「監査可能（auditable）」という意味合いで，監査人が意見を表明するにあたり依拠できる基礎として，何かしらが存在することを示すとされている。

　Mautz and Sharaf [1961] は財務諸表上のそれぞれの経営者の主張を，絶対的な証拠が入手可能であるか否かにより分類している[12]。ここでは，現金のように物理的な存在と数量が簡単に確認できるものは多くはなく，絶対的な証拠を必ず入手しなければならないのではないと述べられている[13]。絶対的な証拠でなくとも，何らかの説得的な証拠を入手できれば，それは監査可能だということになる。

　Mautz and Sharaf [1961] は職業専門家としての判断プロセスを，仮説を構築し，その仮説を検証するために証拠を収集する科学における判断プロセスと対比している。このとき科学者の，決して簡単には結論を導かず，仮説に関連する証拠を収集し続ける姿勢が，懐疑主義と呼ばれている[14]。監査における仮説とは，それぞれの経営者の主張に対する暫定的な立場であり，明確な反証がない限りは適正な表示という立場になると述べられている[15]。監査人は，経営者の主張が真であることを立証するために必要だと考えられる証拠を可能な限り入手し，かつそれを批判的に検証することが求められている[16]。このことは，仮説を支持する証拠のみならず，仮説を否定する証拠を探す手続も必要とされることを意味する。

　ただ，科学との大きな違いとして，絶対的な証拠ではなく説得的な証拠しか入手できないことが多い点，そして判断を形成するのにタイムリミットがある点が挙げられている。また，科学ではその結果を再度検証できるように統制された環境の下で実験が実施されるのに対し，監査では同じ状況で判断を2度行

えることはほとんどない。ある監査人が判断を下したのと同じ状況にいない限りその判断が適切であったのか否かを評価することはできない。このように，監査における真実は，時間内で入手できた証拠に基づいて監査人により決定される相対的な真実となる[17]。絶対的な真実を明らかにすることができないため，監査人は相対的な真実の決定に際し，職業専門家としての正当な注意が要請されているのである。

　ここで監査人が入手すべき証拠とは，財務諸表が一般に公正妥当と認められた会計原則に基づいていることを支持する証拠を意味している。会計原則に従っていれば財務諸表が適正に表示されているという公準のもとで監査は実施され，監査人は経営者の主張が会計原則に従っていることを示す監査証拠の入手を行うことになる。

　しかし，ここでは会計原則が存在していない場合，あるいは不足している場合の監査人の責任の範囲が問題となる[18]。一般に公正妥当と認められた会計原則に従い行う監査は不完全なシステムであり，会計原則に明確な指針のない状況もあれば，状況の変化や新しい事象は常に生じうる。そのため，監査人は一定の指針として暫定的に会計原則を受け入れるに過ぎず，会計原則の適用の仕方には常に疑いを持ち取り組む必要がある[19]。監査人は特定の状況にその会計原則が合致するのか否かを常に吟味することが求められており，財務諸表の適正な表示とは，究極的には監査判断の領域であると述べられている[20]。

2-3　独　立　性[21]

　監査人がクライアントその他のものから独立して意見を形成し，事実を偏見なく判断し，客観的に考察することは，職業的懐疑心を発揮し続ける姿勢（attitude）を意味していると考えられる。個々の監査人はこのような姿勢を保持しながら監査に従事しなければならず，Mautz and Sharaf [1961] はこれを実施者としての独立性（practitioner-independence）と呼んでいる。

　加えて，監査という職業は社会から信頼されることにより成り立つのであり，そのような信頼は監査人が独立性を欠いているという第三者の感情により

侵害されうるものであることから，監査人は実際上独立性を保持するのみならず，外観的（in appearance）な独立性を保持している必要がある。監査報告書の利用者の多くが独立性の存在を否定する場合は，真の独立性は無価値であるとまで述べられている[22]。つまり，個々の監査人が実際上独立して監査業務に従事しているのみならず，職業専門家としての独立性（profession-independence）が必要とされているのである[23]。

このように，Mautz and Sharaf [1961] では，監査が専門的職業として成立している重要な基盤として独立性が位置づけられている。クライアントに対してのみならず社会に対する責任も負っている存在は監査人の他にはおらず，第三者の立場から監査が行われていることにより財務諸表の信頼性が担保されるということになる。監査人が独立性を保持していることが世間に認知されて初めて監査は成立するのであり，監査人は懐疑心を発揮する姿勢を保持し続けなければならないのである。

以上が，Mautz and Sharaf [1961] が示す監査公準の概要である。このような公準のもとで成立する監査のなかで発揮される職業的懐疑心は，経営者が協力的であるという前提の上でなお発揮される職業的懐疑心である。ここでの職業的懐疑心は経営者の誠実性に向けられたものではなく，経営者が選択した会計原則が企業の実態を適切に表示しているか否か，という点についてより一層疑う必要があることを意味する。経営者の主張を裏付ける証拠を入手し評価するプロセスのなかで監査人は職業的懐疑心を発揮し続けることが重要であり，さらには，監査人がそのような姿勢で監査を行っていることを社会に認知させることの重要性が示されているのである。

3.「職業的懐疑心」に関する近年の動向

2000年に「監査の有効性に関する専門委員会（Panel on Audit Effectiveness，以下Panelとする）」は財務諸表監査に「不正探索型実務の局面」を導入する必

要性を示しており，職業的懐疑心の捉え方に変化が現れる。そのような局面では監査人は，中立的であるとする懐疑心の概念を修正し様々なレベルでの経営管理者の不誠実の可能性を想定しなければならないと述べられており[24]，AICPAが示した経営者に対する中立的立場を否定するような主張がなされている。ただしPanelは，不正探索型の導入を求めているものの，このことは通常の監査を「不正監査（fraud audit）」に変えようとすることではなく，不正探索型の局面を監査実務に取り入れることによって監査人の疑ってかかる姿勢を強化しようとしているものだと述べられている[25]。

その後，正当な注意のなかでも職業的懐疑心の保持が増々強調されるようになり，現在も財務諸表監査における不正に対応した基準の見直しが継続的に行われている。しかし2002年の監査基準書第99号では，「職業専門家としての懐疑心とは…（中略）…経営者は誠実であるという信念ゆえに説得力の高い証拠に至らぬ証拠には満足すべきではないこと」という説明に留まっており，疑ってかかる姿勢が明示的に制度化された段階ではない。それ以降は職業的懐疑心の意味内容の大幅な改訂は行われておらず，職業的懐疑心を念頭に置いた制度改正は独立性の強化に焦点が当てられている[26]。

また，英国監査基準設定主体（Auditing Practices Board）は2012年に「職業的懐疑心・共通認識の確立と監査品質における中心的な役割の再構築」を公表し，適切な懐疑的監査とは経営者のアサーションに対する批判的な評価を含むものであり，重要な虚偽表示のリスクを探す作業だとされている。ここでは，科学における懐疑主義，すなわち注意深く観察を行い簡単には結論を導かない姿勢が監査でも必要とされることが示されており，これはMautz and Sharaf［1961］で述べられている考え方と非常に似通っている。

わが国でも，2013年に企業会計審議会監査部会より「監査基準の改訂及び監査における不正リスク対応基準の設計について」が公表された。そこでは，不正リスクに対応するためには，誤謬による重要な虚偽表示のリスクに比し，より注意深く批判的な姿勢で臨むことが必要であるとして，職業的懐疑心の重要性が強調されている[27]。ただし，経営者が誠実であるとも不誠実であるとも

想定してはならないという中立的な観点を変更するものではないと示されている。

　以上を見る限り，現段階では制度上経営者の誠実性を事前に疑うような監査が想定されているわけではない。また，職業的懐疑心についても経営者の誠実性に向けて疑いを強めることではなく，Mautz and Sharaf [1961] で示されたように，経営者の主張の適正性を判断するプロセスのなかで発揮することが求められている。ただし，不正が示唆される状況を識別した場合には職業的懐疑心をより強く発揮する必要性が強調されている。

　Hurrt [2010] は，職業的懐疑心を特性（trait）と状況（status）に分類している。前者は，個人の性質としての職業的懐疑心であり，このような職業的懐疑心は特定の状況に応じて変化するものではない。それに対し，後者は何らかの状況要因の影響を受けて変化する職業的懐疑心であり，Hurrt [2010] では特性としての職業的懐疑心こそが「疑ってかかる姿勢」としての職業的懐疑心に通じると述べられている[28]。

　度重なる不祥事の結果，実際に経営者を中立的な立場とみなした監査の限界が指摘され，職業的懐疑心の在り方にも変化が強いられている。重要な虚偽表示の要因となる不正については当然に発見することが求められており，監査人は社会の信頼を得るためにはその期待に応える必要がある。しかし，経営者との協力関係を前提として監査契約は締結されるのであり，経営者の不誠実性をあらかじめ想定する監査を念頭に置き職業的懐疑心を議論すべきではない。監査人が監査を行う全過程で常に保持すべき水準としての職業的懐疑心は，あくまでも Mautz and Sharaf [1961] が示すような，経営者が協力的であるという前提のうえで発揮されるものと理解する必要がある。

　その一方で，近年ではより強いレベルの職業的懐疑心も求められており，これは特定の領域ではより強く発揮される性質のものである。会計基準において公正価値による測定や開示の要求が増加するなかで，監査の難易度がより一層増している。とりわけ，経営者の判断が国際会計基準およびその基準の趣旨へ準拠しているか否かを評価することは複雑な問題を孕むことが指摘されている[29]。

財務諸表の適正性は監査人の判断によって規定されるものであり，そのような判断を行うにあたり，監査人は懐疑的にならなければならない。それはつまり，絶対的な証拠が入手できないような問題について，どれほど説得的な証拠を持って適正性を支持することができるかを追求することを意味すると捉えられる。そして，不正リスクが高い領域等，一定の状況のもとでは，監査人は通常よりも高いレベルの職業的懐疑心を発揮しなければならず，それが現在強調されている「疑ってかかる姿勢」ではないかと考えられる。

4. お わ り に

本章では，Mautz and Sharaf［1961］の監査公準に基づき，「監査人と経営者との間に利害対立は存在しない」という前提のもとでもなお発揮される職業的懐疑心とは，経営者の誠実性に向けられたものではなく，経営者の主張の適正性を判断するプロセスのなかで発揮されるものであることを示した。そして，監査人が常に保持すべき職業的懐疑心は決して経営者の不誠実性を前提とするような職業的懐疑心でなく，「監査人と経営者との間に利害対立は存在しない」という公準は現代でも成り立っていることを示した。その一方で，近年では不正リスクの高いの状況のもとでは監査人は通常より強いレベルの職業的懐疑心を発揮すべきであり，それが現在求められている「疑ってかかる姿勢」としての職業的懐疑心であると本章は結論づけている。

個々の資産および負債の実在に関わらせ捉えるような近年の企業会計では，簿記の記録とは異なる情報が導入されており，財務諸表の作成にあたり簿記の体系以外の会計が想定されていると指摘されている[30]。このような状況では，会計原則に準拠しているかどうかだけでは監査が不可能な場面も多く，監査人が会計原則を超えた判断基準を自ら作り出し，経営者を指導するという局面が要請される[31]。経営者による判断や見積もりが会計原則自体に存在するのであれば，その判断に正当性を与えるのは独立監査人による監査となる。

Mautz and Sharaf［1961］は，監査人は会計原則が確立されていない状況

においても財務諸表に適正性を与える役割を担っていると捉えている。近年の会計原則の複雑化に伴い，経営者が選択した会計原則が企業の実態を適切に表示しているか否か，という点について監査人はより一層疑う必要があることをMautz and Sharaf [1961] は示唆している。

注

1 Bell et al. [2005], p.66（鳥羽他監訳 [2010], 35頁), Nelson [2009], p.3.
2 Robertson [1984], p.57.
3 例えば，Robertson [1984], 堀江 [1984], 岸 [2004] 等。
4 鳥羽 [2011], 112-113頁。
5 任 [2012] は職業的懐疑心を，1970年代までをMautz and Sharaf [1961] の示す経営者との間に利害対立はないとする考え方，1990年代までを中立的立場，2000年以降を疑ってかかる姿勢と捉える立場に区分しており，時代とともに疑う姿勢が強まっていることが示されている。
6 日本公認会計士協会監査基準委員会 [2011], 第4項。
7 Mautz and Sharaf [1961], p.49.
8 Mautz and Sharaf [1961], pp.52-56.
9 Mautz and Sharaf [1961], p.53.
10 Mautz and Sharaf [1961], p.53.
11 Mautz and Sharaf [1961], pp.50-52, pp.56-58.
12 絶対的な (absolute) 証拠とは，物理的に存在が確認できること（実査による得られる証拠）や，数学的に公式でなりたっていること（再計算により得られる証拠）など，それを入手することにより真実を確認することのできる種類の証拠である。それ以外の証拠（証憑の閲覧，確認，分析的手続等により得られる証拠）が，説得的な (persuasive) 証拠と呼ばれており，これは真実であることの蓋然性を高める証拠だとされている（Mautz and Sharaf [1961], pp.94-95）。
13 Mautz and Sharaf [1961], p.102.
14 Mautz and Sharaf [1961], pp.23-24, pp.29-30.
15 しかし，脆弱な内部統制や事業活動を行っている地域の不景気などにより，財務諸表は不適正であるという命題を示唆する兆候を認識することもある。
16 Mautz and Sharaf [1961], p.105.
17 Mautz and Sharaf [1961], p.103.
18 Mautz and Sharaf [1961], pp.56-57.
19 Mautz and Sharaf [1961], pp.195-196.

20 Mautz and Sharaf [1961], p.204.
21 Mautz and Sharaf [1961], pp.58-59.
22 Mautz and Sharaf [1961], p.247.
23 そのため,あらゆる非監査サービスの提供は社会からの信頼性に対する脅威となりうることから否定されている(Mautz and Sharaf [1961], p.279)。
24 AICPA [2000], pp.88-89.
25 AICPA [2000], p.89. 鳥羽[2011]では,Panelは職業的懐疑心の捉え方について,「経営者の誠実性をどうみるか」という視点からの脱却を模索していると述べられている(鳥羽[2011], 119頁)。
26 2011年には,公開会社会計監査委員会(Public Company Accounting Oversight Board)より,監査人の5年ごとのパートナーのローテーション制度の対象を監査法人レベルまで拡大することが提案されている。
27 企業会計審議会監査部会[2013],二4(2)項。
28 Hurtt [2010], p.167.
29 Hurtt et al. [2013], p.69. 例えば公正価値監査では,経営者が見積もりに用いた仮定の合理性や評価モデルの適切性を評価することになる。しかしながら,そもそも評価技法が複数存在し定式化されておらず,経営者が一定の選択を行ったとしても複数の検証者が合意に達せられる意味での検証可能性は成立していないことから,監査人による評価には自ずと制約があるとも指摘されている(越智[2010], 56頁)。
30 新田[2008], 10-13頁。
31 佐々木[2002], 59-61頁。

【参考文献】

American Institute of Certified Public Accountants, Panel on Audit Effectiveness [2002], *Report and Recommendations*, Stanford: Conn., The Public Oversight Board.

American Institute of Certified Public Accountants [1988], Statement on Auditing Standards No.53, "The Auditor's Responsibility to Detect and Report Errors and Irregularities".

Auditing Practices Board [2012] *Professional Skepticism: Establishing a Common Understanding and Reaffirming its Central Role in Delivering Audit Quality*, APB.

Bell, Timothy B., Mark E. Peecher, and Ira Solomon. [2005] *The 21st Century Public Company Audit-Conceptual Elements of KPMG's Global Audit Methodology*. New York, NY: KPMG International.(鳥羽至英・秋月信二・福川裕徳・岡嶋慶・鈴木孝則・永見尊・林隆敏・前山政之・山崎秀彦[2010]『21世紀の公開会社監査』国元書房。)

Hurtt, R. K. [2010] "Development of a Scale to Measure Professional Skepticism," *Auditing: A Journal of Practice & Theory*, Vol. 29, Issue 1, pp.149-171.

Hurtt, R. K., Brown-Liburd H., Earley C. E., and Ganesh Krishnamoorthy [2013] "Research on Auditor Professional Skepticism: Literature Synthesis and Opportunities for Future Research," *A Journal of Practice&Theory*, Vol.32, Supplement 1, pp.45-97.

Mautz, R. K., and H. A. Sharaf [1961] *The Philosophy of Auditing*, American Accounting Association Monograph No.6. Sarasota, FL: American Accounting Association.

Nelson, M. W. [2009] "A Model and Literature Review of Professional Skepticism in Auditing," *Auditing: A Journal of Practice&Theory*, Vol.28, No.2, pp.1-34.

Public Company Accounting Oversight Board [2011] "*Concept Release on Auditor Independence and Audit Firm Rotation*", PCAOB Rulemaking Docket Matter No.37, Washington D.C. : PCAOB.

Rennie, M. D., L. S. Kopp, and W. M. Lemon. [2010] "Exploring Trust and the Auditor-Client Relationship: Factors Influencing the Auditor's Trust of a Client Representative," *Auditing: A Journal of Practice&Theory*, Vol. 29, Issue 1, pp.279-293.

Robertson, J. C. [1984] "A Defense of Extant Auditing Theory,"*A Journal of Practice&Theory*, Vol.3, No.2, pp.57-67.

越智信仁 [2010]「非上場株式の公正価値測定と監査可能性」『企業会計』第62巻第3号, 168-181頁。

企業会計審議会監査部会 [2013]「監査基準の改訂及び監査における不正リスク対応基準の設定について」。

岸牧人 [2004]「監査保証論における事実認定と証拠」『會計』第166巻第4号, 71-79頁。

佐々木隆志 [2001]「監査の二焦点―過去記録と将来予測の間で―」『會計』第160巻第6号, 101-112頁。

鳥羽至英 [2011]「監査判断の懐疑主義的基礎の探求」千代田邦夫・鳥羽至英責任編集『会計監査と企業統治』中央経済社, 87-135頁。

新田忠誓 [2008]「資産負債アプローチと簿記の役割」『會計』第173巻第1号, 1-14頁。

日本公認会計士協会監査基準委員会 [2011] 監査基準委員会報告書210『監査業務の契約条件の合意』。

任章 [2012]「監査人の中立性と健全な懐疑心について」『企業会計』第64巻第10号, 94-101頁。

堀江正之 [1984]「マウツ＝シャラフ監査公準論の再検討」『商学集志』第54巻第1-3号, 263-277頁。

(西嶋　優子)

【本論文は，編集委員会による査読の上，掲載が承認されたものである。】

第14章　負債と持分の区分問題
―新株予約権の分類問題に焦点を当てて―

1. は　じ　め　に

　1980年代，米国において，「償還義務株式」等の新たな金融商品が頻繁に発行されるようになった[1]。しかしながら，それが「負債」であるのか，「持分」であるのかを決定する際に拠り所とすべき会計基準は存在していなかった[2]。そのため，これら新たな金融商品が，「負債」であるのか，「持分」であるのかを示す包括的な指針を策定することが要請されることとなった。こうして，米国財務会計基準審議会（FASB）および国際会計基準審議会（IASB）が中心となり，基準開発の議論（いわゆる「負債と持分の区分プロジェクト」）が進められてきた。

　しかしながら，FASBおよびIASBはこれまでに，当初の目的である，包括的な分類指針を設定することに成功していないように思われる。なぜならば，当該「負債と持分の区分プロジェクト」の成果として，「SFAS第150号（FASB [2003]）」が公表されているものの，その適用範囲は極めて限定的であり，包括的な指針とは言い難いためである。さらには，明確な結論を示さないまま，2010年に当該プロジェクトは無期限の休止が宣言されている。

　このように，「負債と持分の区分プロジェクト」は，当初の目的を果たせているとは言い難い。これについて，例えば，徳賀 [2003] を始めとし，池田 [2010]，川村 [2004a]，および川村 [2010] による先行研究では，当該プロ

ジェクトが結論を見いだせていない原因が考察されている[3]。それらの分析では，ある金融商品を「負債」あるいは「持分」に分類する際,「負債」としての側面を重視する方法と,「持分」としての側面を重視する方法という，相容れない2つの前提が存在することが指摘されている。すなわち，分類の基本となる相容れない2つの思考が存在していることによって，議論の前提が定まらず，コンセンサスを持った包括的な分類指針を策定することができていないと考えられている。

　上記の議論を基にして，本章では，先行研究で指摘されるような,「負債」重視の思考と,「持分」重視の思考という2者が存在し，それらの対立が，個別の金融商品を分類する際にも実際に生じているのか否かを調査する。その際，具体的に検討対象とするのは,「企業の自社株式を対象としたコール・オプションのうち，対価として決済時に企業がオプション保有者に株式を交付するもの」である。これは，我が国においていわゆる"新株予約権"と呼ばれるものである。従って，本章においても以後，当該項目を"新株予約権"と呼称することとする。"新株予約権"は,「負債と持分の区分プロジェクト」の議論の過程で,「持分」への分類から「負債」へ，さらに再び「持分」への分類が要請されることとなっている[4]。そのため，当該項目は，個別具体的な金融商品の会計処理に関する考え方の変化を見るものとして適切と考えられる。

　第2節では,「負債と持分の区分プロジェクト」における議論の変遷と，そこで示された"新株予約権"の会計処理を整理し，第3節ではこれを基にした考察を行う。第4節では，本章の結論を述べる。

2. 区分問題に関する議論における，"新株予約権"の会計処理の変遷

2-1 「負債と持分の区分プロジェクト」の概要

　「負債と持分の区分プロジェクト」は，FASBをその担い手として1986年より開始された。その第一段階として論点整理が行われ，1990年に『討議資料(FASB［1990］)』が公表された。1992年から1996年にかけて休止期間が設け

られた後，2000年には，包括的な区分基準を示した『公開草案（FASB [2000]）』が公表された。2003年には，初の実効基準である，『基準書第150号（FASB [2003]）』が公表された。ただし，これはFASB [2000] の一部を暫定的・限定的に基準化したものであり，全ての金融商品に適用可能な包括的指針が示されているわけではない。2005年には，当該プロジェクトはIASBと共同で行われることとなり（『マイルストーン草案（FASB [2005]）』），2007年に『予備的見解（FASB [2007]）』が公表された。その後も議論が続けられたが結論は出ないまま，2010年12月に当該プロジェクトは無期限の休止が宣言された。しかし，2013年にIASBが公表した『財務報告に関する概念フレームワークの見直し（IASB [2013]）』では，負債と持分の区分についての章が設けられ，区分問題について改めて言及がなされた。

2-2 "新株予約権" 発行取引の経済的実態

"新株予約権" を発行した企業は，新株予約権者に，「予め定められた金額（権利行使価格）で，株式をオプション保有者に付与する権利」を付与することとなり，権利が行使された場合に，企業は不可避の自己株式の引渡し義務を負うこととなる（次頁，図表1参照）。

通常，オプションは，権利行使価格が権利行使時の株式の時価を下回るときに行使される。しかし，後の権利行使の有無にかかわらず，オプションの発行時点において企業はオプション料[5]を受け取ることとなる。このオプション料は，純粋な株主からの払込金額ではないため，厳密な意味での「持分」ではない。また一方で，不可避的な資産の引渡し義務を直接示しているわけでもないため，厳密な意味での「負債」でもない。そのため，オプションの発行時に，オプション保有者から提供された現金（資産）[6]に対応する貸方の性質が何であるのか，という点が区分問題において考慮すべき焦点と考えられる（以下の仕訳参照）。

（借方）資　産（現　金）×××　（貸方）新　株　予　約　権　×××

図表1 オプションの発行取引と権利義務関係

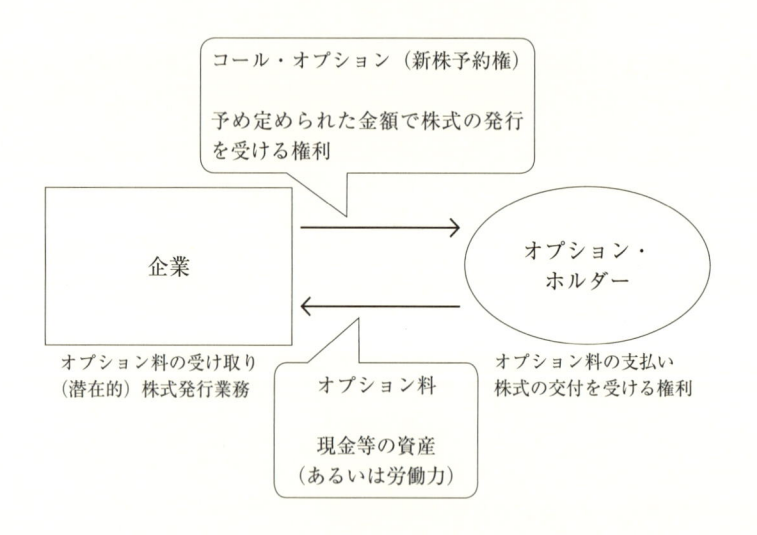

```
                    コール・オプション（新株予約権）
                    予め定められた金額で株式の発行
                    を受ける権利

   ┌──────────┐              ┌─────────┐
   │          │  ──────→     │ オプション・ │
   │   企業   │              │  ホルダー   │
   │          │  ←──────     │          │
   └──────────┘              └─────────┘

  オプション料の受け取り    オプション料      オプション料の支払い
  （潜在的）株式発行業務                    株式の交付を受ける権利
                          現金等の資産
                          （あるいは労働力）
```

2-3 "新株予約権"貸方項目の性質に関する解釈の変遷
1. "新株予約権"分類先の変化

"新株予約権"の会計処理を提案した会計基準および公表文書（意見書）は次頁の図表2に要約される。ただし，現在までに，「負債と持分の区分プロジェクト」の成果として"新株予約権"特有の会計処理を示す会計基準は公表されておらず，公表されているのは実効力を持たない公表文書のみである。そのため，現行の米国・国際会計基準の適用国の下では，"新株予約権"は「負債ではない」という理由から，「持分」に分類されることとなっている（FASB [1995], par.30, IASB [2009a], par.10）。

しかしながら，図表2にあるように，「負債と持分の区分プロジェクトにおいて，"新株予約権"は，当初「持分」への分類が要請されていたものが，議論の進展に伴い，「負債」，またさらに「持分」へと変化している。この結果から，"新株予約権"の分類上の性格は解釈が難航したものであると考えられる。そこで，以下では，「負債と持分の区分プロジェクトにおけるFASB,

IASBの議論を，分類論拠の変化に基づき4段階に分け整理した上で，当該項目について議論が混迷した原因を考察していく。

2. 第Ⅰ期：FASB［1990］が示す"新株予約権"に関する見解

「負債と持分の区分プロジェクト」の初期の議論として，FASB［1990］では，当該金融商品の発行取引の貸方項目の性質について，「持分とみる見解」，「負債とみる見解」のそれぞれが提示されている（FASB［1990］, par.114）。

図表2 "新株予約権"に言及した区分プロジェクト上の公表物とその見解

		公表文書	"新株予約権"の会計処理への言及および支持方針	分類先	根拠
第Ⅰ期 1986-2003年	1986	—	負債と持分の区分問題がFASBの議論項目に追加される	持分	負債性の否定
	…				
	1990	FASB［1990］	負債とみる見解，持分とみる見解の提示		
	… 1995	FASB［1995］	持分とみる見解の支持		
第Ⅱ期 2003-2007年	2000	FASB［2000］	「所有・決済アプローチ」の基礎提案，持分とみる見解の支持	持分	負債性の否定 + 持分性の肯定
	2003	FASB［2003］	言及なし（FASB［2000］の限定適用）		
	…				
	2005	FASB［2005］	「所有・決済アプローチ」の体系化，持分とみる見解の支持		
第Ⅲ期 2007-2010年	2007	FASB［2007］	3つの代替的な貸方区分アプローチの提示，負債とみる見解の支持	負債	持分性の否定
	2008	FASB［2008］	「無期限アプローチ」の提案，負債とみる見解の支持		
	2009-2010	IASB［2009b, c］, ［2010a］	「アプローチ4シリーズ（4, 4.1, 4.2）」の提案，負債とみる見解の支持（例外有）		
第Ⅳ期 2010年-現在	2010	IASB［2010b］	「修正IAS32アプローチ」の提案（持分とみる見解），プロジェクト凍結	持分	負債性の否定
	…				
	2013	IASB［2013］	「厳格な負債アプローチ（持分とみる見解）」を支持		

① 「持分」とみる見解（FASB [1990], pars.116-127）

FASB [1985] が要請する負債の定義は，「経済的資源（資産）の引渡し義務[7]」である。ここで，引渡す対象物である，未発行株式，あるいは再購入した自社株式（いわゆる金庫株）は，FASB [1985] が示す資産の定義[8]を満たさない。したがって，企業の自社株式を引渡す義務である"新株予約権"は，資産の引渡し義務に該当せず，負債性が否定されることとなり，「持分」に分類されることとなる（FASB [1990], par.116）。以上のように，「持分」とみる見解では，「負債」性の判断が厳密に行われており，"新株予約権"は，「負債」ではないという消極的な理由から「持分」に分類されている。

② 「負債」とみる見解（FASB [1990], pars. 128-134）

FASB [1990] における，「負債」と見る見解に依った場合，厳密な「経済的資源」と言い切ることのできない企業の自社株式であっても，現金やその他の資産の代わりに決済の手段として事実上用いられている場合には，これを実質的に企業にとっての経済的資源の引渡し義務を表すものとして，「負債」として開示すべきと考えることとなる（FASB [1990], pars.128-129）[9]。以上のように，負債とみる見解では，株式発行義務を経済的資源の引渡し義務であると擬制し，積極的な根拠をもって「負債」に分類されている。

3. 第Ⅱ期：FASB [2000] が支持する見解：「持分」への分類

FASB [2000] において，"新株予約権"は，「所有関係」を構築しうるものとして，積極的な根拠をもって「持分」に分類されている。ここでいう所有関係とは，「企業の所有者（事業体の普通株式の保有者を想定）と同様のリスク及び便益にさらされている場合に認められる関係性」を示している（FASB [2003a], par. 37.）。FASB [2000] では，この，「所有関係」の構築が認められる金融商品[10]は，「持分」に区分されることになる[11]（FASB [2000], pars. 17-23.）。

すなわち，FASB [2000] 下では，分類の際に「普通株式と同質的であるか否か」という判断が行われ，"新株予約権"の保有者は，権利行使後に普通株主になることから，所有関係が認められ，積極的に「持分」に分類されること

となる（FASB［2000］, par.4.）[12]。

4. 第Ⅲ期：FASB［2007］が支持する見解：「負債」への分類

FASB［2007］において，"新株予約権"は，「負債」に分類することが要求されている。FASB［2007］では，区分の規準として「基本的所有商品アプローチ（Basic Ownership Approach）」が採られている。基本的所有商品アプローチとは，「基本的所有商品（清算を仮定した場合に最劣後となる請求権であり，より上位の請求権が決済された後に残る資産に対して持分比例的な請求権を有する金融商品）」と定義される金融商品のみを「持分」に分類する方針である（FASB［2007］, par.18）。これに基づいた場合は，オプション保有者からの出資は，残余持分権者からの出資ではないこととなるため，「負債」に分類されることとなる。すなわち，"新株予約権"は，「残余持分権者（所有主）からの出資でない」ということから，「持分」の性質が否定され，消極的根拠により「負債」に分類されている。

FASB［2007］は，これまで分類結果を大きく覆すものであったことから，批判も多く存在した[13]。その後の議論において提案された，「無期限アプローチ（FASB［2008］）[14]」によれば，"新株予約権"は引き続き「負債」に分類されていたが，これに微調整が加えられた「アプローチ4.1（IASB［2009c］）」や，「アプローチ4.2（IASB［2010a］）」では，"新株予約権"は，批判に応える形で「持分」へ分類されることとなった。ただし，これらのアプローチは，FASB［2007］の考え方を基礎とした上での例外的な扱いとなっている[15]。

5. 第Ⅳ期：IASB［2010］以降の見解

FASB［2000］では「所有関係」という概念が用いられることにより「持分」が積極的に定義され，続くFASB［2007］ではこれを発展させたものとして「持分」の定義を重視する姿勢が採られていた。しかし，IASBによって2010年に公表された「修正IAS32アプローチ（IASB［2010b］）」では，これまでの議論から一転して，負債の定義を重視する姿勢が取られることとなり，"新株予約権"は，「持分」へ分類されることとなった。しかし，これらについて十分な議論が行われないまま，2010年に，「負債と持分の区分プロジェクト」は

議論の無期限休止が公表されることとなった。

　以来,「負債と持分の区分プロジェクト」の議論は,現在に至るまでなお休止状態が続いているが,IASBが2013年に公表した「概念フレームワークの見直し（IASB［2013］)」において,当該論点への言及が行われている（IASB［2013］,Section 5,参照）。そこでは,「負債」を厳格に定義するという方法と,「持分」を狭く定義する方法が示され（IASB［2013］,par.5.30-5.37）,IASB［2013］では,「負債」を厳格に定義する方法が支持されている。したがって,これに基づいた場合には,厳密な義務としての「負債」を満たさないという理由から,"新株予約権"は「持分」に分類されることとなる（IASB［2013］,par.5.30-5.37）。

6. "新株予約権"に対する分類の変遷に関する総括

　以上をまとめると,「負債と持分の区分プロジェクト」の第一段階（第Ⅰ期）では,"新株予約権"は,「負債」性が否定されるという消極的な根拠によって「持分」に分類されていた。これが第二段階（第Ⅱ期）においては,普通株式との類似性が認められ,積極的な根拠によって「持分」に分類されるようになった。その後,第Ⅲ期では「持分」が厳密に定義されるようになり,"新株予約権"は「持分」性が否定され,消極的な根拠により「負債」への分類が提案された。しかしながら,第Ⅳ期においては,結局,「資産の不可避的な引渡し義務ではない」という理由から,「負債」性が否定され,消極的根拠に基づき「持分」に分類されることとなっている。

3. "新株予約権"に関する分類問題の所在と分類案の提示

3-1 "新株予約権"に関する分類問題の所在

　現在,米国及び国際会計基準の下では,"新株予約権"は「資産の不可避的な引渡し義務ではない」とされることから,「負債」性が否定され,消極的な根拠によって「持分」に分類されることとなっている。しかしながら,FASB［2007］において「持分」を積極的に定義する方法が提示された後,IASB

[2013] でも，当該アプローチはなおも並列的に述べられている。このことから，「持分」への分類は，「負債ではない」という消極的な根拠に基づく考え方と，「所有主からの出資額である」という積極的な根拠に基づく考え方が現在も存在しているといえるであろう。

　また，"新株予約権"には次の2つの側面が存在していることと考えられる。1つ目は，企業が将来負う，「株式の引渡し義務」であるという側面であり，2つ目は，"新株予約権"の発行時に，企業に払い込まれた「受取オプション料」であるという側面である。これらの側面は，分類判断の根拠として捉えられてきた。新株予約権が将来の「株式引渡し義務」を表すものであると考えた場合は，「負債」への積極的な分類根拠が求められる（第Ⅰ期，第Ⅳ期における分類論拠）。一方で，「受取オプション料」を表すものであると考えた場合には，積極的な「持分」への分類根拠が重視されることとなっていた（第Ⅱ期，第Ⅲ期における分類論拠）。

　それでは，"新株予約権"が示している，「受取オプション料」および「株式引渡し義務」という2つの側面の関係性は，どのように解釈すればよいだろうか。ここで，両者が捉える経済的実態に着目すると，「受取オプション料」は，現金等の資産の増加（または労働役務の享受，費消）が当初認識時点において実際に生じる事象を捉えたものである。一方で，「株式の引渡し義務」はオプション料の受取とは別に，その後生じた事象を捉えたものである。すなわち，受け取ったオプション料の金額と，後に課される義務の金額は一致していないため，両者は異なる経済事象を捉えている。そのため，これらは厳密に区別する必要があると考えられる。「株式の引渡し義務」は，自己株式の資産性と，義務の履行の不可避性が認められれば，「経済的資源の引渡し義務」に該当する。そのため，これは現行の「負債」の定義を満たすこととなり，そうでない場合には，「負債」に該当しないものとして，消極的に「持分」に分類されると考えられる。

　続いて，「受取オプション料」は，これが"新株予約権"が本来純粋に示すべき経済的事象と考えられる。なぜならば，オプション料を受け取った時点に

おいて，現金の増加が借方に記録されることから，これに対応するものとして，貸方に記載される当該項目の性質を記録することが，第一義的に必要不可欠なためである。ここで，貸方項目は，「負債」と「持分」のどちらか一方の性質のみを捉えるのではなく，資金の調達源泉を示すものとしてこれらを同一視した上で分類が論じられるべきものと考えられる（佐々木［2010］, 19頁参照）。

分類問題を考える上で，これら2つの側面は一体的に考えられてきた。そのため，焦点が明確でないまま，議論は決着を見せなかったのではないかと考えられる[16]。

3-2 受取オプション料の性質と分類

次に，これまでの議論を踏まえ，"新株予約権"を「受取オプション料」として捉えた場合の性格について改めて考察する。前述のように，「受取オプション料」は，企業がオプションの金額を受け取る，当初認識時に貸記されるものである。そこでは，貸方を収入とみる考え方（新田［2008］, 7頁参照）に基づき，企業に委託された資金の性格が判断され，それに基づいた分類が求められることとなる。

権利行使・不行使を問わず，オプションが行使された場合には，企業は時価以下での株式発行が求められるが，受け取ったオプション料そのものについての返済義務が生じることはない。すなわち，オプション料を支払い，"新株予約権"を購入したという意味での「オプション権者」は，金銭を提供し元本の返済を要求する「一般的な債権者」とは異なる出資者と考えられることとなる。したがって，「受取オプション料」の「負債」性は否定されることとなる。

このような，返済を要求しない資金提供を行った「オプション権者」を，将来の株主と捉えた場合には，オプション料の支払いは，普通株式に対する払い込みが予め行われたということとなる。その場合，「受取オプション料」は，所有主に帰属する「持分」の増加を表している。米国会計基準及び国際会計基準の下では，このような論拠から，「受取オプション料」を払込資本と判断していることとなる[17]。

4. お わ り に

　本章では，"新株予約権"を対象とし，それが「負債」に分類されるべきか，「持分」に分類されるべきかが，「負債と持分の区分プロジェクト」でどのようになされてきたのかを概観してきた。当該「区分プロジェクト」において，当該金融商品は当初「持分」に分類すべきとされていたが，議論が進展するのに伴い「負債」への分類が要請されるようになり，さらには，また一転して「持分」へ分類すべきものとされてきた。このように方針が二転三転を繰り返したことから，当該「区分プロジェクト」において結論は示されておらず，新株予約権の処理を示した会計基準を新たに公表することができていない。

　本章の整理によれば，新株予約権を「負債」とすべきか，あるいは「持分」とすべきかという議論に結論が見られなかった原因として2点が考えられた。

　1つは，"新株予約権"と呼称される取引の具体的に示す経済的実態が何を指しているのかにコンセンサスがとられていないことにあった。すなわち，"新株予約権"には，その発行時に，購入者から支払われる「オプション料」を示す場合と，オプションが行使された際に企業に課せられることとなる「株式発行義務」を示す場合があった。この「オプション料」と，「株式発行義務」は，本来分離把握されなければならないものである。しかしながら，これらは，「区分プロジェクト」における議論において一体のものとして（あるいは，一方の側面が無視されて）捉えられていた。

　もう1つは，「持分」を「負債ではないもの」として消極的に捉える考え方と，企業の背後にある既存株主にとっての富の直接的な増加を示すものとして積極的に捉える考え方の2つが存在していた点である。基準設定主体は，それらのどちらの立場を取るべきであるかについて確固たる根拠を示した上で，これを明示すべきであったと考えられる。

　本章の見解としては，"新株予約権"が示すべきものは，「オプション料」とすべきであると考える。なぜならば，「オプション料」は，"新株予約権"の発

行時に実際に受け取る金額となるためである。「オプション料」自体に返済義務は課せられていないため,「負債」の定義を満たすことはない。

　オプションが行使された場合には,権利行使価額と株式時価の差額分を既存株主が実質的に負担することになり,既存株主にとっての富の希薄化が生じることとなる。その際,あらかじめ受け取っていた「オプション料」は,富の希薄化によるマイナス分の補填に充てられる事となる。また,将来の権利行使を前提として"新株予約権"の発行(オプション料の払込)が行われている限り,米国・国際会計基準においては,オプションの失効はあくまでも例外的な事象と捉えていると考察される。

　すなわち,"新株予約権"発行の際,オプション料が払い込まれた時点で既存株主にとっての富が増加したということとなる。その意味で,積極的な意味で,「株主からの直接的な払い込み」が生じ,「負債」が増加したのではなく,「持分」が直接的に増加したと考えられることとなる。

　米国の現行制度下では,"新株予約権"は,「負債」ではないことから,消極的根拠に基づき,「持分」に分類されている。しかし,本章で行ってきた「負債と持分の区分プロジェクト」における議論を踏まえると,"新株予約権"の発行時に払い込まれた「オプション料」は,上記のような消極的根拠のみによるものではないと考えられる。すなわち,オプションの行使を前提として,「オプション料」が企業に支払われることにより,既存株主の富を直接増加させる払込がすでに生じたものと考えられる。よって,積極的な定義に基づいて「持分」へ分類されているという説明も同時に必要なのではないだろうか。

注

1 「償還義務株式」とは,ある特定の期日あるいは事象の発生日までに一定金額で強制的に償還される優先株式のことを指す(FASB [1990], pars. 73-94.参照)。新たな金融商品としては,他に,例えば転換社債や,株式を対象としたコール・オプションや,株式を対象としたプット・オプション等が挙げられている (FASB [1990], par. 25-27)
2 「持分(Equity)」は,米国における名称であり,日本でいう「純資産」に相当し,かつては「資本」と呼ばれていたものである。本章では,米国を中心とした基準開発の議論

を対象としているため，当該項目について統一的に「持分」という訳語を用いることとする。

3　一方で，欧米圏における先行研究の多くは，区分プロジェクトの停滞原因を考察すると言うよりは，「区分プロジェクト」の対象とされる具体的な金融商品を取り上げ，そのあるべき分類先を実証的根拠に基づき提案することで，問題解決を図ろうとするものが多い。例えば，Barth et al. (2013) はストック・オプションの価値関連性を検証しており，当該金融商品を「持分」とすべきとしている。Kimmel and Warfield (1995) は償還優先株式（Redeemable Preferred Stock）が企業のシステマティック・リスクに与える影響について言及しており，当該金融商品は不可避的な現金の支払義務を有しているのにもかかわらず，「負債」と異なる評価を市場から受けていることを報告している。また彼らは，「負債」と「持分」の2分類を保持しないアプローチ（複数区分アプローチ）を提案している。

4　このような新株予約権に関して，先行研究でも，見解の一致は見られていないようである。例えば，川村 [2004b] では，ストック・オプション（新株予約権）は，普通株主と同等の配当請求権がないことから，持分に含めることには問題があると述べられている（川村 [2004b], p.145)。米山 [2008] では，新株予約権者が資金預託の見返りとして期待しうるリターンが普通株主と類似している点が強調されれば，「持分」に分類され得ると述べられている（米山 [2008], 231頁）。また，Ohlson & Pennman [2005] は，新株予約権の払込は，既存株主からのものでない資金出資であるため，「持分」には該当しないこととなり，「負債」とすべきと述べている。

5　これは，オプション・プレミアムとも呼ばれ，オプション自体の価値となる。

6　ストック・オプションの場合には，オプション保有者は資産ではなく，労働力を提供することとなるが，貸方項目の性質を考えるという点においては本質的に相違ないと考えられる。

7　具体的には，「過去の取引または事象の結果として，特定の実体が，他の実体に対して，将来，資産を譲渡しまたは用役を提供しなければならない現在の義務から生じる，発生の可能性の高い将来の経済的便益の犠牲（FASB [1985], par. 35）」と定義される。なお，持分は，「負債を控除した後に残る，ある実体の資産に対する残余請求権（FASB [1985], par.49）」を表すものと定義される。

8　資産は，「過去の取引または事象の結果として，ある特定の実体により取得または支配されている，発生の可能性の高い将来の経済的便益（FASB [1985], par. 25）」と定義される。

9　"新株予約権"は，「市場価格以下で株式を発行することが前提の取引であることから，既存株主にとって不利益をもたらすため，通常の株式発行とは区別される（FASB [1990], par.128参照）」とも記述され，「持分」の性質を満たさないという見解も併記されている。しかし，株式割当増資に置いて現在株主に持株比率に応じ時価以下で株式を発

行する場合と対比すると,時価以下での株式発行の事実のみでは通常の株式発行の経済的実態とは区別することはできないこととなる(徳賀[2014], 292頁)。

10 例えば,決済金額が公正価値の変動に連動するものは,「負債」から除外されることとなる。また,可変数の自社株式の発行により義務が決済されるものの,返済義務の貨幣的価値の変動が発行体の株価の変動に起因し,かつ株価の変動と同じ方向に変化する特徴を有する金融商品の構成要素は「持分」として分類される(FASB[2000], pars. 17-23.参照)。

11 企業にとって経済的資源引渡しの「義務」性が課せられているものについては「負債」に,されないものについては,「持分」へ分類することがまず要求されているが,それに優先して「所有関係」の有無の判断が求められるのである。

12 なお,この後に公表された基準である,FASB[2003]は,FASB[2000]で提示した適用範囲のうち,(a)定時償還金融商品,(b)資産を譲渡することによって発行者の持分株式を買い戻す義務を組み込んでいる金融商品,および(c)発行者の持分株式を発行する義務を組み込んでいる金融商品の一部,についてのみ限定的に適用される基準となっている。"新株予約権"についての会計処理は,当該基準により変更されなかった(FASB[2003], pars. 9-12,山田[2012], 63頁)。

13 FASB[2007]に対するコメントについては,山田[2012]で詳しく整理されている。FASBが行ったアンケート調査によれば,当該アプローチに対する反対意見は43.9%であり賛成派の24.2%を上回っていたという(31.8%は回答不明意見である。山田[2012], 72頁参照)。

14 持分を,「会社が事業活動を中止して全資産を分配する時を除いて分配を強制されない,劣後的な金融商品」に限定し,それ以外を負債とするものである(FASB[2010b], par. 4, 7, 10,池田[2010], 66頁参照)。後に「アプローチ4」という名称で整理された。

15 さらに,これらのアプローチは,「アプローチ」とは名付けられているが,一貫した方針が示されているわけではないこともまた特徴的である。

16 FASB[2007]では,当初認識時点と期末評価時点を分離して考える,「REOアプローチ(Reassessment Expected Outcomes Approach)」が示されている。ただし当該文書ではこのアプローチを支持しているわけではなく,「基本的所有商品アプローチ」が支持されている。

17 既存株主にとっての富の増加は通常,「収益」として持分の増加をもたらすものである(例えば,日本基準では,新株予約権が失効した場合には「新株予約権戻入益」が計上されている)。しかし,新株予約権の失効を前提とした取引は,オプション権者からの何らの見返りのない,一方的な富の提供を意味することとなる。そのため,そもそも新株予約権の失効を前提とした取引が成立するとは考えにくい。これを顧慮すると,米国・国際基準では,オプション料が払い込まれた時点で予め払込が行われたものと考え,その失効は例外事象と捉えているのであろう。

【参考文献】

Mary E. Barth, Leslie D. Hodder, Stephen R. Stubben [2013] "Financial reporting for employee stock options: liabilities or equity?" *Review of Accounting Studies*, vol. 18(3), 642-682.
FASB [1985] FASB, Statement of Financial Accounting Concepts No.6, *Elements of Financial Statements* (平松一夫・廣瀬義州訳 [2002] 『FASB財務会計の諸概念 (増補版)』中央経済社).
FASB [1990] FASB Discussion Memorandum, *An analysis of issues related to Distinguishing between Liability and Equity Instruments and Accounting for Instruments with Characteristics of Both.*
FASB [1995] SFAS No.123, *Accounting For Stock-Based Compensation.*
FASB [2000] FASB Exposure Draft, *Accounting for Financial Instruments with Characteristics of Liabilities, Equity, or Both*, 2000.
FASB [2003] SFAS No.150, *Accounting for Certain Financial Instruments with Characteristics of both Liabilities and Equity.*
FASB [2005] FASB Milestone Draft (on liabilities and equity project), *Proposed Classification for Single-Component Financial Instruments and Certain Other Instruments.*
FASB [2007] FASB Preliminary Views, *Financial Instruments with Characteristics of Equity.*
FASB [2008] Comment Letter Summary, *Financial Instruments with Characteristics of Equity.*
IASB [2009a] International Financial Reporting Standard 2, *Share-based Payment.*
IASB [2009b] Financial Instruments with Characteristics of Equity: *Classification Approach*, Agenda paper 2.
IASB [2009c] Financial Instruments with Characteristics of Equity: *Classification Approach 4.1, Joint Meeting Agenda paper*, Agenda paper 5.
IASB [2010a] Financial Instruments with Characteristics of Equity: *Approach 4.2-Classification of instruments an entity will settle by issuing its own shares*, Agenda paper 5A.
IASB [2010b] Financial Instruments with Characteristics of Equity: *Initial Discussion of the modified IAS 32 Approach*, Agenda paper 3.
IASB [2013] IASB Discussion Paper, *A Review of the Conceptual Framework for Financial Reporting.*
James A. Ohlson; Stephen H. Penman [2005] "Debt vs. Equity: Accounting for Claims Contingent on Firms' Common Stock Performance with Particular Attention to

Employee Compensation Options", White Paper No. 1, *Center for Excellence in Accounting and Security Analysis*, Columbia Business School.

Paul Kimmel and Terry D. Warfield [1995] "The Usefulness of Hybrid Security Classifications: Evidence from Redeemable Preferred Stock", *The Accounting Review*, Vlo.70(1), 151-167.

池田幸典［2010］「金融商品会計における負債と持分の区分規準の変容 – IASBとFASBの共同プロジェクト「持分の性質を有する金融商品」を中心に – 」『産業經理』第70巻第1号。

川村義則［2004a］「負債と資本の区分問題の諸相」『金融研究』第23巻第2号。

川村義則［2004b］「負債と資本の区分表示と資本利益計算」『企業と法創造』第1巻第3号。

川村義則［2010］「企業会計上の資本概念の再考」『金融研究』第29巻第3号。

佐々木隆志［2010］「資産負債アプローチにおける純資産（資本）を巡る問題」『産業經理』第70巻第1号。

新田忠誓［2008］「資産負債アプローチと簿記の役割」『會計』第173巻第1号。

徳賀芳弘［2003］「負債と資本の区分 – 代替的アプローチの考察（特集 負債と資本の境界線を探る）」『企業会計』第55巻第7号。

徳賀芳弘［2014］「資本と負債の区分」平松一夫，辻山栄子編著『会計基準のコンバージェンス』中央経済社。

山田純平［2012］『資本会計の基礎概念』中央経済社。

米山正樹［2008］『会計基準の整合性分析 実証研究との接点を求めて』中央経済社。

（塚原　慎）

【本論文は，編集委員会による査読の上，掲載が承認されたものである。】

第15章　収支計算を基礎とする貸借対照表の役割
―新田学説，特に『会計学・簿記入門』に学ぶ―

1. は　じ　め　に

　本章は，一橋大学名誉教授，新田忠誓先生の会計学説に基づき，収支計算を基礎とする貸借対照表の役割を明らかにするものである。
　さて，『企業会計原則』によれば，「すべての費用および収益は，その支出および収入に基づいて計上し，その発生した期間に正しく割当てられるように処理しなければならない」(第二　損益計算書原則，一・A)とされる。このように「現行会計の基礎には収支があり，収支を基礎として収益費用が決められ(新田［1996］, 4頁)」ている[1]。
　すなわち，企業会計において収支計算が"会計"の前提としての出発点であると考えられているのである (新田［2001］, 2頁参照)[2]。このような前提のもとで，損益計算書は期間利益を計算するための財務表としての機能を果たし，貸借対照表は残りの未解決項目を収容する財務表としての機能を果たすとされる。
　さらに，新田［1999d］によれば，資金の委託・受託関係が存在するところに会計責任が生ずるとされている (新田［1999d］, 24-25頁参照)。換言すれば，資金の受託，すなわち企業の外部から拠出された収入によって会計責任が発生し，支出は会計責任が解消される過程を表しているということである (新田［1998］, 108頁参照)。

これまで述べたように，新田学説における基礎的前提は，第1に企業会計の体系が収支計算を基礎とした計算体系であること，第2に会計責任が資金の委託・受託関係のもとに成立ち，収入および支出とそれを結びつけて考えることであると解することができる。

　したがって，上記2点を拠り所として，本章では『会計学・簿記入門』を中心に据え，新田学説で想定されている企業会計の体系，および会計責任と収支を結びつけたうえで作成される貸借対照表の役割を明らかにすることとする。

2. 会計責任と会計数値を"結び付ける"考え方

　新田［2001］によれば，会計責任には2通りの捉え方が存在すると述べられている。すなわち，「一方は，会計責任と会計数値を"結び付ける考え方"であり，他方は，会計責任を会計数値に直接"結び付けない考え方"である」と（新田［2001］，2頁-3頁）。

　まず，"結び付けない考え方"の下では，会計責任は会計数値との直接的な関係を求められないため，極論すれば任意にその時々の要請に応じて設定されうるとされている（新田［2001］，3頁参照）。この場合，外部からの企業情報の開示の要請に従い，その時点で企業が支配する具体的な資産や負債を把握し，「その時々の要請に見合い情報を開示することこそが会計責任である（新田［2001］，3頁）」と解釈される。つまり，この捉え方によれば，会計責任は，日々の取引記録に拠らず，外部からの情報要求に従い報告を行うという断続的なものとして考えられているのではないだろうか。

　一方で，"結び付ける考え方"の下では，会計行為の開始として，主体は委託された資金を帳簿の貸方に収入[3]として記録する（新田［2001］，3頁参照）。そして帳簿の借方にはその後の責任執行の様子が支出として記録される（新田［2001］，3頁参照）。すなわち，この考え方の下では，収入および支出に基づく会計数値が会計責任と結び付けられており，会計責任の発生から会計責任の解消の過程への顛末を報告することこそが会計であると捉えられている。この会

計では会計責任が数値で示されており，具体的には，収入であるものの未だ支出となっていない項目が会計責任を表すとされている（新田 [2002]，3頁参照）[4]。

新田 [2014] によれば，会計はお金を中心に，お金の委託・受託関係が存在するところに成立するとされている（新田 [2014]，3頁参照）。さらに，あらかじめ委託されたお金についての管理・運用の責任を果たしたことを示すため，受託者は会計報告書を作成し，委託者に対して説明を行う。したがって，会計学の対象は会計責任にあり，目的は計算書による会計責任の発生と解消の態様を示すことにあるとされる（新田 [2014]，4頁参照）。

つまり，新田 [2014] では，会計責任は委託・受託関係の下に成立つものとして捉えられている。上述した会計責任の2つの捉え方に照らすと，新田学説は会計数値と会計責任を"結び付ける考え方"に立っているということが推察される。

さらに，新田 [2014] によれば，委託された資金の管理・運用の責任に加えて，それを計算書により報告する責任までを含むこととされる。換言すれば，新田学説における会計責任は，委託者から受領した資金を，委託者の意図通りに利用する責任が含まれることに加えて，その責任執行の様子を計算書によって説明し，委託者からの承認を得ることまでが含まれるということである。

3. 消費会計における収支計算書の限界

まず，新田 [2014] では，消費会計の例を用いて会計責任の発生と解消の態様を説明している。複式記入を前提とした収支計算書では，現金の増加や減少の原因を記録し，当該期間に現金がどこから得られ何に使われ，どれほど現金が残ったのかが示される。この収支の原因[5]を把握する収支計算書は，全体としての現金有高とその増減原因の管理を行っているとみることができる（新田 [2014]，22－23頁参照）。さらに，このような収支計算書を，会計責任の発生と解消の報告書と解釈する場合，収入として受けた会計責任は支出として解消されることが期待される（新田 [1996]，7頁）。

以下の図表1は，会計数値と会計責任を"結び付ける考え方"の下，受託者が委託者に対してお金の管理・運用状況を説明するための計算書をあらわしている。この計算書では，前述のように収入および支出に基づく会計責任の発生と解消の態様が表わされている。なお，収入と支出の差額としての残余部分が，委託者に対して返済されれば，お金の委託・受託関係が消滅するため，会計責任も消滅する（新田［2014］，4頁参照）。一方，残余部分が主体へさらに委託された場合，お金の委託・受託関係は継続し，会計責任もまた継続していくと考えられる（新田［2014］，4頁参照）。つまり，残余部分もまた会計責任の発生と解消の態様を表しているのである。

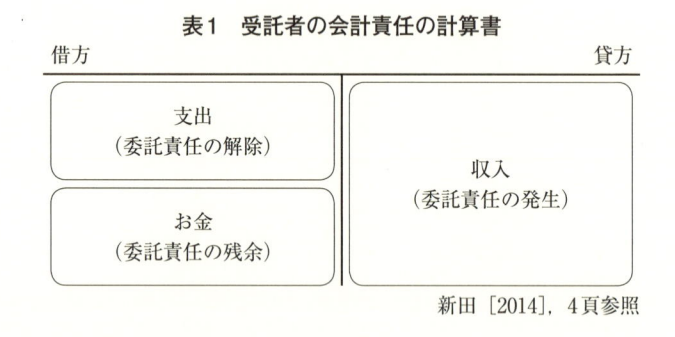

表1　受託者の会計責任の計算書

借方	貸方
支出 （委託責任の解除）	収入 （委託責任の発生）
お金 （委託責任の残余）	

新田［2014］，4頁参照

上記のような収支計算書では，収入および支出の原因はみているものの，「具体的な財産そのものの管理が行われているわけではない（新田［2014］，23頁）」。ここに"収支による報告の限界"が存在する[6]。本節が対象とした「消費会計は目的が消費にあるため，（外部から得られた）収入を支出していけば，（収支の原因を収容した収支計算書により報告を行うことで）役割は達成される（新田［1999c］，123頁―カッコ内筆者）」。

しかしながら，企業のように資金提供者から委託された資金を運用することで，継続的に利益を獲得していくことを活動の目的としている場合，「利益獲得の様子の把握も会計学の対象となる（新田［1999c］，123頁）」とされている。すなわち，企業の目的が「"活動の継続"を前提とした"利益の獲得"である

（新田［1999d］，28頁）」ことから，収支の原因を把握するのみでは会計責任の発生と解消の過程を捉えられないこととなる。企業は，自らの利益獲得の様子を計算書を用いて報告することで，資金提供者から負った会計責任を解消するのである。

4. 企業会計の体系と会計責任

　消費会計では，収入および支出の原因を把握する収支計算書により，会計責任の発生と解消の態様を表すことが可能であった。しかしながら，「"活動の継続"を前提とした"利益の獲得"（新田［1999d］，28頁）」を目的とする企業の場合，当期に帰属する収益と収入，および当期に帰属する費用と支出の間にはズレが生じるため，収支計算では企業が一期間に獲得した利益を計算することができない。換言すれば，「当期の活動いわば当期に関わる収入支出（当期の会計責任）という視点（新田［1999b］，135頁）」からすると，当期に帰属する収支と当期に帰属しない収支が計算書上で混在する可能性がある。したがって，単に収支の原因を把握する計算書のみでは，資金の委託者から企業に与えられた会計責任の発生と解消の態様を説明することにはならないのである。

　このことから，企業会計においては「第一に利益計算のための損益計算書が必要となる（新田［1999d］，28頁）」のである。これを踏まえると，損益計算書により期間損益計算を行い当期の活動の成果を明らかにする責任を，企業は資金提供者に対して負っているということとなる。

　まず，企業会計では株主から与えられた会計責任（資本金）が貸方に記入され，これが企業活動にとっては支払手段の形を取り，支払手段が利益獲得活動に投下される（新田［2003］，6頁参照）。これは「支出の発生（会計責任の第一次解消）（新田［2003］，6頁）」である。その後，「支出はさらに費用となっていく（会計責任の第二次解消）（新田［2003］，6頁）」とされる。このように，利益獲得を主たる活動とする企業においては，「会計責任は支出が期間費用になったときに最終的に解消する（新田［2003］，6頁）」と考えられている。一方で，会計

責任の解消の対価として収益がえられ，費用と収益の差額つまり与えられた会計責任の目的物である利益が計算される（新田［2003］，6頁参照）。さらに，これが「株主へ配当されれば，（株主への元本の償還を別にすると）株主から与えられた所期の会計責任が達成される（新田［2003］，6頁）」。したがって損益計算書は，株主や債権者が資金提供の際に期待していた「会計責任を果たしたことを報告し，承認を求めるという会計の機能を果たす（新田［2003］，6頁）」ために不可欠なものとなる。

ところで，このような損益計算に関わる項目のうち，当期の損益に帰属せず貸借対照表において未解決項目として繰越されるものがある。それらは，収入のうち「当期の収益とならなかった未解決の収入（新田［2002］，2頁）」および「収益が先行した場合には収入とならなかった未解決の収益（新田［2002］，2頁）」，ならびに支出のうち「当期の費用とならなかった未解決の支出（新田［2002］，2頁）」および「費用が先行した場合には支出とならなかった費用（新田［2002］，2頁）」である。

例えば，「当期の費用とはならなかった未解決の支出」である貸借対照表項目は，企業会計の目的が期間損益計算にあることから，前述のように支出が期間費用になったときに会計責任は最終的に解消される（新田［2003］，6頁参照）。すなわち，このような貸借対照表項目は，期間損益計算において未だ解消されていない会計責任であると解することができる（新田［2003］，6頁参照）。したがって，「貸借対照表では商品や建物などのような表示によりあたかも財産の形態を示しているかのようにみえるが，第一次的には（支出として）会計責任が解消されたが，期間計算では未だ解消されていない会計責任（新田［2003］，6頁—カッコ内は筆者）」として表示されているのである。

また，将来の期間に渡って損益計算とは関わらない貸借対照表項目は，将来の期間において収入または支出として会計責任が解消されることとなる。例えば，貸付金は，期末までに借手から回収していなければ，（貸手側の）企業が債権者として他の企業に会計責任を授与し，そのままになっていることを表している（新田［1999d］，29頁参照—カッコ内は筆者）。また，借入金は，企業が

期末までに貸手に対して返済をしていなければ,「債権者から会計責任が企業に与えられたままになっている（新田［1999d］, 29頁）」ことを表している。さらに資本金についても,「株主から会計責任が企業に与えられたままになっている（新田［1999d］, 29頁）」ということを表している。

つまり, 当期の収入または支出として会計責任が解消されなされなかった場合, それらは「期末現在での"未解決"の会計責任（新田［1999d］, 29頁）」を表している。換言すると, 収入および支出の枠内で見れば, 貸付金や資本金・借入金は, 将来的に収入または支出として解消されるが, 当期において未だ収入または支出として会計責任を解消していない未解決項目であると解することができる（新田［1999d］, 29-30頁参照）[7]。

しかしながら, 上記の未解決項目のうち,「費用が先行した場合には支出とならなかった費用（新田［2002］, 2頁）」や「収益が先行した場合には収入とならなかった未解決の収益（新田［2002］, 2頁）」を, 会計責任の発生として捉えることは困難であるとされている（新田［1996］, 7頁参照）。なぜならば, 前者を会計責任の発生と捉えるためには, 将来の支出に対して会計責任が生じていると解釈しなければならないからである（新田［1996］, 10頁, 脚注7参照）[8]。また, 後者については,「収益は企業が獲得したものでありこれに会計責任が伴うと解釈することには無理があるからである（新田［1996］, 7頁）」。

新田［2014］によれば, 現実の企業は, 継続することを前提に, ある一定の期間に区切って会計が行われるため, 現金収支と期間の収益・費用とが一致せず, 企業の収益と収入には, また費用と支出にはズレが生じる（新田［2014］, 55頁参照）。このズレを調整するためには期間損益計算の観点からの調整である"会計学上の判断"が必要とされる（新田［2014］, 55頁参照）。

したがって, 期中の取引記録より作成される収支計算書から,"会計上の判断"を加え, 当期の活動の成果を表す財務表として損益計算書が作成される。それに続いて, 貸借対照表は, 次期以降の損益計算が誤らないように, 収入と当期の収益の発生にズレが生じる項目, および支出と当期の費用の発生にズレが生じる項目を収容することとなる。すなわち, 貸借対照表は未解消の会計責

任を含む未解決項目を収容し,繰越す機能を果たす(新田[2011], 72頁参照)。

以下の表2は,収支計算書から損益計算書と貸借対照表が導出されることを表したものである。

なお,現金収支と期間の収益・費用とが一致せず,"会計学上の判断"を必要とする場合は表2に表わされていない。例えば,この収支計算書の中で10,000円が給料の前払であることが決算日に判明した場合,貸借対照表で10,000円が前払費用として計上されることとなる。

表2 企業会計における収支計算書
収支計算書(試算表)

	(借方)		(貸方)		
費用 P/Lへ	給料 支払利息 事業主取分	400,000 30,000 100,000	受取手数料 受取利息	410,000 50,000	収益 P/Lへ
残余 B/Sへ	貸付金 "残余"	400,000 830,000	借入金 資本金	300,000 1,000,000	残余 B/Sへ
	合計	1,760,000	合計	1,760,000	

出所:新田[1999d], 31頁について,新田[2012], 47頁を参考に筆者改変

本来的に,消費会計と同じく企業会計においても「第一に収支計算の形をとる(新田[2014], 36頁)」。ここで,企業の目的が「"活動の継続"を前提とした"利益の獲得"である(新田[1999d], 28頁)」ことに照らすと,収支計算書のみでは企業会計の目的である期間損益計算を達成しえず,会計責任の発生と解消の態様をあらわす計算書とならない。このことから企業会計では期間損益計算を行うための財務表として損益計算書が第一に重要となるのである。

しかしながら,企業は継続する組織として利益獲得活動を行っているため,必ずしも収入支出と当期の収益費用の発生が一致するとは限らない。したがって,期間と期間を結びつけ,未解消の会計責任の存在を表すための財務表としての役割をもつ貸借対照表が必要となるのである。

ただし，この貸借対照表項目のすべてが未解決の会計責任を表すわけではない。既述のように，「費用が先行した場合には支出とならなかった費用」や「収益が先行した場合には収入とならなかった未解決の収益」は，必ずしも委託・受託関係のもとに成立つとは捉えられず，会計責任が生じているとするのには無理があるとされている。

しかしながら，新田［1996］によれば，「会計責任を記録する何らかの計算書の作成（新田［1996］，8頁）」を必要とし，体系的な貸借対照表の作成は会計責任記録の信頼性の確保にとって重要であるとされる（新田［1996］，8頁参照）。

「企業は，株主あるいは債権者より預かった資金を利益獲得活動に投下し，その運用により利益を得る。株主あるいは債権者からの投資は収入であり，これはまた，与えられた会計責任を表している。そして，それが償還あるいは返済され消滅しない限り，つまり会計責任が解消されない限り（新田［1999d］，326頁）」，収入であるが未だ支出となっていない項目として「未解決の状態すなわち会計責任の存在を示して貸借対照表に収容され（新田［1999d］，326頁）」続けていく。

すなわち，企業会計における貸借対照表は，期間損益計算により最終的に解消される会計責任を，信頼性のある形で記録するために重要な役割を果たす財務表として位置づけられると考えられる。

4. お わ り に

本章では，『会計学・簿記入門』の記述を参考に，新田学説における企業会計の体系と貸借対照表の役割について学んだ。それをもとに，「会計学の目的は，"会計責任"を全うするために会計報告書を作成すること（新田［2004］，19頁）」であることから，企業会計における貸借対照表がいかなる役割を有するのかということに関する検討を行った。

これまでの記述によれば，まず，新田学説においては資金の委託・受託関係のもとに会計責任が生ずるとして捉えられており，それは会計責任と会計数値

を"結び付ける考え方"である。次に，この"結び付ける考え方"の下で，期間損益計算を目的とする企業会計において，会計の前提としての収支計算書は会計責任を解消するに不十分であることが確認された。

さらに，新田学説において想定される企業会計の体系に目を転じ，貸借対照表項目のうち，「費用が先行した場合には支出とならなかった費用」や「収益が先行した場合には収入とならなかった未解決の収益」は，必ずしも委託・受託関係が成り立つとはいえず，会計責任が生じているとするのには無理があるとされている。このことから，すべての貸借対照表項目が会計責任の発生と解消の態様を表すものとしては位置づけられないことを確認した。その上で，新田学説において，貸借対照表は会計責任を信頼性のある形で記録するために重要な役割を果たす財務表として位置づけられると考えられる[9]。

注

1 新田 [2012] によれば，『企業会計原則』はわが国における"従来の"会計規範であったとされている。なお，"従来"とは2006年に公表された『討議資料 財務会計のフレームワーク』が主導する以前の会計という意味であるとされている（新田 [2012]，45頁参照）。
2 なお，ここでいう収支計算書とは，複式簿記を前提として作成された元帳記録をまとめることで導出される残高試算表のことを指す（新田 [2014]，64-67頁）。
3 新田 [2001] によれば，収入は，損益計算に関わる収入だけではなく，債権者からの収入など損益計算に関わらない収入も含まれる（新田 [2001]，11頁，脚注6参照）。
4 「これは債権者や株主が与えた責任額のことを示す（新田 [2002]，3頁）」とされている。
5 新田学説では，収支の「原因」計算の他に「結果」計算を重視することもある（新田 [2014]，10-12頁参照）。
6 このような問題を前に，収支計算（消費会計）において，財産の管理を行うためには，追加的に財産目録を作成する必要があるとされる（新田 [2014]，23頁参照）。なお，新田 [1999a] によれば，このような手続きを経て得られた会計報告書の限界は，財産の管理に関する外在的限界と，会計学上の判断に関わる内在的限界のふたつがあるとされている（新田 [1999a]，106頁）。
7 資本に関しては，企業が清算したときなど，株主には残余財産に対する分配請求権が生まれる。したがって，資本金は清算時に企業は株主に対してお金を返さなくてはならない項目，すなわち収入・未支出であると解釈できる。

8 新田［1996］によれば，このように将来の支出に対して会計責任の発生を擬制することは困難であるとされている。なぜならば，「この会計責任はすべて第三者に対するものではない上に，費用（何かが消滅したこと）それ自体を会計責任の発生と解釈すること」が困難であるからである（新田［1996］，10頁，脚注7）。

9 新田［1998］によれば，政府会計の本質も収支計算にあることが指摘されており，政府会計・企業会計どちらの局面においても，収支計算は会計学を支える基礎となるとされている（新田［1998］，99頁参照）。政府会計においては「会計責任の解消の仕方つまり支出の仕方が"予算"により最初から規定（命令・指定）される。したがって，予算は会計単位にあらかじめ与えられた具体的な"会計責任"を表し，また収入の目標も示される（新田［2014］，8頁参照）」ため，予算を通じて資金の委託・受託関係が成り立つとも考えられる。本章で学んだ新田学説の会計責任に対する捉え方は，企業会計のみならず，政府会計においても適用可能な考え方であるかもしれない。

【参考文献】
―本文および脚注で触れたもののみ掲げる―

新田 忠誓［1996］「収支会計，動態論と大陸法および英米法－会計情報の拡大要請に思う」『企業会計』第48巻第12号，4-10頁。

新田 忠誓［1998］「会計単位の繰越と会計数値の意味」『会計学説と会計数値の意味』森山書店，99-110頁。

新田 忠誓［1999a］「簿記の原理－簿記学の対象と会計学の対象－（その一）」『會計』第155巻第4号，99-109頁。

新田 忠誓［1999b］「簿記の原理－簿記学の対象と会計学の対象－（その二）」『會計』第155巻第5号，135-148頁。

新田 忠誓［1999c］「簿記の原理－簿記学の対象と会計学の対象－（その三）」『會計』第155巻第6号，121-131頁。

新田 忠誓［1999d］『財務諸表論究－動的貸借対照表論の応用－』第2版，中央経済社。

新田 忠誓［2001］「収支会計，その分類論と評価論―『企業会計原則』再考―」『會計』第159巻第4号，1頁-12頁。

新田 忠誓［2002］「動態論と資産負債アプローチ」『會計』第162巻第5号，1-13頁。

新田 忠誓［2003］「簿記，会計の対象と資産負債アプローチ」『企業会計』第55巻第2号，4-10頁。

新田 忠誓［2004］「第1章 会計学上の数値と簿記学上の数値」，新田 忠誓編著『大学院学生と学部卒業論文テーマ設定のための財務会計論・簿記論入門』第2版，白桃書房，1-24頁。

新田 忠誓［2011］「第Ⅰ章 会計学とはいかなる学問か」新田 忠誓他6名『会計学・簿記入

門』第10版,白桃書房,3-101頁。
新田 忠誓［2012］「第2章 収益費用観と損益法」北村 敬子・新田 忠誓・柴 健次責任編集『企業会計の計算構造』中央経済社,25-47頁。
新田 忠誓［2014］「第Ⅰ章　会計学とはどんな学問か」新田 忠誓他11名『会計学・簿記入門』第12版,白桃書房,3-88頁。

（坂内　慧）

【執筆者紹介】

神納 樹史（新潟大学准教授）第4章
　2003年　一橋大学大学院商学研究科博士後期課程単位取得，一橋大学博士（商学）
　一橋大学大学院修士課程および博士後期課程にて新田ゼミ所属

西山 一弘（東海大学准教授）第5章
　2005年　一橋大学大学院商学研究科博士後期課程単位取得，一橋大学博士（商学）

西舘 司（愛知学院大学准教授）第6章
　2007年　一橋大学大学院商学研究科博士後期課程単位取得，一橋大学商学修士
　一橋大学大学院博士後期課程にて新田ゼミ所属

吉田 智也（埼玉大学准教授）第7章
　2007年　一橋大学大学院商学研究科博士後期課程修了，一橋大学博士（商学）
　一橋大学大学院修士課程および博士後期課程にて新田ゼミ所属

中村 亮介（筑波大学准教授）第8章
　2009年　一橋大学大学院商学研究科博士後期課程修了，一橋大学博士（商学）
　一橋大学大学院博士後期課程にて新田ゼミ所属

木村 将之（監査法人トーマツ）第9章
　2007年　一橋大学大学院商学研究科修士課程修了，一橋大学商学修士
　一橋大学商学部および大学院修士課程にて新田ゼミ所属

松下 真也（松山大学准教授）第10章
　2011年　一橋大学大学院商学研究科博士後期課程修了，一橋大学博士（商学）
　一橋大学商学部および大学院修士課程にて新田ゼミ所属

藤井 禎晃（監査法人トーマツ）第11章
　2008年　一橋大学大学院商学研究科修士課程修了，一橋大学商学修士
　一橋大学商学部および大学院修士課程にて新田ゼミ所属

金子 善行（帝京大学助教）第12章
　2015年　一橋大学大学院商学研究科博士後期課程修了，一橋大学博士（商学）

西嶋 優子（一橋大学大学院博士後期課程）第13章
　2013年　一橋大学大学院商学研究科修士課程修了，一橋大学商学修士

塚原　　慎（一橋大学大学院博士後期課程）第14章
　　2014年　一橋大学大学院商学研究科修士課程修了，一橋大学商学修士

坂内　　慧（一橋大学大学院博士後期課程）第15章
　　2015年　一橋大学大学院商学研究科修士課程修了，一橋大学商学修士

編著者紹介

佐々木隆志（一橋大学教授）
　1991年　一橋大学大学院商学研究科博士後期課程単位修得，一橋大学博士（商学）
　慶應義塾大学商学部にて新田ゼミ所属

石原裕也（専修大学教授）
　2001年　一橋大学大学院商学研究科博士後期課程修了，一橋大学博士（商学）
　一橋大学大学院修士課程および博士後期課程にて新田ゼミ所属

溝上達也（松山大学教授）
　2002年　一橋大学大学院商学研究科博士後期課程単位取得，一橋大学博士（商学）
　一橋大学商学部，大学院修士課程および博士後期課程にて新田ゼミ所属

財務会計論究

2015年7月4日　初版第1刷発行

編著者　ⓒ　佐々木隆志
　　　　　　石原裕也
　　　　　　溝上達也

発行者　　　菅田直文

発行所　有限会社　森山書店　〒101-0054　東京都千代田区神田錦町1-10 林ビル
　　　　TEL 03-3293-7061　FAX 03-3293-7063　振替口座 00180-9-32919

落丁・乱丁本はお取りかえします　　印刷／製本・シナノ書籍印刷

本書の内容の一部あるいは全部を無断で複写複製することは，著作権および出版社の権利の侵害となりますので，その場合は予め小社あて許諾を求めて下さい。

ISBN 978-4-8394-2155-7